彭德怀自述

人民出版社

第三次简历材料　　彭德怀
开头语

一九七〇年七月二十一日下午，审查看管两位负责人招呼，我的简历还得重写，一位说，着重入党前后的历任职务，一位说，从小要写起，不写不行。我在三年变审过程中，已经写过两次简历材料：第一次是，一九六七年七月13日副向杨以告我从家庭环境，旧军队职务和去红军以后历任职务，第二次是，一九六七年或一九六八年春，审查告我从出生到平江起义这一段还得重写一次。这是第三次了，我说不愿意再写了，因为它毫无用处，也毫无意义。为了服从组织，还是尽量努力回忆，简要的写上吧。其中免不了是重复，尽量缩短些，招进去不写上去。但六十余年的事历要回忆正确是找困难的。其困难是，又用公历月日，使回忆更易混乱，加以旧社会使用阴历的习惯，更易混乱讹错，对于我的少年，幼年，久远一段生活经历，反而记忆犹新。盖平从儿童

高压打垮得千千万万
当地经月都口里
第一次又一次的斗争
有的一定教养要缘
自军事技术用风气
势作，决定进新阵地
会组织了许多侦察
微不动，真是敌人心中那种恐怖也深从小到不打不行，人心...
新城改为壮烈攻，动摇包围打垮，一次而次命令都拿不下来，
主会说，一定要打下阳新啊，打不下旧新城，消灭不了罗霖部队
不能进新人城。经地这么反复次报，主力才将去战斗，打敌人大进阳新

"自述"手稿

一九二三年，
彭德怀同志在湖南
省陆军军官讲武堂

一九三六
年，红军抗日
先锋军司令员
彭德怀同志在
东征胜利后回
到陕北

一九四〇年"百团大战"时，
彭德怀副总司令在前沿阵地

一九四八年二月，西
北野战军从内线作战转入
外线作战，向黄龙山区进
军，野战军司令员彭德怀
同志在前线指挥攻打宜川
城（左）；三月，在瓦子
街前线研究作战部署（中）；
听取新华社记者报告参加
黄龙南线战斗见闻（右）

一九四六年一月，周恩来同志从重庆回延安时，
毛泽东、朱德、刘少奇、彭德怀同志等到机场迎接

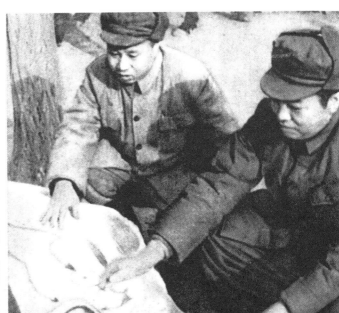

一九五三年七月二十八
日，中国人民志愿军司令员
彭德怀同志在开城

一九五五年国庆
节，国防部长彭德怀元
帅在天安门城楼上

一九六四年，彭德怀
同志在北京西郊吴家花园

出 版 说 明

　　彭德怀同志是深受我国人民爱戴的老一辈无产阶级革命家，是我们党、国家和军队的杰出领导人，是国内和国际著名的军事家和政治家。在近半个世纪的革命斗争中，他英勇奋斗，南征北战，为我国人民的解放事业立下了赫赫战功，为人民军队的发展壮大倾注了大量心血，为新中国的创立与建设做出了卓越的贡献。他的革命精神和崇高品德，是我们民族的光荣和骄傲。

　　一九五九年，在党中央召开的庐山会议上，彭德怀同志蒙冤受屈，被加上右倾机会主义、反党、反社会主义等罪名。为了澄清这些问题，彭德怀同志在一九六二年六月十六日给党中央和毛主席的一封长信（即"八万言书"）中，对自己的历史作了扼要的回顾，对强加给他的罪名进行了申诉。十年动乱期间，彭德怀同志遭到残酷迫害，丧失人身自由，被长期"专案审查"，直至含冤逝世。为了回答专案组对他提出的许多荒诞无稽的质问，彭德怀同志在他写的几份简历材料中，叙述了自己的经历，对自己作了深刻的剖析；同时，对种种诬蔑之词，作了义正辞严的驳斥，表现了共产党人的坚强信念。这些材料，为我们留下了关于他光辉一生的生动记录，也为后世留下了一份关于中国革命的珍贵史料。

上述这些材料，内容多所重复，对某些问题的记述详略不一。其中，以一九七〇年所写的一份自传式材料较为系统详细。为便于广大读者阅读，我们将上述材料合并整理为这一本《彭德怀自述》。由于上述材料是彭德怀同志根据专案组提出的提纲或问题写的，《自述》中对前期历史的叙述较后期为详，谈到的战友情况也是前期较后期为多。

在整理时，我们以一九七〇年的自传式材料为基础，以其他几份材料做补充，相互参照，统一划分了章节；对文字衔接和标点做了一些技术性的整理；对部分内容做了删节。此外，均保持原貌。

由于《自述》中大部分章节是彭德怀同志在被"审查"期间写的，手头没有可供参考的资料，有的叙述与史实有出入，已加脚注说明，个别事件情节，有待进一步研究。有的历史事件的日期，有关人名、地名、数字、部队番号等，在记忆上难免有差误。特别是对早期历史的叙述，在日期上新旧历容易混淆。对这类问题，在整理时作了必要的校正。

《彭德怀自述》在整理出版过程中，得到了彭德怀同志生前战友的热情帮助，许多同志提供了宝贵的订正意见和补充材料。有关订正意见，我们已吸收到书中的注文里；属于补充材料的，将供编写彭德怀同志的年谱和传记参考。请有关同志，继续提供资料，帮助我们对《自述》作进一步的校注。

《彭德怀自述》编辑组

一九八一年三月

目　录

一　童、少年的遭遇

　　我是一八九八年（戊戌年）旧历九月初十日出生于一个下中农家庭。家有茅房数间，荒土山地八、九亩。山地种棕、茶、杉和毛竹，荒土种红薯、棉花。伯祖父、祖母、父母亲并我兄弟四人，八口之家，勤劳节俭，勉强维持最低生活。

　　我六岁读私塾，读过《三字经》、《论语》、《大学》、《幼学琼林》、《孟子》，余读杂字——《百家姓》、《增广》。八岁时母死、父病，家贫如洗，即废学。伯祖父八十开外，祖母年过七十，三个弟弟无人照管，四弟半岁，母死后不到一月即饿死。家中无以为生，先卖山林树木，后典押荒土，最后留下不到三分地。家中一切用具，床板门户，一概卖光。几间茅草房亦作抵押，留下两间栖身，晴天可遮太阳，下雨时室内外一样。铁锅漏水，用棉絮扎紧，才能烧水。衣着破烂不堪，严冬时节人着棉衣鞋袜，我们兄弟还是赤足草鞋，身披蓑衣，和原始人同。

　　我满十岁时，一切生计全断。正月初一，邻近富豪家喜炮连天，我家无粒米下锅，带着二弟，第一次去当叫化子。讨到油麻滩陈姓教书老先生家，他问我们是否招财童子，我说，是叫化子，我二弟（彭金华）即答是的，给了他半碗饭、一小片肉。我兄弟俩至黄昏才回家，还没有讨到两升米，我已饿昏了，进门就倒在地下。我二弟说，哥哥今天一点东西都没有吃，祖母煮了一点青菜汤给我喝了。

正月初一日算过去了，初二日又怎样办呢！祖母说，"我们四个人都出去讨米。"我立在门限上，我不愿去，讨米受人欺侮。祖母说，不去怎样办！昨天我要去，你又不同意，今天你又不去，一家人就活活饿死吗!？寒风凛冽，雪花横飘，她，年过七十的老太婆，白发苍苍，一双小脚，带着两个孙孙（我三弟还不到四岁），拄着棒子，一步一扭的走出去。我看了，真如利刀刺心那样难过。

他们走远了，我拿着柴刀上山去砍柴，卖了十文钱，兑了一小包盐。砍柴时发现枯树兜上一大堆寒菌，拣回来煮了一锅，我和父亲、伯祖父先吃了一些。祖母他们黄昏才回来，讨了一袋饭，还有三升米。祖母把饭倒在菌汤内，叫伯祖、父亲和我吃。我不肯吃，祖母哭了，说："讨回来的饭，你又不吃，有吃大家活，没有吃的就死在一起吧！"

每一回忆至此，我就流泪，就伤心，今天还是这样。不写了！

在我的生活中，这样的伤心遭遇，何止几百次！

以后，我就砍柴，捉鱼，挑煤卖，不再讨米了。严冬寒风刺骨，无衣着和鞋袜，身着破旧的蓑衣，日难半饱，饥寒交迫，就是当时生活的写真。

在这段幼年生活的时间内，思想上受伯祖父（名五十老倌）的影响较深。他是从太平军逃回家的，经常同我讲些太平军[1]的故事，什么有饭大家吃啦，女人放脚啦，平田土啦等等，我便产生了打富济贫、消灭财主和为穷人找出路的思想。

我十岁到十二岁时，替富农刘六十家看牛，头年五文钱一天，第二年十文钱一天。大小两只水牛，每天要割三十来斤草，还要做其他活。夜深才能睡觉，破晓以前就起床，每日睡眠不足六小时。

十三到十四岁时，在离家不远的黄碛岭土煤窑做童工，拉孔明车（竹筒作的），抽煤洞里的水，每天十二、三小时，工资三十文。为了多赚几文钱，每天还到煤洞里去挑一两次煤。这都是笨重劳动。背煤时，头顶油灯。巷道通风不良，卫生极差，经常发生事故——塌方、冒水等，一死就是十几人或几十人。

第二年冬，时近年关，煤矿亏本倒闭了，厂主跑了。在两年劳动中，我仅领得一年工资，其余算是白费了。我的背也压弯了，到现在还有些驼。在这四年中，我知道了富农和资本家对雇工的残酷剥削。

从煤矿回家已是年关，祖母、父亲、弟弟等见着高兴极了。小弟说，大哥还不穿鞋子，脚都冻裂了。我说没有钱买，煤矿老板逃跑了，散伙时工人每人只分了四升米。我的父亲听了这话就哭了。父亲说："你现在又黑又黄，简直不象人的样子了！白替这些狗东西干了两年。"他把两个拳头攥得紧紧的，又哭了。

十五岁这一年，在家打短工、推脚车、砍柴、捉鱼卖。当年大旱，饥馑严重，地主富商囤积居奇，饥民自发闹粜[2]，吃排饭（北方叫吃大户），我也参加了，被团总丁六胡子告发，罪名是"聚众闹粜，扰乱乡曲"。团防局[3]派人来捉，我有穷堂叔彭五爷，要我立即逃走。我说："一文没有，逃往哪里去呢？"五叔说："今天卖掉了一只小猪崽子，还有一串钱（一千文），你拿去做路费，逃湖里处做堤工吧。"我听了五叔的话，逃到湘阴县属的西林围，做了两年堤工，使我懂得了堤工局对堤工的剥削。

在这两年中，雨雪天气不能出工时，即到工棚附近地区民间去谈天。开始是无目的的。大概两至三个月，做完一段工程时，工棚要搬移他处。转移数处后，我与农民接触的范围也就大了，得出一个认识：即在湖南最富地区，贫富悬殊特别大，家无隔宿之粮者到处皆是。即象我家那样的赤贫户，也不是个别的。高利贷的剥削方式之多，达数十种，年息几达百分之百。

洞庭湖的稻田，主要是筑堤围坝而成的，堤工工资是包工加计件的形式。纵横各一丈、一尺厚为一积方，每方按取土远近和难易给以不等的工资；纵横各一丈、一尺深为一井方，工价略高于积方。各土方工价一角至五角者不等，工具、住棚和伙食，均须自备。收土方的尺子叫弓尺，比现在的市尺约大三分之一。其劳动组织形式：堤工局下设若干包头，包头下设若干棚头。工人编组最小单位是棚，每棚十五人至二十五人不等。合数棚至十数棚设包头。包头与棚头各抽工人收入的百分之五。对堤工局的监工和验收员，过年节、遇婚丧喜庆还须送礼。这些剥削都是很重的。

棚有记账员，不另开工资。每月或做完一段工程时，结账尾数如一百零一元，这一元即酬劳记账员。每棚有炊事员一人，十五人以下者炊事员算三分工，即三分时间煮饭，七分时间参加挑土；十六人以上者，算四至五分工，与上例同；下雨雪不能出工时，炊事员亦按上述工分。我是挑土兼炊事员，所得工分最多。我做了两年半工，至一九一六年春离开时，仅得三担半米的工资。不兼炊事员的和害病缺工者，往往负债累累，即在湖区做长工，终生不能还乡。所谓洞庭湖区是湖南米仓，就是这些堤工的血汗和骨肉累积起来的。

　　有时，堤工也停工（即罢工），反对剥削和要求土方加价。我也参加过。但没有较好的组织领导，很少得到应有的成功。堤工局那些董事等，无一不是剥削堤工来发财的。

　　童、少年时期这段贫困生活，对我是有锻炼的。在以后的日子里，我常常回忆到幼年的遭遇，鞭策自己不要腐化，不要忘记贫苦人民的生活。因此，我对幼年的生活经历，一直到现在还记得很清楚。

二　湘军当兵

入湘军当兵

一九一六年，湖南的督军[4]是北洋军阀[5]汤芗铭。汤镇压革命、屠杀人民，人民恨北军，迫切要求驱逐它。当时，反北军、反汤的秘密活动在湖南是比较普遍的，反北军的空气在民间秘密流传甚广，说孙中山和广西军队要帮助湖南人打北军。当时的国际形势，处在第一次世界大战中，欧美帝国主义对中国侵略有了一些放松，中国工业有比较快一些的发展。什么富国强兵，实业救国，这些欺骗性的资产阶级的爱国思想也就随之而来，这些对我也有影响。但当兵的主要动机，还是为了家庭贫困：当堤工不能养活全家。

我是在一九一六年三月中旬入湘军[6]当兵的。当时我的年龄按生日九月初十日算，还不满十八岁（十七岁多），是勉强收录的。入伍时正值湖南驱赶汤芗铭（督军兼省长）。

我参军部队的番号是湖南陆军第二师三旅六团一营一连。师长陈复初，旅长陈嘉佑，团长鲁涤平，营长刘铡，连长胡子茂。开始当二等兵，月饷五元五角；不久为一等兵，月饷六元。当时伙食费每月一元八角至二元，每星期六吃猪肉。每月除伙食、零用，可剩三元八角，每月以三元至三元五角寄家。这时伯祖父已死，二弟当学徒去了，只有祖母、父亲和三弟三人。每月寄三元回家，勉强可以维持。

二师师长是反孙中山派，旅长团长是拥孙中山派。驱汤以后，谭延闿[7]主湘，第二师开湘西，三旅六团在七、八月间开常德，第一营全部驻常德德山书院练兵。每日两操两课，共约八小时以上，营规很紧。尉级军官、军士大部是参加过辛亥革命的，另有一部分保定军官学校[8]二、三期学生，当排长和见习官等。他们有文化，多半担任学课，除军事文化外，有时也讲些爱国主义的东西，主要内容是一些富国强兵思想。他们受到行伍出身的军官的排挤。一九一七年秋，二师士兵和下级军官反对师长陈复初勾结北洋军阀傅良佐时，这些学生军官被反走了一批。

一九一七年夏，北洋军阀傅良佐[9]南来督湘，谭延闿下台。傅部进占衡山一带时，同湘军第一师等部发生激战。二师三旅六团驻常德，五团驻桃源（余部位置不明）。下级军官和士兵反对北洋军阀，是年冬，组织兵变，我以营士兵代表参加。旅长陈嘉佑，团长鲁涤平暗中支持兵变，陈复初被迫下台。驻德山之第一营开驻常德县城西关。

以后，又反掉了一批保定军校出身的军官，推选了一些辛亥革命时期行伍出身的中下级军官，加强了拥孙反北洋军阀的力量。约在秋中，独立第三旅六团（从此加上独立二字）开赴湘阴一带，会合第一师等部参加反傅战争。当时广西陆荣廷[10]也命桂军马济率部参加，名湘桂联军。经过岳州战役，年终进至羊楼司、通城线战月余。北军一部乘浅水舰，从长江袭占岳州。约在一九一八年一月，湘桂联军全线撤退。

北军张敬尧、吴佩孚、冯玉祥[11]等部大举入湘。张部占长沙、宝庆（邵阳）、醴陵、茶陵，吴部占衡阳、安仁，冯部占常德。桂军退邵阳，湘军主力退郴州、永兴。独立第三旅在衡阳以南、耒阳城以西地区，经过数战后（连长李泰昌阵亡，李培世接替）退守茶陵之湖口墟及酃县。六团退守浣溪圩，因绕经宝庆、衡阳、耒阳，约在四、五月才到达。鲁涤平曾任旅长，后改换林修梅（林伯渠的哥哥），驻酃县之天子坟。林伯渠任旅经理处长（即现在的旅后勤部长），据林老以后说，林修梅有空想社会主义思想。继组湘粤桂联军，防北军南犯，但未见具体行动。张、吴占宝庆、衡阳、茶陵、醴陵后，也未继续南进，遂成相持局势。

湘桂军这次退得很乱，也很急。退到湘潭时，我连驻唐仙桥，我去姑母家（谷长太十一总河街木器店自作自卖）约两三小时回队，连已向宝庆方向撤退（见六团收容部队贴的条子到宝庆集合）。我即向湘乡赶队，在途中遇着掉队的何德全，我们一路同行，一直到达浣溪圩赶到了连上。部队经过长途行军作战，兵疲体弱，疾病流行，特别得疟疾的多。经费虽然困难，但办公、医药费还是照给。当时医药费不够，办公费有余，我对连长李培世建议，以办公费补医药费，李不同意。我说，钱有什么用？"护法拥宪"人重要，李未吭声。当时我感到李爱钱如命，其他还好。

过了两天，到黄公略处，恰遇袁植，他问及连中病人情况，我说很严重，有时担任警戒都成问题。袁说："听说你要消差呀（官叫辞职士兵叫消差）！"我说是的。袁开导似的说了一番。第二天满腔爱国热情的公略来到我处说："营长不准你消差，以免影响别人，忍耐一点吧。"我说："上星期一个中学生李灿来当兵，现在第二班。"并把李灿介绍给他，从此，我们三人就成了亲密朋友。不久，连长李培世因病辞职，周磐接替。

当时敌军张敬尧一部驻茶陵城，六团向该敌轮流派出连哨（土桥）警戒，但互不侵扰。

六团驻浣溪圩一带近两年未移动，用护法（即拥护孙中山的临时约法）、统一中国的口号来欺骗群众。供给（粮食）就地筹，以田赋作抵。士兵平均发零用钱五角至一元，每日油、盐各四钱。这点微不足道的经费，还是靠广东接济。部队自种蔬菜，喂猪，砍柴火。训练时间每日四、五小时，管理也不如过去严格。六团部在浣溪圩办有临时训练队，课程是小教程，即典范令等。文化方面，国语内容是立志、爱惜光阴，有时也讲些列强侵略瓜分中国，我们要富国强兵等道理（名曰精神讲话）。教员是有文化的军官，学员是从连队中挑选的，每连十至十五人不等，不脱离职务，分为上午、下午两班，在原连队住宿吃饭。每日上课不超过三小时，一个月有一次至两次作文。每月除军事学科考试外，还有作文考试，连队操课照常参加。我参加了学习，在这不到两年的时间内（大概十五、六个月），在语文学习（文言文）上也有一些收获的。军阀们开办这样的训练队，是为了培养走狗，笼络人心，巩固部队。在这里我交了约二十个知识分子和贫苦农民出身的士兵做朋友。大家主要是相互勉励，以救国爱民为宗旨，不做坏事，不贪污腐化（包括不刮地皮，不讨小婆），不扰民。

被派到北洋军阀部队侦察情况

大概是一九一八年七月，营长袁植对我说："旅部叫选派一人去长沙，侦察敌军后方内情，想派你去。"我说："内情不易侦察，我在那里没有熟人。"袁说："主要是去长沙府正街某茶庄，找你老连长胡子茂，他会向你谈的。同时，请他前来帮忙——当军需正。去时经安仁、衡阳吴佩孚防地，返回时，经醴陵、茶陵张敬尧某部防地。问子茂军情要婉转些，不要使他察觉是来当侦探的。"我承允了这个任务。

这次去长沙便道经衡山，回家住了两晚。到湘潭老班长郭得云家和姑母家停留了三四天。郭告诉我北军的一般情况：相互打架、凶杀；传说张、吴不和，但不知为什么；老百姓恨北军，望南军。

在长沙住了两天。到府正街××茶庄（可能叫×湘茶庄，记不起了）见到胡子茂。闲谈数语后，我即告他，袁营长请他去当军需正。胡犹豫了好一会，说：这倒是自己的事，应该去帮忙的。现在老百姓恨北军入骨，望南军心切。我问："北军内部不和，真假如何？"他说："北军上下都不和，可能会有变化，但现在还不明显。"还谈的其他事项已记不起来了。知他胆小怕事，未在他家住，他也未留住。临行时，我问他何时去袁处，他说，过一些时，方便时，先去看看。

在胡处告别后，即去椥梨市杨家公屋替振湘送信。他是我连由班长提升排长不久的，他家很贫，大概捎了十余元回家。在他家住了两晚，问了他哥，何德全家离此多远？他说不到十里。我去何德全家住了一晚，是朋友看望性质的，即回长沙。想搭车去醴陵经茶陵返浣溪圩，在小吴门车站，被北军军警缉查处逮捕，关禁半月余，受刑审讯数次。其中有一次实在难以忍受了，想承认是侦探，死了就算了吧！但马上又想到这样不行，我来当侦探，未完成任务，反为贼用。我不承认而死，贼奈我何！我就说是到长沙找工做。无其他口供，又无其他证据，终于取铺保释放了。铺保是我乡梁六十嫂（寡妇）集股开的织袜厂，厂名叫楚×织袜厂，已记不清。

获释后，经醴陵、茶陵回到浣溪圩，时约八月终。

驱 张 战 役

一九一九年春夏之际，湖南驱逐北洋军阀张敬尧的战役已秘密开始。当时冯玉祥、吴佩孚与张敬尧分裂，吴、冯两部北撤，张部孤立，湘军乘势进攻。独立第三旅六团大概在三月下旬由浣溪圩经耒阳、祁阳、文明司，四月中旬向宝庆之张敬尧部进攻。第一仗追至永丰和宝庆之间；第二仗追至永丰与湘乡县城之间；又追至湘阴以东之白水车站附近，打了第三仗；追至临湘以东，打了第四仗，张敬尧部绝大部分被消灭了，退入鄂境者只是极少数。但在湘阴以东之役，还残存少数敌人流散为匪（未打扫战场），第六团又乘车返归义，消灭该敌后即驻新市街。驱张战役为时延续四个月。

接家信，祖母病重，请假一星期回家。周磐批准十天，往返路程四天，在家六天。时值收晚稻，我在贫农胡月恒家帮助收稻两天，在周六十家收稻两天。当时周是富裕中农，听说他家到全国解放时，发展到小地主。在家砍了两天柴，即按期回队。

在驱张敬尧战役中进攻宝庆时，排长李润生负重伤，后不知下落，可能死了。连长周磐令我代理，后不久追张残部至湘阴境内，正式任命我为排长。我入伍三年，由二等兵到一等兵，不久当副班长、班长，在讨张战役近结束时，当排长（但记不清驱张战役是一九一九年还是一九二〇年）。在这三年中，十月革命对我有刺激，对于其他士兵朋友也同样有刺激，由于军队严格封锁，不易及时得到真实情况。但占领长沙、岳州后，交通便利，不像在湘南那样闭塞。

闹饷[12]风潮

一九一九年底或一九二〇年底，外省军队全被驱逐出境。张敬尧部绝大部分在湖南被消灭，湖南军阀缴获很大，将湘军整编为四师十旅的大军，湖南全省得到表面上的统一。

湘军自一九一七年反傅良佐部失败后，退守湖南一隅，积欠军饷达二十三个月之久。过去以护宪护法爱国、开办训练班培养人材、反对北洋军阀、打倒张敬尧发清欠饷、统一中国等名义欺骗士兵，来维持军队统治。在张部全歼后，湘省统一，旧欠未发，新欠继增。士兵要求立即发清欠饷，以后按月发放，不准克扣。近十万军队不约而同，同时闹饷，一呼百应，向长沙开拔。各师、旅、团、营、连均设有军代会，由士兵推举代表，长沙设有军总代会。军队一切行动只听代表命令，其他任何长官命令都无效，秩序井然，表现士兵有高度自治能力。在平江、醴陵杀了两个区司令（相当现在的军分区），据说是因为他们阻拦闹饷。当时军队士兵代表权力高于一切，各级军官对本部军队均失去控制能力，全省军队在军队士兵代表指挥下向长沙集结。六团由新市街一带开到归义（汨罗江畔）车站集结，准备开长沙，后因得到某种妥协办法解决欠饷，即停止在原地。团长刘铏坐着流泪，一言不发；营长袁植、连长周磐的态度是只要不扰民，对士兵代表行动表示赞成。这些闹饷因没有政治领导，遂被狡猾的赵恒惕[13]利用和破坏。其办法是：发欠饷证，以田赋作抵，分作三年还清，到期各在本县政府领取。这个办法很毒，基本上瓦解了军队士兵代表会。对有些代表加以利诱和威胁，如许以保送升学，实际，后均无着落。

我没有受到威胁和诱骗，且从这次兵变运动中得到了经验：士兵一旦觉悟组织起来，这个力量是很大的。这对我以后组织士兵会，实行士兵自治有积极指导意义。

关于援鄂自治之役

消灭张敬尧部后，一九二〇年整编了部队。湖南军队大扩编之后，必然要扩大地盘。赵恒惕主湘，借口联省自治[14]，实行封建割据；为了扩大势力，借援鄂自治之名，图窃夺湖北地盘是实。一九二一年夏，湘军深入鄂南，打到贺胜桥时（离武昌不远），被吴佩孚和肖耀南所部击败。吴、肖部海军陆战队占领岳州，截断湘军后路。湘军一溃千里，退到长沙、湘阴一带，兵力损失过半，到处奸淫抢掠，民不聊生，民情愤怒，湘人治湘的欺骗迅速破产。

援鄂战争出动时，第二师是担任正面攻击，沿铁路北进。六团是从岳州及其以南某车站乘车北进的，我调到三营十一连（该连连长病了，请假离职），败退回湘，约是七月底。六团集结长沙，稍事休整，全部开南县。团长袁植命我代连长，率加强排（四个班）分驻南县之注磁口，时间大概是八月中下旬。在该地驻一月左右。该地有少数散兵湖匪骚扰。

由于援鄂失败，向外扩张地盘无望，湘军内部矛盾又重新尖锐化。表面上是保定系和士官系[15]军阀联盟，排除行伍系，实际上是重新分割省内地盘。一九二四年秋季，爆发了前者排除后者的武装冲突，行伍系[15]鲁涤平、谢国光、吴剑学等部数万人被迫逃粤。湘军分裂，削弱了湖南反动势力，增强了广东北伐势力，又促使湘军内部进一步分裂，唐生智[16]联粤北伐是其一例。很多士兵和少数行伍出身的下级军官，迫切向共产党找出路，但是找不到门路，自己又没有办法，我也是当时这类人之一。

援鄂战争时，我仍在六团一连，没有受到损失，人枪还有增加，这是由本连士兵串连来的。但六团其他营连的损失均过半数，还有达三分之二者。这些减员的绝对多数是逃跑了，而不是伤亡了。为什么一连士兵不逃亡呢？当时的经验只有两条：一是经济公开，连中略有公积金（办公、杂支、医药、截旷[17]等开支的节余部分，积存起来），用于士兵公益事业；二是废除肉刑，即不笞责、罚跪等。对犯了军风纪的士兵代之以劝告、记过、罚站。上述两条的坚决贯彻，是旧式军队士兵最积极拥护的。此外，救贫会在连内的秘密活动，对巩固部队也有一定作用。

三　立志救贫

杀恶霸地主欧盛钦

南县注滋口是一个有三百户左右的小镇，物产甚富。稻米最多，水产丰盛，家禽家畜产量亦大，还有大量芦苇、野禽等天然副产。各种苛捐杂税名目繁多，地租高利贷等剥削异常严重，贫富悬殊也特别明显。我常在晚饭后往镇郊农民家闲谈。有姜子清是贫苦农民，谈到当地恶霸地主欧盛钦（他哥哥是赵恒惕督军署的高级少将参议），仗势欺人，强占他多年淤积起来的稻田苇地。姜多次要求帮忙夺回淤地。经调查，不仅此事属实，而且欧还在该地封河禁止网鱼、封苇地禁止砍伐、禁止猎野禽（主要是野鸭）；巧立名目加税收、强占良田房产、放高利贷、强迫买青苗；利用权势收买一部分比较富裕的老移民户，压迫新移民户。欧兼当地的税务局长及堤工局长，滥增百货税收（特别是鱼税），横行霸道，无恶不作，为害群众比土匪还甚。

某日，我对姜说，应当组织救贫会，人多势众，才能把欧打倒。姜说，口齐心不齐。意思是，谈起欧盛钦人人都恨，作起来个个都怕。我问姜："你也怕吗?"姜说："不怕,但只我一个人不行。"我说："今晚我派几个武装兵,你带路去把欧杀了。"姜高兴极了。我说："去时都化装,事后不得有任何人泄漏。"

当晚,派了一班长王绍南及魏本荣等三个救贫会员。由姜子清带领,将欧盛钦秘密处决了。向他们交代清楚:只杀欧本人,不得伤及其他人。也出了一张匿名布告,宣布欧的罪状。第二天税收停止,贫民窃议称快,但第三天继续收税。这使我感到,杀一两个人无济于事,不能解决问题。

以后听说,姜要求斩草去根,把欧本人和其妻儿都杀了。此事是真是假,我不清楚。过了几天,队伍即离开该地,经三仙湖,由小火轮送湘阴登岸,向平江进击沈鸿英流窜部队。我连离开注滋口时,居民对部队毫无反映。这是一九二一年秋的事。

六团开到金井(长沙平江县城之间)新市街向平江进迫时,沈鸿英[18]部经浏阳、醴陵向广西逃窜。平复后约在十一月底,六团回驻离长沙七十里之潞口畚一带。刚驻不几日,在注磁口处决欧盛钦之事,隔三、四月被告发。某日,团长袁植派特务排长徐某来到我处,他说:"袁团长请你去长沙团部。"我说:"好吧!"走约五里,有一班人潜伏着将我逮捕。徐排长说:"这是袁团长奉赵督军命令,不得已来捉你的。听说你杀欧高级参议的弟弟和全家。"我说:"杀欧盛钦有其事,但未杀全家。"徐说:"这是欧高级参议告发的。"我说:"欧是当地为富不仁的最大恶霸,仗势欺人。"数了欧盛钦一堆罪状。士兵听了表示同情,徐即假说,团长也是不得已的,到督军署后,定会设法营救等。士兵中也有出主意的,说你到督军署不要承认,他没有证据,也可能是土匪杀的,也可能是欧盛钦平日作恶太多,别人报仇杀的。

走了六十里，离长沙还有二十余里，我说休息一下吧！休息时，牵我走的一位青年士兵靠紧我坐着，把捆我双手的绳子偷偷地解松了，又把手重重地在我背上按了两下，示意我逃走。我领会了他的意思。

又走了几里，即要过捞刀河，离长沙只十五里了。想想自己的命只抵偿一个恶霸的命不合算，死在这狗财主之手实在不甘心！决心在过河时逃跑。在渡船上，我叫徐排长说："大衣口袋里还有几十块钱，你们拿去吧！不要好了那些看管监狱的豺狼。"徐排长说："幸而得救时，仍然退还给你；万一不幸就替你办后事。"我说："用不着，你们拿走吃一顿，剩下的就分了吧！"在船离岸不远，乘徐来抄钱时，狠狠地给他一撞，他落水了。我一跃上岸，缚在手上的绳子也脱落了，便向东（㮚梨市）飞跑。士兵向天放了几枪，无人追赶。这二十多块钱，成了我的买命钱。谢谢他们，尤其是那位沅江口音的青年士兵，永远忘不了他！

一气跑了二、三十里，天也黑了。跑到了㮚梨市与长沙之间的七里巷，险是脱了。就草地坐着，将身上的湿汗衫脱下，肚饥疲乏，身无半文。躺着休息了一会，望着天上的星星在眨眼，口里随意念着："天地转，日月光，问君往何方？天下之大，岂无容身之处吗？"念头一转，劲就来了。

走啊！夜半来到易家湾湘江河岸，有薄薄的雾，望见有小船，我念着：茫茫湘江畔，渔翁扁舟有灯光。小姑在补网，老翁收行装。尊声大爷行方便，老翁笑问往何方？我说："要过江，身上无半文钱。"老翁说："上船来，送你过江去，不要你的钱！"问了他的姓名，叫罗六十老倌，无子仅一女，年过半百了。老者问："先生从何处来，到何处去？"我说："我不是先生，是穷人。"他望望我身上，又摇摇头，怀疑我不是穷人。我即详告事因。船抵西岸时，我将汗衫交给他，他无论如何也不要。我跳上岸，将汗衫丢在船上说：他日相逢，留作纪念吧！

上岸后，我向郭得云家飞跑。

一九三〇年，红军占领长沙时，我到易家湾还找到了这位年近七十的罗六十老倌，将没收土豪的粮物送给了他一些。他不知道我的名和姓，我觉得他是恩人。

密议救贫会章程

郭得云是我当兵时的第一个老班长，他曾在四十九标（清朝末年新军的标，相当现在的团，当时湖南有四十九标和五十标）当过兵，参加过辛亥革命，后当排长。他很有正义感，对军阀战争甚愤恨；对社会上的狗官、军阀、为富不仁的地主恶霸，他都不满意。后弃职回家仍作皮匠。这个人倒有点穷骨气，也有一点文才，赞成组织团体灭财主，实行平产。想到此人许多优点，越想脚就越有力，也走得越快。

东方刚白，到了湘潭城南八总大先桥河边，叫开他的门，郭惊问："出了什么事呀！夜晚跑来一定有事。"即闩门到楼上一间小黑房里。我将经过告诉了他和他父亲郭三老倌，郭告其父，不要使外人知道。问我："在那里吃饭的？"我说："昨早在潞口畲连部吃早饭的。"郭吐舌说：近二百里了。三老倌说："还有一点凉饭，先吃一点，睡醒后再吃早饭。"郭得云拿着渔网说："你睡觉，我去湘江打鱼。运气好打条鱼做早饭菜。"我就在楼上小房里稻草上睡着了。醒时，红日当空，已八、九时了，三老倌端着饭和洗脸水，郭得云拿着一大碗鱼上楼来了。饭后郭问："谁会到这来找你呢？"我说：

"他们知道我跑脱了，张荣生和李灿过两天可能来，别人不知道这里。"郭对他父亲说："张是个小个，做裁缝出身的，李是高个，学生出身。他俩来即告彭在此，其他任何人来问，答不知道。"三老倌点头，说："我认识他俩，来过一次。"

郭问我："你想去那里？"我答："想去广东。"郭说："人生地不熟，不如就在湖南。时局会变的。"我说："现在身无半文，吃饭也成问题。"郭说："我去军政机关打听，看有什么消息，也许下午才能回来，你们先吃午饭不要等。"我把秋大衣交给他，请他带去典当，买几升米回来。郭说："不急，暂时可维持。今年有手艺做，每天可得三四升米钱。今年还特别，江里鱼也上滩，早晚可搞一两斤，能买两三升米。不过，你如去广东，路费就没有办法想。"他问："现在你当连长，总可寄点钱回家吧！"我说："是代连长。给祖母、父亲每月各寄二元，弟弟也大了，让他自立，他们艰苦些，将来好杀财主。"郭笑："我也艰苦了大半辈子，还未杀到一个财主。"他问："救贫会情形怎样？"我说："发展了几个。"我问："你发展得怎样？"他说："有一个对象还未正式谈，只同他讲了要救贫人，没有团体不行。过几天，你可去他家住。在乡下比较安静，同他谈谈看。"他问我，同救贫会的人通讯吗？他有办法替我送去。郭下午四时许回来说，驻军、县署都没有我的消息。一连三天都是如此。

一天晚上，郭对我说，今晚搬到乡间去住。大概十时左右，我随郭到城外一个菜园内。有两间茅房，是他的外甥李桂生（有十六、七岁）家。李母眼睛瞎了，人很和气，也清洁，一看就知道是郭得云的姊妹。第二天，郭送来《水浒》、《三国演义》、《资治通鉴》、报纸等，并说以后每天报纸由他送来，或桂生上街卖菜时带回来。

第四天，李灿从长沙搭早班轮来了。他一进门就说，知道你在这里。我说："你怎么知道的？"他说："你没有其他地方可去。杀恶霸事，督军署下了一道通缉令，文官衙门照转了，第二师司令部（李灿是该司令部文书）只批存案，根本未转。"我们商谈了行止，我说："我回家种田去？"他说："暂时不宜回家，还是谨慎点的好。"我说："不然就去广东。"他说："找谁呢？"我说："找鲁广厚。"他说："回师部我即可写信，将你情况告鲁，如他能设法找工作，要他回信。"李灿要我到他家去住，宜章离韶关近，与鲁也易联络。李告我，周磐给你寄来二十元。他自身也带来十余元，这样，路费就勉强够用了。

李灿搭午班轮回长沙，走时说，过几天约张荣生、黄公略同来再商量，但先要和鲁广厚联系。

又过了十来天，郭得云带引李灿、张荣生和黄公略来到我处。李桂生在街上买了猪肉、鱼和一瓶米酒，准备午饭。郭、李、黄、张、我五人谈到救贫会章程，将平日交谈成熟的意见归纳为四条：1.灭财主，实行耕者有其田；2.灭洋人，废除不平等条约，收回海关、租界，取消领事裁判权；3.发展实业，救济贫民；4.实行士兵自治，反对笞责、体罚和克扣军饷，实行财政公开。

讨论这几条基本内容时，是很热烈的。特别是当李灿提出收回海关、租界，取消领事裁判权，取消不平等条约时，爱国情绪很高的黄石（公略），高兴得跳起来，说：这就是救国救民的纲领！推举郭得云对这四条原则加以研究，拟成条文。大家决定，这就是救贫会章程。准备在另一次救贫会全体会员会议上正式通过，作为正式会章。并决定根据这次会议的四条原则，在救贫会员中秘密地作解说，讨论和征求意见。由张荣生回队传达。

现在看来，这几条是资产阶级民主革命的反帝反封建的内容，但也是不完全的。救贫会是属于在共产党影响下，军队中士兵自发组织的团体。开始时，只有李灿、张荣生、王绍南、席洪全、祝昌松、魏本荣和我七人。黄公略是这次加入的。这次开会的成员出身，两个是地主家庭出身的知识分子，两个是手工业工人、一个是贫农，都没有看过马克思列宁主义的书。

讨论后，李桂生买回了鱼、肉、酒，他母子和我们共七人，大吃了一餐分别饭。午饭后，黄、李、张搭轮回长沙去了。这时大约是十二月下旬。

这时我已满二十三岁，青年已过，进入成年了。

去广东找朋友

鲁广厚是我在民国七年——八年时所交往的那批知识分子朋友之一。他是鲁涤平的本家，民国七年（一九一八年）冬进韶关讲武堂，民国九年春（一九二〇年）毕业回湘当排长。在岳阳练兵时和我同连，常以不得志自居，有些狂士味，月薪不够用。李灿妻兄肖文铎是鲁涤平的参谋长。鲁广厚常有信致肖和鲁，同李灿亦有来往。李灿是宜章县人，小地主家庭（四、五十亩田），要我去他家住，离韶关亦近。李灿要鲁广厚回信至宜章东门外泰昌合粮行。我们商妥，但不告诉郭得云，因他家贫好义，实在不想再烦扰他了。我也写了信给鲁广厚，告以自己处境和到粤意图。

在李灿、黄公略、张荣生走后，我在李桂生家又住了约一星期，缝制了单衣服等。过数天，搬到我姑母家。搭小火轮至衡阳，徒步经郴州到宜章，住东门外李灿家叔开设的泰昌合粮行。时值腊月三十日，李灿已有信给粮行为我作了准备。

正月初一，在粮行住了一天，初二日我随驮盐的马班去韶关。当天到乐昌，第二天到韶关，第三天到花县。鲁住东门外，鲁对我谈到他的生活近况和他所组织的军队，说，许司令（可能是许崇智[19]）成立独立营暂托他管，将来可能要扩大。这是许司令为孙总裁准备的，命他暂兼营长。现在一、二、三连准备已全，第四连还在搭架子，人枪还只一半，请我任四连连长职。鲁广交游，善词令，每日来宾约会，晨夕不绝，开支亦大，营长月薪不过百二、三十元，决难如此应酬。

在花县住到元宵节。花县元宵节很热闹，那里的妇女不包脚，耕田种地，砍柴挑粪，推车抬轿，多是女人，很少男人作这些重活。勤务兵说，湖南这些活是男人干，广东相反。在这里，对女人放脚是解放妇女参加劳动的关键，增加了认识。

旧历正月二十号左右，到增城东南约二十里之乡村——独立营营部驻地，第四连是零碎收编来的，人约四十，旧枪三十支，准备买新枪换装。这里离惠州有两天行程，副营长罗××说，陈炯明[20]部态度还好，前面十余里就有他的部队，日常来往无甚隔阂。营、连军官不少是鲁营长的同学、同事、同乡。

到职约半月，某日拂晓，遭陈炯明某部突然袭击，一部被缴械，一部逃散，损失大半。在增城集合残部后，鲁广厚赶到，说，这次损失是他的大意，过于相信朋友和同学关系，他们大鱼吃小鱼，毫不讲信义。我说："我这个朋友也没有帮好忙。"鲁说，这完全不能怪你，四连刚成立，新兵枪支破旧。副营长插话说，还剩了二十余人枪。他连自己换洗衣服都没有了，其余行李全丢。鲁说：

"等两天把情况弄清楚再说。"

过了两三天，他约我同去惠州。说：一、二连武器是买来的新枪。叫他们把枪退还给我！到惠州，见到他妻子，穿戴甚讲究，像个贵夫人，住在朋友家，佣人不少，大概是个什么团、旅长公馆。来访者多系中级军官，称哥道弟，满口江湖话。看来，鲁和这些人似是哥老会。他开支甚大，这些钱从何而来，是否同商团[21]或外人有勾结？不明底细，我最好敬而远之。

数日后和鲁回广州，鲁营准备缩编为连，副营长改任连长。我决心离去，但又无别处可投，决定回家种田，在家乡去作些农民工作。我向鲁正式提出辞职返湘归田，鲁说："不必急，等些时，还是可以想办法的。湘境很严，路上也不好走。"我说："决心回湘不再麻烦你了。"他说："如果一定要走，又怎样走法？经韶关入湘，检查甚严。"我说："检查倒不要紧，不过我想搭轮经上海、汉口回湘，可以见见世面。"我坚决表示回湘，鲁也不再留。鲁对副官说，买英轮船票直达上海转汉口，不受检查，免得麻烦。另送二百毫（二十元）路费。我说："谢谢你。"鲁说："不要谢，就算是你这月薪金。"

大概是旧历二月下旬（公历记不起），从广州起程，途中遭大风，在厦门停泊三天。在上海因无钱未停留，只好在码头上走了一会。买了票转轮到汉口，渡长江刚赶上徐家棚煤车。煤车平日不搭客，我又没钱买票，听列车员口音是同乡，就向他说明自己的困难情况，请他帮忙，尽我所有给了一点茶钱。他和车站打了招呼，说是他的朋友去长沙，这样，我就搭上煤车。他要我爬到中间一节敞厢，沿途无人过问。

到了长沙，到湘雅医院找姑母，她在那里做女工。向她借了五元钱，花了一元多钱买了一身单衣，洗了身上的煤泥。

翌日搭轮到湘潭郭得云家，才知道他已于半月前害病死去了！听他父三老倌和李桂生先后谈病情，是害伤寒病，病中发高烧神志不清。年近八十、忠厚待人的三老倌，忧愁满面，身体已大不如前，奄奄一息。一个十一二岁的小孙（即后来成为叛徒的郭炳生）已弃读学皮匠去了。孤苦饥迫，难以为生。我除安慰外，问他郭得云有无遗言。三老倌说：救贫会章程未写他就病了，他自知将死，说把小孩托彭照管，外无他言。

这时，得知袁植、周磐率第六团团部和第一营驻湘潭城，离郭家不远。写信给王绍南、张荣生，他们不久即来。我谈了去粤的情况，说明自己决心回家种田，在本乡作些农民工作。张说："也可就近照顾救贫会工作。"他们谈到欧高参因贪污被撤职查办。黄公略仍在二营八连当排长，驻湘乡，离我老家仅三十里。第三营驻衡山，第一营及直属队驻本县城，李灿仍在二师师部。

张说："你去年十月、十一月份的薪金，除预支外还有三十元，已发到连，司务长魏世雄在问怎样处理？我去拿来给你吧！"我说："好！替三老倌买一担米和一月油盐煤，寄五元钱给长沙湘雅医院姑母，还清昨天的借款。"王绍南说："再买两斤肉来，我们三人和郭老倌、小孙一块吃晚饭。"还剩十多元钱，我就带回家了。还谈了救贫会情况，他们都同意第一次会议的四条原则，希望写成正式章程，更具体些。他们希望我回部队。张说："看看袁植、周磐对你的态度究竟怎样再说。"他们都驻在湘潭，因此表示以后郭老倌的生活由他们照管，要我不必管了。我说那好吧！第二天即回家种田去了。

当兵六年的感想

上述这段时间是人类历史极度动荡和新旧交替的伟大时代：从一八九八年到一九二一年的二十三年，在中国经过戊戌变法，改良主义失败了；八国联军侵占北京，清政府逃往西安，人民组织义和团进行抵抗；辛亥革命推翻了清朝，孙中山失败了，袁世凯称帝；列强瓜分中国，继以帝国主义为背景的各派军阀割据称雄，连年不断地进行军阀战争，一夕数惊，不可终日；苛捐杂税多如牛毛，社会迅速破产，不少自耕农失去土地和生活依据，投军阀部队当炮灰，我也是其中之一；伟大的五四运动和共产党的诞生，为人民带来了希望；帝国主义大战导致十月社会主义革命胜利，鼓舞了一切被压迫人民。这一切无不是压迫与反抗，进步与倒退的阶级斗争，而进步总是战胜倒退，战胜反动。

我从出生到一九二一年已满二十三周岁，经过极端贫苦的生活，由牧童、童工、堤工到当兵，体会了工农兵一些实际生活，建立了一些朴素的阶级感情。入伍当兵后，接受了辛亥革命前辈军人的一些传说。保定青年军官来部队充当见习官、排长、连长，他们来时朝气蓬勃，讲解鸦片战争以后的国耻，编写不少军歌进行爱国主义教育，有时他们也讲得痛哭流泪。他们随着地位的提高，逐步贪污腐化，什么爱国、爱民完全置于脑后，如何升官发财，却成为他们一切闲谈的话题。可是他们的腐朽反动，阻碍不了历史向前发展，历史总是后浪推前浪，后人超前人，继续不已的前进着。

我在这段时间，也交了一些来营当兵的知识青年（主要是中学生），他们来时也是满口爱国主义，如何发奋图强，廉洁奉公，逐渐发现他们多数是带着升官图来当兵的。我交了二十个左右的知识青年朋友，最后剩了黄公略、李灿。他俩加入了光荣的共产党，当了红军三军军长和八军军长，为中国人民事业献出了他们的生命！我也交了一些士兵朋友，他们是贫苦农民和失业的手艺工人，老实纯真，容易接受打富济贫，灭财主、灭洋人的思想。到一九二一年有十人左右加入救贫会，有的在北伐战争中牺牲了，有的以后加入了共产党，在红军中牺牲了。这批人没有一个叛变的。

我出生于人类历史飞跃的时代，而落后于这个伟大时代。到一九二一年，中国共产党诞生了，我还没有接触马克思主义，不懂得社会发展的科学规律，不懂得用阶级观点分析问题，不懂得革命是组织人民群众自觉的行动。我在当兵时是一种打抱不平的英雄主义思想，杀欧盛钦是这种思想的突出表现。救贫会章程的四条原则，是当兵六年的思想总结，是非常幼稚可笑的，也是非常惭愧的，对灭财主和消灭封建剥削制度的关系是模糊的。我在当时还不懂得地租、高利贷和资本剥削在性质上的相同和区别。至于耕者有其田，孙中山一九〇五年在檀香山同盟会就提出"驱逐鞑虏，恢复中华，平均地权，建立民国"，以后又提出实行"耕者有其田"。四条原则对灭洋人和打倒帝国主义的关系也是相当混乱的。灭洋人含有排外思想，和一九〇〇年义和团"扶清灭洋"口号类似。"发展实业，救济贫民"这个口号，在五四运动以前就有的，民族资产阶级代表人物就提出过，当时（一九一八年）营长袁植就有"寓兵于工"的思想。四条中没有提到拥护孙中山总统临时约法，没有提出反对军阀割据，实行民权主义，统一中国。这些是当时的中心问题。只有实行民主，统一中国，才能抵抗外国侵略，才有可能发展实业，否则是废话。

回 家 种 地

　　回到家里时，邻友正在泡稻谷种和排红薯种，按当地农作物季节，是在清明三月中旬下种（公历哪月记不起了）。当时家庭情况：早年母死后欠债累累，除留有二三分地种菜外，余均抵押。我回家时，抵押之地已赎回及半，若全部赎回还须二百元还债。二弟金华学徒（捻棕绳）已出师，三弟荣华年约十六岁，可算半个劳动力了。家中还有多病的父亲，八旬的祖母。我把杀恶霸被通缉的事情告诉了父亲和五叔，乡间完全未闻有此事。五叔说："你不要说，那些恶霸知道了，他们又会兴风作浪。"我父亲说："也不要告诉你弟弟，他们年轻嘴不稳。"我说："不外出了，准备在家种地。"五叔和父亲都说好。我五叔又说又笑，高兴地说："这下算是苦出来了。"我和弟弟等商量立即开荒种红薯，解决秋后吃饭问题。

　　我同父亲说，要把那些财主杀光，穷人才会出头。父亲说："你表兄周云和要赶汤督军，被捕枪毙了，他妻子小产了，母亲气死了，你的五舅成了孤人，住在九坛冲大山中，你这回要是被逮捕了，还不是同云和一样。"我说："明天去看他。"父亲说："那好，就便把红薯种挑回。"

　　第二天，越过几个大山到了舅父家，时已中午，边谈边吃红薯饭，谈他儿怎样被捕和枪毙的。我说，为什么要枪毙他呢？舅说："在长沙和湘潭组织反汤机关，被破坏了，他和两个朋友逃回家来。"我说："他逃回家做些什么事呢？"舅说："他对老百姓讲，汤芗铭在湖南杀了几十万革命党，汤是袁世凯一伙的卖国贼。打倒汤芗铭，不完粮、不纳税、不送租，民众高兴，士绅不高兴。被人秘密告发，被捕后枪毙的。"

当晚宿他家，谈至深夜，我要他到我家去住。他说："现在身体还好，山中柴水方便，开了几亩荒地，除交租外，一个人也够吃，再过几年不能劳动时到你家住。你家现在还穷，慢慢会翻过身来。"我说："要杀财主种田不交租，才能翻身。"他点头说："云和也是这样说的。"早饭后，装满了两箩筐红薯，约有百斤，给了他一元。他说："不要这多钱，五担红薯换一担稻谷，稻谷一担两元五角，一担红薯只值五角大洋。"他没有钱找，我说："不用找，留你用吧！"他流着眼泪望着我走。我也回头望他数次，他仍然站在坡上望着。我这位舅父，从不占别人分文便宜的，是一个极端忠厚的人。

回家已过午，三弟准备好了开荒的锄头，兄弟俩边开荒边谈家境。他说，哥在湖区挑堤的那几年，家里真难过，全靠祖母讨米过活。

我在家劳动生产四个月，和弟弟及个别邻友也谈了一些打富济贫、耕者有其田、俄国共产、中国有了共产党、长沙立起了劳工组合、女人要放脚等。

端阳节前，驻在湘潭的六团军需正胡子茂（民国五年，我入伍时的老连长）来信说，袁团长知道我回了家，他要办工厂，要我替他雇请几名织毛巾袜子、织布缝衣等的技工来厂当师傅。我也想去长沙打听一下劳工组合的情形。到长沙未找到劳工组合门径，遂到湘潭替他找了几名技工，到胡子茂处交代清楚。胡说："团长有意要你帮他办工厂。"我说："不内行，还是回家种地。"我当天晚上就走回家了。

考入湖南陆军军官讲武堂[22]

一九二二年六月下旬或七月初，黄公略、李灿等先后来信，相约去投考湖南军官讲武堂。告我六团团长袁植，团附周磐亦要公略转达此意。黄、李替我办理一切入校手续，并照我在郭家所说替我改名为彭德怀（原名彭得华）。在团部安置一少尉（排长）候差，以解决日常费用（后改为原一连中尉），以薪金三分之一给连上其他两排长。讲武堂定于八月考试入学。当时我还有些犹豫，因文化低，不一定能考取，在家种地觉得也好，大概一星期没有回黄、李的信。张荣生以请假回家为名来我家，说："救贫会员和连上兄弟都希望你去讲武堂学习，以后好回连上来。要实行灭财主和洋人，还是要搞军队，李灿和其他救贫会员都是这样看的。他们推我前来，催你前往。"我说，"好吧。去试试，考不取再回家中来种地。"张荣生听了很高兴，天明就回家去了（离我家十余里）。

八月去长沙考试很顺利，考取后即可入校住宿。每月伙食费五元，八人一席，五菜一汤吃得很好，不要其他任何开支。八、九月之际搬进学校，比其他学员到得早些。现在，审委①追问我几件事：

（一）讲武堂开学是十一月，你八、九、十、十一月共四个月作什么去了？答：我的文化很低，要能听懂军事课程中的地形、筑城、兵器等，需要有初中程度的自然科学知识。我八月初住进学校，开始自习文化作准备。入校后即没有外出住宿过，一直到一九二三年八月初毕业出校时为止。

---

① 即专案组。

（二）入校前经过湘潭六团团部去见过袁团长吗？答：我到团部军需正胡子茂处，准备去看看团长袁植。胡说：不必去，团长有事，以后再去见。听说袁讨了小老婆，我最不喜欢听到别人讨小老婆和吸鸦片烟，我就没有去了。到长沙讲武堂时，某星期天袁来电话，我去他在长沙的公馆一次。

（三）袁团长为什么那样关心你？答：不知道。推测有这样的情形：一九一八年春二三月，在衡阳渡过湘江时，我奉命为后卫。全军退过右岸时，袁（营长）还在该地，他问我都过江了吗？我说，我是走最后的。话刚完，发现敌一部已经迂回到我和袁站处侧后千米。我说：赶快沿河走，我在这里掩护（约一班多人）。待他脱离危险，我才撤退的，敌也未猛追。会合时，他说，今天好危险，几乎作了俘虏，没有注意侧后。再在向张敬尧部进攻时，在宝庆战斗中，因选择攻击点不适当，钻入敌人火力集中点，我率一个排（连长周磐）向另一点举行佯攻，转移敌人火力，袁植负轻伤得救，这两次他可能有感激之心。此外，驻浣溪圩时，他兼语义教官，我有两次作文，听公略说袁是满意的，打了百分，而且送给刘铏（团长）看了。一篇题《爱惜光阴》。内容现记得有："大禹圣人爱惜寸阴，陶侃贤人尤惜分阴，况吾辈军人乎！欲为国负重任者也，岂不勉哉……"等，不满三百字。一篇题《论立志》。内容大意："志不立，吾人无可成之事，国亡家亡，灭种随之。覆巢之下，岂容完卵？弱肉强吞，莫此为甚。吾人生逢斯时，视若无睹，何异禽兽为伍。……志不立如无舵之舟，无衔之马，飘荡奔逸，何所底乎？……"亦不满三百字。当时，不懂标点符号，也不懂作文格式，什么叫论，什么叫说，到现在也还不懂。袁当时有一点爱国心，我也流露过，在这一点上，也可以叫作气味相投吧！此外，他也是为了培养私人工具。以上是我的推测。

进讲武堂后,我编在第一教授班,黄公略到校比我晚些,编在第四教授班。相距不远,每天都见到面。

讲武堂学员是少尉到少校现役军官(即营连排长),有一些人考取后,因为有钱,住在旅馆里玩,到十月才进校。开学时间一再推迟,后改为先开课后开学,大概是十一月才正式开学的。课程有:四大教程即战术、地形、筑城、兵器;小教程即操典、野外条令、射击教范、内务条令,外加军制学和马术,还有山野炮战术和实习。这些东西,实在无味,但考试严格,不用功还不行。还有什么精神讲话,也讲些时事,讲国耻,这里面有许多唯心主义的东西。学习原定半年,后因教材量过大——是按保定军官学校三年制教材编写的,故一再延长到近一年。可能是次年八月间毕业的。

湘军的矛盾和救贫会的活动

毕业后,我即回六团一连任连长。

十月左右,二师师长鲁涤平在姜畲(湘潭和湘乡之间)召集团长以上的军事会议,反对赵恒惕,准备去广东投靠孙中山。团长袁植态度暧昧,会后回团部(离姜畲五里)途中,被鲁涤平伏兵杀死。

一马弁逃脱,回到湘潭报信。周磐立即电告我情况,并商对策。我说,现湘潭只驻一营兵并团直属队不过千人,须立即出发,到市西郊十里外靠山集合,以防万一。周同意。

不到两小时集合完毕,议了一会无办法,推我去姜畲师部了解情况。我说,团附应向全体官兵讲清情况,并征求我去当代表是否适当。周照办了。我立即约王绍南、张荣生、席洪全等人集会,说，如我明午回不来，就有可能被扣押，如遇到别军来进攻时，决不能缴械投降，可采取自由行动，实行打富济贫的主张，散发财物，救济穷人。愿跟随者越多越好，不愿来者绝不要勉强。这一计划可在会员中分别秘密传达，在士兵中秘密流传，军官中一句不谈。他们听了都很高兴。张荣生说，你去危险不大，尽可能早回。周磐说，为争取时间，在团部骑匹马去。我说好。

不到两小时，即到姜畲，正在替袁植开追悼会，鲁涤平亲笔写了讥辱式的挽联："生为我官、死为我殡、同僚十载、英雄流热血……"（下联记不起了）欲盖弥彰，谁不知袁植是他派人杀了的？鲁涤平接见了我，说什么袁君不幸，是全军损失等。我说明来意：因当时不明情况，部队已离湘潭，请示办法。鲁说，立即出发，经衡山、永州入桂转粤。

我拂晓回到团部集合地，他们在集体露营。我说明情况：师直属队很恐慌，即将南开。此地危险不大，但我们不宜久留，应开湘乡、永丰靠近二、三营。团军需正胡子茂说："现在关系已断，无处领款，怎办？"他们正在为难之际，我说："向湘潭商会借三万元，榷运（官盐局）作抵，以后向省财政厅转账。"胡说："袁团长办的小工厂约值千元，一部分是他自己投资，一部分是公款，怎办"？周说："由你去处理吧"。袁有寓兵于工思想，过去谈过，我赞成。办小工厂是试验的。袁家不富，靠母亲纺织生活、念书、考保定。在当时有爱国思想，且有一定才能。

袁死后不久，军需正胡子茂辞职回家仍做茶叶生意；周磐代理团长，不久以后任正式团长。周磐家也不富，其父亲是篾工，在当时也有些爱国思想，但不及袁强烈，在紧急时无决断。袁、周对我都有一定信任，也可能是利用。

其后，大概是十一月，部队开驻湘乡之永丰、杨家滩地区，我率一连驻湘乡毂水（现在的涟源县）。第一营扩编为第一、二两营（我任第一连连长），收得谢国光某部，即杨超凡部，改编为六团三营。当时第一营营长是刘道经，北方人，保定二期生，旅长唐希汴。

鲁涤平率二师主力和谢国光、吴剑学两个独立旅入粤后，湘西刘叙彝部（约万人）乘机扩大地盘，占辰溪、洪江、新化、溆浦一带，独霸贵州省鸦片出口过境税，引起贺耀祖、宋鹤庚等不满，发生驱刘战争（实际是争夺鸦片过境税）。自一九二四年二月左右至三月底、四月初结束。

一九二四年四月初刘营长请假归家省亲，我代理营长。六团由洪江经宝庆（邵阳）、湘乡回驻湘潭。

一九二四年四月下旬开到长沙靖港待命。后经衡阳、永州、全州向桂林进迫，解陆荣廷及其所部（他部下沈鸿英部叛变）之围。陆在当时是拥护孙中山的，在湖南屡受北洋军阀压迫时，陆是支援湖南的。

大概七月，正值盛暑，刘道经营长回营了，不久，又因事请假回家，我再代理营长。八月下旬或九月初，回驻湘阴、长沙线休整。

一九二五年一、二月间，六团开赴湘西北之慈利一带，协助贺耀祖[23]师等收复澧县、石门、慈利。

四月，开桃源之漆家河一带，防贵军袁祖铭部犯湘西北。约六、七月间开安乡，一营驻县城，后驻武圣宫、嘛嚎口一带休整。

一九二五年，湘省统治阶级内部矛盾剧烈，但在反苏、反共、防赤化上，他们是共同的。我这一年的工作重点放在团结本营，进一步巩固第一连，谨慎的开展二、三、四连工作。希望在一九二五年每连能够作到有三五个救贫会会员，并注意在士兵中讨论时事。会员提议我多做些军官工作，对团也要多加联系，工作要突出而不要孤立；各连士兵工作由他们去多作些，上下配合，收效可能大些。我觉得他们的意见很好。

在讨论时事资料中，介绍并讲解以下一些内容：苏俄对我国废除不平等条约，现在又帮助广东孙中山；列强在大战中，日本代替德国在华利益；巴黎和会对中国无益而有害；欧美商品和日货充满市场，这就是经济侵略；在政治文化上也在加紧侵略，企图瓜分中国。有些人不说这些帝国主义坏，反说苏俄坏，这就是颠倒是非；还有些人说共产党这不好那不好，事实，共产党才出生三、四岁，它没有割地赔款，也没有与外国订立不平等条约，更没有出卖中国民众的任何利益，它一出生就坚决反对帝国主义，尽是做的好事，反而说它不好，这有什么道理。鸦片战争以来，割地赔款，丧权辱国，袁世凯同日本帝国主义订立二十一条，不去骂这些卖国贼，卖国政府，反而去骂共产党，这究竟有什么道理？一个人究竟站在哪一方面，如不加思考，随声附和，就可能站在卖国贼方面去了。还有人说，"赤化就是不好。"赤化就是反对贪官污吏，反对土豪劣绅，反对讨小老婆，实行男女平等，反对吸鸦片烟，这些到底有哪些不好呢？我们说，应当大赤化一下，化掉这些腐朽的东西，很有好处。

这些简单道理（在那时象我这样落后的人，也只能提些具体事实作教材），经过反复讨论后，在一营中，那些反动谬论就大大减少了，甚至听不到了。可见反帝爱国主义教育，在当时旧式军队中是迫切需要的。

一九二六年五月间，广东北伐军[24]开始入湘境时，刘道经请假未归，后辞职了，我即任第一营营长。直至一九二七年十月当团长（正式去团部就职是农历年关前），经过两次代理和正式任营长，为时在两年半；不算代理，只有一年半。

几次回家情况

审委多次询问回家次数，和问了我家的瓦房情况。

我当兵后，回家共四次。前三次在上面历史叙述中已写过。第四次是因为一九二五年春父死时，我不在家，约三、四月间，黄公略大病，在长沙就医，后转天花，不仅脸麻，且满身脓疮，我去长沙看他，见他病势极危，帮他另请大夫医治，我就便第四次回家。

当年家乡旱灾异常严重，地主囤粮居奇，贫者求籴无门，邻友饥饿情况甚惨。我强迫地主高价卖出十来担谷，费近百元，无偿分给我乡（现在的乌石大队）贫民户。地主陈满钻子背后大肆侮辱："穷崽子，自己一个田角也没有，还要打肿脸充胖子。"这事对我教育很大，使我灭地主、平地产之心更切。

带回六百数十元（内有周磐送的丧礼二百元），除给公略医病和买谷救济贫穷乡亲，所余四百元交给了弟弟。

一九二七年秋冬，我团经委会瞒着我，给我二弟四百元，连前款，他们即建起现在这所瓦房，一共十二间。

四 找到了中国共产党

参加北伐 结识段德昌

一九二五年冬，六团回防到南县、华容、安乡三县，我营驻安乡县城，后驻嘛嚎口。

一九二五年秋冬以来，湖南军阀内部矛盾异常尖锐，害怕广东北伐，又怕唐生智与粤联结。赵恒惕、贺耀祖等军阀，有的主张先发制人，解决唐生智部。

一九二六年四月，六团突然奉命开赴湘乡、永丰一线待命。我们还未到达指定地点，听说赵已下台，叶开鑫主湘。六团忽又奉命开宝庆、衡阳之间，接近唐生智部第四师防区；第一、二两师也向湘东南推进，企图解决唐生智部。不久，传闻北伐军前锋已抵安仁县境，叶开鑫[25]在醴陵、衡山、永丰线紧急布防，湘军内部恐慌万状，大有一触即溃之势。本营各连经过冬季整训，各连都有了救贫会员，从旧历正月至三月的时事讨论，全营官兵对北伐有了比较正确的认识，不但不恐慌，而且高兴。部队到达永丰，我又向大家说明叶军必败，北伐军必胜的道理。并将这些也同周磐谈过，提出宜早派人去同唐生智联络。周说，唐处早有人去了。某日对方开始进攻，我用电话告周，周问如何处理？我说，可经湘乡、宁乡、沅江向南、华、安撤退，如湘乡县城被对方先占，即从城西迁过。我们安全到达目的地，实力无损，且有扩大。

国民革命军[26]唐生智所辖第八军进入长沙，将原湖南第二师改编为第八军之第一师。原三旅六团改为第一团，团长由第二营营长戴吉阶升任，我仍任第一营营长，第二营营长由五连连长谢德卿升任；将刘铟、唐希汴等宝庆系军阀之家兵，也是二师残余部分，合编为第三团，团长刘济仁；唐生智收后勤部队之一部分，编为第二团，团长张超。三个团合编为国民革命军第八军第一师，师长周磐，成立师政治部，团设政治指导员。

整训短期，即行北伐。一团参加围攻武昌城南门，右与围攻朝阳门之叶挺部、左与三十六军联络。第一师之二、三两团在整编，还未赶到。约过数天后，师政治部秘书长段德昌同志，由团指导员米青引来我处，送了不少宣传品。我说，以后请常来。他答应了，且未失约。当时出版的进步刊物，他总是尽早派专人送来。

武昌守敌投降后，第一师归三十五军军长何键指挥。我团驻汉阳数日，即经孝感向当阳前进。第一师到达当阳城时，据报吴佩孚残部由宜昌经玉泉山向南阳逃窜，周磐派我率部前去进占玉泉山截击逃敌，段德昌要求同往，周同意。

到达玉泉山时，敌已先一天通过该地。山上有座关帝庙规模很大，地势险要，古柏苍松，别有风味，即《三国演义》上所写的关云长显圣处。部队就在该地布置宿营。我和段德昌在关云长塑像前，铺了稻草就宿，相谈甚深，使我得益不少。段问我对关云长有何感想，我说："关是封建统治者的工具，现在还被统治阶级利用作工具，没有意思。"段问："你要怎样才有意思呢？"我说："为工人农民服务才有意思。"段问："你以为国民革命的最终目的是什么？"我答："现在不是每天都在喊着打倒帝国主义、军阀、贪官污吏、土豪劣绅，实行二五减租[27]吗？我认为应当实行耕者有其田，而不应当停留在二五减租。"段说："一个真正的革命者，也不应当停留在耕者有其田，而应当变生产资料私有制为公有制，由按劳分配发展为按需分配的共产主义制。共产党是按照这样的理想而斗争的。俄国布尔什维克领导十月社会主义革命胜利后，已实行按劳分配，消灭阶级剥削。共产党的任务，就是要实现社会主义和共产主义，共产党员就是要为这样的理想社会奋斗终身。"段问我："加入了国民党吗？"我说："没有加入，我不打算加入国民党。"段问："为什么？"我说："你看现在这些人，如唐生智、何键等等，都是军阀大地主，还以信佛骗人；何键、刘铏等还卖鸦片烟，同帝国主义勾结。这些人连二五减租都是要反对的，那里会革命呢？"段未答。我问："国民党中央党部情形如何？"段告：蒋介石、胡汉民、孙科、宋子文、戴季陶[28]等等都是些假革命、反革命。

彼此高兴畅谈了约两小时，使我受益不少，当时表示了对他的感谢，及内心的敬佩。到现在，有时还回忆这次谈话。

段同我谈话有好几次，但以这次最长，最有意义。段每次谈话，我都在救贫会中传达了。在北伐时，党在第一团的政治影响、思想影响，是经过段德昌之口散布的。

第一师在当阳未停留，一团在玉泉山亦未停留，翌日继续前进。经应城、皂市渡汉水，沿途无战斗。十二月下旬到达宜昌。在宜昌送别轰轰烈烈的一九二六年，迎接一九二七年。

成立士兵委员会

三十五军和第一师驻宜昌约一月左右。

一九二七年元旦，开了救贫会会员会议。除攻武昌城牺牲者外，还有八人，讨论了两个问题。

一是修改会章的问题。因为过去的四条原则（灭财主，实行耕者有其田；灭洋人，收回海关租界，取消领事裁判权；发展实业，救济贫民；反对克扣军饷，废除对士兵的笞责罚跪，实行士兵自治）不能完全适应新的情况。现在应当包括：拥护孙总理遗嘱，实行联俄、联共、扶助工农三大政策；打倒帝国主义，废除不平等条约，收回海关租界，取消领事裁判权；打倒军阀、贪官污吏、土豪劣绅，实行减租减息，逐步实现耕者有其田；国民革命军应当官兵平等，废除笞责、体罚，组织士兵委员会，实行士兵自治，自觉管理军风纪，不赌博、不强奸妇女、不扰民；反对克扣军饷，实行经济公开，士兵有阅读进步书报的自由；士兵委员会有权逮捕反革命分子押送革命军事法庭，并有陪审权。大概有这六条，原文记不清了。

除这个章程外，还通过了一个进行政治教育的口号，平日联系实际进行讨论。这口号就是：吃农民的饭，穿工人的衣，吃饭穿衣是工人农民的，我们要为工人农民服务。每日早晚点名，吃饭站队时，先喊这口号。平日可以联系实际，自编自演话剧活报。

在一营，这种活动自一九二七年一月直至一九二八年七月二十二日平江起义时为止，没有间断地进行着。

二是讨论救贫会的存废问题。大家一致认为，救贫会仍然应当秘密保持，成为领导士兵委员会和贯彻上述六条的核心。

讨论了士兵会的准备工作。会后大概一星期，即公开成立了士兵委员会。

连组织连士兵委员会，班组织小组；由连会员大会选举连委员会，班务会选举小组长；由各连士兵委员开联席会议，选举营士兵委员会。

以夜校形式举办营的训练班，学习方法是先出题目，自由讨论，请人报告和讲课，学习的主要内容是：三大政策、行动口号、时事讨论等。师政治部秘书长段德昌来讲课的次数最多，团、营指导员讲课也不少，我也常去参加讨论。

这次制定的章程和口号，很明显地是接受了共产党的统一战线纲领和军队中的政治工作制度。这六条比起五年前的那四条，有很大进步。救贫会员和全体士兵的政治觉悟，在共产党的政治影响下，有了很大的提高，对国民党和国民革命军表示了怀疑，特别是为工人农民服务，这不是简单的。要从本质上改变军队性质，必须有共产党的领导。

当时实际工作经验少，士兵委员会没有得到发展，可是士兵活跃，没有逃兵。

这次救贫会会议刚结束，黄公略来了。他说，团长呈请师长批准他去黄埔高级班[29]学习。我很生气地说，你这次脱离第三团连长职务去学习，使我们今后对第三团的工作，增加很大困难，因为三团团长刘济仁是最反动的。

国民党叛变革命

一月下旬，三十五军和第一师开回湘西北，名为肃清匪乱，实际上是镇压民众，保护反革命。匪徒何键准备叛变。

我率第一营驻慈利县城。三月某日，戴斗垣旅（率团部及二、三营驻石门）打死该县江垭区农民协会常务委员。三、四月间，在戴的旅司令部门外大操场上，举行追悼大会，也是盛大的农民群众示威大会，要求惩办凶手，抚恤死难家属。第一营全体官兵参加了这次大会，我和营政治指导员欧群化同志讲了话，把那一次反革命暴行的气焰压下去了。这对士兵教育意义是很大的，对当地农民也有鼓舞。

何键得悉第一营参加了追悼大会，经过戴斗垣收集我的讲话转给周磐，要周注意。周将原文给我看了。何键三月中于临澧举行了"佛法"大会，全体军官（准尉以上）行受戒礼，通知后我未去。周磐说："去一下吧，信不信由你哪！"我说："我既不信佛，何必受戒呢！"一营士兵会抵制了这一反革命活动。我们信仰三民主义，反对封建迷信，没有军官去受戒，也没有士兵学佛念经。以后何键对周磐说，彭某恐怕是共产党员。周说，是国民党左派。何说，搞个二等厘金局[30]给他。周说，他不搞钱。

五月初旬，第一师突然奉命开岳州，到达后不几日，即发生马日事变[31]（五月二十一日）。这是"四·一二"事变[32]的继续和发展。一师经沅江时，陈光中率独立旅亦叛变，杀回宝庆，沿途所有农民组织均遭毒手。许克祥在长沙大肆屠杀革命人民时，夏斗寅的叛军[33]，向武昌进逼，同叶挺部激战于贺胜桥。四川杨森[34]部则沿长江左岸进占白石矶（城陵矶对岸）、新堤，显系与夏斗寅有联系。何键同第一师控制岳州，意图很明显，是准备南北策应。何键是马日事变主谋者之一是无疑的了。此外，湖南省主席周斓、唐生智亦可能是幕后人。

我把这些情况同团指导员米青谈了，米说，唐生智绝对不会变的，他是西瓜式政策。意思是皮是白的，心是红的。我说，他们以佛教骗人，都是些挂羊头、卖狗肉的假革命，应该快去报告湖南省委。这里现有二、三两团停在水面未登岸，都是反动的。一团全部登岸，其中一营可靠，二、三两营可争取中立。米青同意去长沙，我给了他路费和手枪，但是他一去不复返，从此无消息。营指导员欧群化在慈利出发前即离队他往，不知去向。

夏斗寅叛变向武昌进攻时，我向周磐建议北进配合叶挺部消灭夏部。周说没有命令。马日事变后两日，我又向周磐建议，迅速向长沙进军，平复许克祥叛乱，恢复革命秩序。当时岳州控制有足够的轮船、火车，可以朝发夕至，突然袭击。周又借口没有命令，不敢擅自行动。我气愤地说："都是何键、周斓、唐生智一伙内通干的，他们怎么会下命令自己打自己呢？时局关键在第一师，如果袖手旁观，湘鄂革命形势也就不存在了。"对周说的这样尖锐，在旧军队中，下级对上级是少见的（现在看来，夏斗寅叛变和马日事变可能是蒋介石直接指挥的）。过去，我对周磐提出的意见，基本上他是采纳的，这次出于他的阶级本性，他坚决拒绝了。

当时回到营部，我感到对于许克祥这一点反动力量，也不能镇压下去，既气愤又惭愧。我和周磐近十年共事的所谓感情，一朝破灭了。过去我还认为周磐有一点点爱国思想，这次他看到革命受损失，民众和共产党遭屠杀，袖手旁观，还有什么爱国思想呢？我不能再做他的工具了！教训是：平常好话莫轻信，一次行动见分明。平日我看周磐这个人才干不大，倒还老实，其实不然，野心不小。

周磐看到夏斗寅部打不过叶挺部，在我向他建议的第二天早上，又电话约我去师部。到师部后，周即说，杨森有约三至五个团进占监利、朱河、白矶、新堤，有配合夏斗寅进攻武汉之势。派我率第一团到城陵矶一线隔江佯动，牵制长江左岸之杨森部，以便在共产党胜利时，他就可以说话。我到城陵矶后，没有佯动，而是隐蔽集结，准备轮船，搞好战斗准备，乘黄昏时，即行强渡，一鼓气攻占城陵矶对岸之白矶。该地系湘江与长江汇合点，水面总有六、七里宽，完全出敌意外。杨森部全无准备，我率一营登了岸，敌才发觉。敌既未布防，火力也弱，我营伤亡数人，杨部向朱河方向溃退，追约二十里。周按住二、三团和一团主力不准出动，命我率第一营第二天返回城陵矶。周见面即说："石穿〔35〕呀，昨天太冒险了！"我说："长江、湘江同时涨水，乘大水渡江强攻，出敌不意，看来危险，其实不危险。"我想，你佯动投机，我真渡江。我想要援助叶挺，就应攻击夏斗寅背，你不同意；现在打败杨森，减轻对叶挺右侧的威胁也是好的，也许对叶挺部有某种声援作用。这是一九二七年六月初的事情，这也是含有对周磐不满意的一种表示。

唐生智部东征失败

一九二七年夏，唐生智仍利用革命旗帜为掩盖，企图夺取南京、上海，争取反革命的领导权。一九二七年大约六月，唐令第四集团军夹长江东进讨蒋，第八军和第三十六军沿长江南岸，三十五军和第一师沿长江北岸，进至芜湖、合肥、蚌埠线。第一师到桐城，即遭桂军和鲁涤平①部进攻，蒋介石两部向第八军、三十六军进攻，唐生智军从芜湖、合肥、蚌埠全线溃退。三十五军从合肥撤退，第一师约于七月二十日左右从桐城撤退，并为江左后卫，第一团为最后掩护部队（团长戴吉阶请假，我代理）。退到黄梅、广济

---

① 当时在这一线进攻唐生智军的为桂军和程潜部。

时遇到桂军和鲁涤平部进攻。

退到汉口时，周磐率第二团在汉阳等着。周问："追敌还有多远？"我说："已过武穴、黄陂，明天可进汉口"。周问："损失多少？"我说：伤亡二十余人，阵亡者已安埋，伤者随团大行李，在武穴找了一只小火轮拖运新堤待命，他们可能已到。二、三两营无接触，故无伤亡。周说："何键命令退常德，他们都先走了，留我这一部断后。他妈的！汉阳兵工厂的枪，我们一支也分不到，打仗前进时碰硬的，退却时当后卫。"我说："全不讲同学交情（何、周都是保定生）。"周说："同学！同学！"又问："这次鲁桂两军追得这样紧？"我说："一回桂，一回湘，各保地盘，这次革命失败了。"周说："我们怎么办？"我答："救了青山在，不怕没柴烧。"我看周久不说出自己的办法，即说："走小路，经朱河渡长江，回南、华、安。驻防株洲的第三团迅调安乡。"周点头同意了。

何键部经汉口向湘西北溃退，第一师摆脱了三十五军控制，摆脱了何键这只狼狗，我暗地高兴。我怕周动摇，又说："何键在常德站不住脚，须退沅水、资江上游，鲁军必经常德、益阳，略取湘潭、长沙、岳阳，然后开和平分赃会。我们乐得南、华、安三县这块肥沃土地立足。"

从汉口经监利、盐埠渡长江到达华容后，师部和第一团团部、第一营驻南县县城；第二营谢德卿率部驻三岔河；第三营杨超凡率部驻华容；第二团驻安乡；第三团从株洲向安乡开拔尚未到达。我团于八月底、九月初到达南县①。轰轰烈烈的农民运动，表面上被

---

① 关于一团参加东进讨蒋、回到南县及其后破坏南县清乡委员会成立的时间，作者在记忆上可能有误，实际上要晚一些。

反动势力打下去了，但潜在的仇恨是很大的。

这次七百至八百公里的长途退却，从桐城退到黄梅一路是急行军，每天平均当在八十里以上；从黄梅到汉口这一段，每天也在七十里左右；由汉口到华容每天行程也在六十里以上。回忆从桐城到华容似乎只休息三天或四天。

全团到达南县后，团长戴吉阶来电向周磐辞职，大概不好意思再来了。

九月初，召集张荣生、李灿（二连长）、李力（特务连长）等讨论了时局，大家认为是严重的。士兵委员会不宜公开存在，二、三两营的军官对一营士兵防范甚严，我们的工作不好做。现在的时局，我们的革命工作不宜突出，突出不宜发展，隐蔽进行才有利于工作。张荣生说，赞成取消士兵委员会名义，保持士兵得到的一切实际利益。如果将来被迫解散，就会保不住实利。士兵中多数是说得通的。李灿说，营长位置能保住，士兵已得利益就能保住，李力说，如营长位置保不住，也要能保持士兵已得利益，维护团结，准备长期奋斗，否则就会散伙。李灿、张荣生都说，周磐对营长的信任并不坚定，你看戴吉阶打仗就请假，平日拿乾薪，周不撤戴职，老要彭代理而不当团长，这不是利用彭打仗、团结部队是什么？

最后，大家集中的意见是，说明时局，经过分途酝酿，基本上保持宜昌会议的士兵会章程不变，但删去逮捕反革命送法庭陪审等内容。清算委员会还公开保存，每月公布收支账目，管理公积金。实际上士兵会由公开转入秘密，救贫会起核心作用。结果没有什么震动，顺利转变了。为工人农民服务的口号照常喊，活报剧也继续在一营晚会上演出。

新洲战斗

此役是军阀争地盘，不带任何进步性。

新洲战斗是在十一月中、下旬进行的。经过情况是这样的：何键的三十五军从安徽撤退回湘，是在一九二七年八月下旬通过津市、澧县，约九月中退至常德上游之桃源一带。在津澧一带防地空虚时，盘据鄂西南五峰、鹤峰一带之黔军袁祖铭部下的李某部约五个团，乘虚进占津市、澧县一带；一部约四千人进驻新洲（离津市十里左右），有入侵安乡之势。

鲁涤平于八月底九月中旬之间到长沙，蒋介石派刘铏为宣抚使，随鲁涤平军回湘，其主要目的是收编周磐之第一师。何键与鲁妥协，亦与蒋介石勾结，因而分得澧水防地，即津市、澧县、石门、慈利，还有常德、桃源。

十一月何键由常德向澧水贵军进攻，十一月中旬，进占石门、澧县一带。周磐于十月双十节前即到长沙与宣抚使刘铏联络，继与鲁涤平联络，将第一师番号改为湖南陆军独立五师，归鲁涤平直接指挥。周磐在长沙大概同何键、鲁涤平会商，为地盘和吃饭的共同利益，决心向澧津和新洲之贵军进攻，与何键采取一致行动：第一团由南县、华容向新洲以东；二、三两团从安乡协同三十五军主力向新洲以南之敌进攻。第一团第二营谢德卿率所部从三岔河出发为前卫向新洲前进；我率第一营从南县出发，尾第二营前进；杨超凡率第三营从华容出发经梅田湖（未经南县）尾第一营前进。

打新洲时，周磐从长沙乘小火轮到安乡，率二、三两团尾一团前进；三十五军之一个师从澧县向新洲前进，约定于十一月下旬×日同时攻击。进抵离新洲约五里处，有一独立高地，为敌前哨阵地，谢德卿率第二营由行军纵队向敌接进，没有变为战斗队形，致遭敌火力袭击，溃退下来。周令其收容，尾第三营前进，作预备队。我率第一营攻克敌前哨阵地，紧跟追进新洲街。一、二连各占一所砖房，作巷战的立脚点——这在没有炮兵掩护的情况下，甚为重要。当晚进展不大，但作好了巷战的必要的准备。周磐率第二、三两团、三十五军之某师如期赶到。第二天晚上攻克新洲。贵军向鄂西之五峰、施恩一带溃退，第一团追至津市即停止。

此役结束后，一团团部和第一营仍回防南县；第三营一部驻梅田湖，一部驻南县城；第二营驻三仙湖。第二团驻华容；第三团驻安乡。

当　团　长

一九二七年九月底某晚，周磐电话约我谈话，请我到师部。周磐说："老师长（指刘铏，当时刘随鲁涤平回湘，任宣抚使）回湘，批准了戴吉阶辞职，由你任第一团团长，雷振辉（原四连连长，周的亲信）接任一营营长。第一师改为独立五师，团的番号不变，今后归鲁直接指挥，摆脱何键控制。"又说："我们相处很久，你也用不着客气。"我说："吉阶如能回也好，他不在团时，我可以代理。"周说："此事已定，不必再谈。先到职，委任状后发，盼即到职，就职费一千二百元，派人到师经理处具领。"周要我去长沙见见鲁、刘，要我就职后就去，说："如近两天委任状到了，就一道去长沙活动活动吧！鲁、刘都关心老六团（即当时一团，一九一六年鲁任团长，刘铏任营长）。"我说："不去谢委（旧式军队升官，要到上司衙门去谢委），至于就职，我每天都到团部去办公，随便那天都行。"周说："现在要确定日子，师部杜参谋长通知金团附，准备举行就职礼吧！"杜际唐答："是"。我说："就职费一千二百元，这钱干吗？"杜说："石穿呀！至少士兵要会餐一次，官佐宴会一次吧。地方公教团体，二、三团和师部某些同事也可能来道贺吧。"我说："这多麻烦！这个团长我不当了。"周告杜说："师部各员，二、三团官佐都不要去道贺，以免戳发石穿这个犟脾气。"杜答："是。"我说："谢谢你。"

我继续说："戴团长离职已一年了，他月薪二百四十元，都已先后寄去了，惟剩下的办公、杂支、特费、开拔费等，戴在团时，是五分之三归各营，五分之二归团部，我代理团长期间未便更改，现在还剩下约六千元。我在第一营领取的经费，除开支外，交清算委员作公积金（周插话：你们还有公积金吗），替士兵作了蚊帐、补充被子，所剩无几。因为袁团长被害，加上时局变化，供应关系打乱了，军需物资很困难。现在戴任期内所剩存经费该怎么处理？"杜说："照你们的办法作为公积金，补充军需物资。"周被迫说："这样处理也好。"

周又说，南县士绅准备在双十节成立清乡委员会[36]，问我去不去参加。我说："不参加这个反革命会。"周说，他也不想去参加。周磐告杜参谋长，即刻准备轮船去长沙，不要告诉其他人。到双十节那天，只说师长去长沙了。

周磐在双十节的前两天去长沙。翌日我召集李灿、张荣生、李力谈了上述情形。他们诧异的说："砥平（周的号）还是信任营长的。"我问他们："我们将来究竟走哪条路？"张荣生毫不犹豫的说："走共产党那条呗！"李灿说："现在是国民革命，将来是走共产党那条路。"李力说："只有走共产党那条路，才能完成国民革命。"张荣生问我："营长走哪条路？"我说："同意李力的意见。"

我问他们，周磐会走哪条路？都说：不会走共产党的路。李力又说："那也就不能完成国民革命。"我问："我和周是靠近了，还是远了？"他们都不作答，最后张荣生说："这要问你自己。"我说："我在慢步前进，周已开始向后走。今年五月，一师进占岳州，是何键想策应夏斗寅和许克祥的叛变。夏斗寅叛变时，我向周建议北进，配合叶挺部消灭夏逆，周借口无命令。马日事变的第二天，我向周磐建议，应立即向南进军，消灭许克祥，恢复长沙革命秩序（当时我师掌握大量火车、轮船）。周又说没有命令，不敢擅自行动。这两次叛乱，都是何键、周斓、唐生智等人策划的，他们怎么会下命令自己打自己呢？这样尖锐的话，我也对周说了，周未出卖我，感谢他。但处在时局的严重关键，他又是关键的因素，他站在反革命方面，两次拒绝我的建议，使时局不能挽回。过去我的历次建议，大多数都被他采纳，因为那些建议都是对他有利的，至少是无害的。唯独这两次讨叛建议，他都不采纳，这表示他的反革命立场是坚定的。今天他提拔我当团长，我就跟他呢，还是跟你们一起走？坚决走革命的道路，走共产党的道路，这是我的关键。我跟你们一起走，决不回头，主意早就定了。"

我说："去团部就职后，工作如何做呢？团部的书记、副官、军医正、军需正、团附都是一些坏东西，贪污、腐化、反动，不革掉他们是不行的。我怎样同你们通气呢？"李力说："把张荣生调到团部去当传令排长，现少尉排长调特务连当中尉排长，这样别人就不大注意些。"张荣生说："调到团部去当传令兵或班长。"我说："不行，不当排长不好同我接近，还是李力意见对。"张荣生说："利用这次团长就职机会，把这一千二百元就职费公开，一年来代团长的各种经费积存多少，也一起公布，成立清算委员会，表示今后财政要公开。"大家同意张荣生的意见。我说:"为了开展全团士兵工作,拟成立一个学兵连,抽李灿去任连长。应如何组织,从一营调些什么人去学兵连——主要是去做二、三营学兵工作的,你们三人拟议一下,由李灿主持。"李力问:"那天去就职,特务连是否在团部门首表示欢迎?"我说:"再过一些天就是星期,吃了早饭张荣生替我背行军床,我提小皮箱,被子放在马背上就去了,不要惊动任何人。"他们都同意,打破一点官僚旧习惯。张荣生说:"长期以来,你同一营士兵感情很深,如何同他们告别一下?"我说:"就职后到全团各连会餐一次。"张荣生说:"什么时候去团部呢?"我说:"去是要去的,不必急,现在要作一营的深入巩固工作。周磐对马日事变袖手旁观,是政治上的反动,这次升雷振辉为营长,暴露了他任人唯私。"

他们走了之后,去当团长存在的问题又涌上心头。我反复考虑了周磐的为人和他思想上的反动性:1.让雷振辉接替营长,而不提升李灿,且未征询我的意见。他怕我不同意,故采取主动,证明周磐对我是有顾虑的,但目前还需利用我。2.马日事变后,客观决定了我和周磐各走一端,暂时互相利用,无长期合作希望。3.周现在虽未明显反共,但对马日事变采取袖手旁观,见死不救,让革命遭受失败,反共仇共之心,旁观者已清。4.三个营长、团附及团部成员尽属反共分子,连长中多数也是如此,要开展革命工作,阻力很大,如何排除阻力,目前还无对策。我离开一营就没有群众基础,二、三营的工作也就更难开展。5.南、华、安富庶,但系水网地区,发生突然事变,处境窘迫。6.我和周相处十年,是利害相依,在道义上不存在共同点了,存在的是互相利用。这样一种利害关系,是不可能作为长期合作的基础的,他在何键面前为我掩护,也是如此，问题是和平分手还是流血分手。如果我加入了共产党，对他来说，只有百害而无一利，被他察觉就会以鲁涤平对付袁植的手段来对付我，必下毒手，流血牺牲便势所难免。他的野心比袁植大，才干比袁植小，我应谨慎地利用他这一弱点，争取时间。

在犹豫过程中，同李灿、李力、张荣生反复商谈多次。年底，当追击贵军残部到达津市时，对鄂西地势进行了调查，鄂湘川贵四省边界尽系大山，这对以后的行动是有帮助的。

在未就职前，周磐又约我去安乡面谈，周把长沙大概情况谈了一下：何键与蒋介石早有勾结，唐生智集团已分裂。周问："你还未去团部？"我说："每天都去办公。"周说："鲁的委任状已送南县师部，就职的事不要再拖了。"我说好吧。周说："局势可能稳定下来，何键军从安徽退回损失很大，军队需要整训，我们应利用机会切实训练部队。新洲战斗看得明显，起作用的只是少数部队，一团与其他团就显然不同。"他又说："你的委任状已到南县，回防后应正式就职。谢德卿无能，调厘金局，以陈鹏飞接替如何？"我表示同意。

周乘轮经安乡返长沙。第二营营长谢德卿调离，团部吕×副官调师部。这两个人极反动，不意中能调离原职，我对此心中暗喜。

在安乡和周磐面谈后，十二月十号左右，我回到南县。委任状已到，不好再拒绝，月底，也即旧历年关前，移住团部，未举行就职礼，只到各营、连会餐一次。

破坏南县清乡委员会的成立

马日事变后，湖南的白色恐怖是异常严重的。封建势力在各地组织清乡团、清乡委员会、民团[37]，对工农群众和青年学生随意屠杀，南县也不例外。一团部分革命士兵坚持宣传打倒土豪劣绅，打倒贪官污吏，演出这些内容的活报、话剧。九月下旬，第二连分驻梅田湖时，当地的最大地主恶霸，号活阎王，从长沙大摇大摆回家，当被二连捉住，游街示众。群众很高兴，但不敢参加游行，可见白色恐怖之严重。

县城土豪劣绅对周磐进行包围——送礼、送万民伞、到有名的堂班请吃饭、名妓作陪等，种种下流无耻手段，无所不有。也请过我，我在请帖上批"无耻"二字退还。周磐在当时还不敢公开反共，只是说些什么真正的土豪劣绅，为富不仁的地主恶霸还是应该打倒。上述这些轻微的反击，使县清乡委员会到九月底还未成立。但是，反动势力并不死心，还在加紧筹备。

十月初，某日，约集救贫会同志讨论如何破坏清乡委员会的成立，打击气势嚣张的反动势力，争取周磐中立的问题。准备了大量传单、标语，在双十节的前一晚上（九号晚）散发张贴，给土豪劣绅准备在双十节成立清乡委员会以袭击。

十月五日晚饭后，到周处。我问："师长去长沙还未成行？"他问我去不去，说："能去见一见鲁涤平也好。"我说："不去，他在姜畲杀袁团长，对我刺激太深。"我又问周："南县土豪劣绅，准备双十节成立清乡委员会？"周说："是的，早发了请帖。"我问："师长去吗？"周说："不想去，今晚搭轮去长沙。"我说："很好！"

十月十日早晨，满街和市郊出现大量标语、传单："打倒土豪劣绅！""清乡委员会是反革命机关！""打倒清乡委员会！""枪毙清乡委员××！"等。署名的有军队和农民协会、学生会等群众团体。土豪劣绅便由兴高采烈一变而为惊魂落魄，亦有逃往长沙者。

周磐则不告而去长沙，驻军的军官一个也不去参加。而清乡委员会的成立，即变为泡影。一直到第二年独立第五师一团离开南县时，清乡委员会还未成立起来。

加入中国共产党

一九二七年双十节后第二天黄昏时，有南、华、安特委的代表来我处接头。他自称名叫张匡，年约二十五、六岁的样子，说："知道你的名字很久了。"他称赞了双十节的工作布置，说：双十节反对成立清乡委员会的行动很好，打击了土豪劣绅的反动气焰。可是太冒险了，可能暴露军队内党组织的秘密。我知道他是共产党派来的。我说："我不是共产党。在军队里，大家都说我是国民党左派，我没有否认，也没有承认。其实我并没有申请过加入国民党。一九二七年一月某日，在纪念周会上，周磐讲话说，在军官花名册上的正式官佐都是国民党员，既没有开过会、缴过党费，也没有填过什么入党的志愿表册。"张匡听后有些紧张，我说："你用不着紧张，我是共产党的忠实同情者。从北伐战争围攻武昌城到今年五月'马日事变'前，我同段德昌同志比较熟悉。他是当时我师政治部秘书长，他对我的帮助很大，我同段谈过多次，请求他介绍我加入共产党。段当时说：'党中央决定不在第八军中发展共产党员，所以你的请求得不到批准。''马日事变'后，就没有见到段德昌了，现在我还想见到他。我要求加入共产党现在还是迫切的。国民党是彻头彻尾的反革命了。"张匡谈到一些政治形势和地方情形，不承认第一次大革命失败，反说革命形势是不断高涨的。我觉得这种说法是不合实际情况的，因为是第一次见面，我也没有反驳他。

过了几天，黄昏时，他又到我家，说，段德昌同志介绍你加入共产党，也是特委同志集体介绍的。现在特委已经讨论通过你为中国共产党党员，报告省委批准后，再行通知你。当时我内心很高兴，说谢谢特委对我的信任。问段在什么地方，他说，在沙市一带搞暴动，负轻烧伤，现在回到南县。我对段德昌同志的负伤感到不安。当时张荣生在座。我说是否让他改姓章到李灿家住，就便让我团的军医替他治疗。张荣生说，这要同他们商量后再看。

又过了几天，可能是十月下旬，张荣生告我，段德昌到了李灿家。我说晚上带我去看看他。黄昏后，张带我见到段，张在门外了望。我问段的病情，他说，轻烧伤，已好了。他简单地谈了时局并对我勉励。大意是：这次轰轰烈烈的大革命是失败了。国民党不能解决任何问题，叛变了革命。陈独秀右倾机会主义破产了，秋收起义犯了盲动主义，现在革命形势是低潮。但中国共产党和革命人民是杀不尽的，取得了这次经验，会干得更好。你能坚持革命立场，你很久的愿望已经达到——特委通过你加入中国共产党。报告省委了，省委是会批准的。他还谈到要注意保守秘密，在军队中建立一个党的基点是不容易的。要以一营为基础，逐步发展到全团，以至到全师。在条件成熟时，将来是要起重大作用的。他还说到，共产党永远是要革命的，但有些人把每个共产党员都理想化，那也是不合实际的，看到了个别坏现象，也不要失望。他又送给我两本书，一本是通俗资本论，一本是无产阶级哲学。他没有提到我入党是他介绍的。听了他的谈话，觉得身上增加了不少力量，改变了"马日事变"后的孤立感；觉得同共产党取得联系，就是同人民群众取得了联系，也就有了依靠似的。过去我常回忆他这段谈话，现在还常回忆他这些话。

某日黄昏，由张荣生带来一位青年见我。他自称是南县特派员

（姓名记不起了），推荐邓萍到我处来工作。他说："有一位失业青年，二十一、二岁，文理通达，善书画，你处能否找到一个栖身之所？"我说："营部有一文书上士缺和一个三等书记缺（中、少尉），前者月薪金十五、六元，后者三十元。薪金都不多。"他说："只要够吃饭就行。"我说："他先来当一下文书试试吧！"他说好。我问此人在什么地方，张荣生答在外面伙铺里住。我说："你们商量吧，他如同意，明天就可以搬到我这隔壁房间住。就说是我的朋友。"他很满意，问我是不是共产党员，我说："不是的，没有介绍人。"他说："你的言论和行动我们都知道，如梅田湖最大的地主恶霸活阎王，捉着他游街游堤；驻九都山的部队演话剧活报，审判土豪劣绅；站队喊口号为工人农民服务；反对清乡委员会，反对杀害革命青年等，这些是最好的介绍，还要什么介绍人哪？"此次谈话好象在新洲以后回到南县不久，邓萍就是十二月到一营部的。此事一问曾希圣就会知道的，因邓原来和曾一道来我处，在溪口遇到巡查冲散了。

农历年关以前几天，某日黄昏后，由张荣生带着南县共产党县委一位负责人汪某来我处。他说，想买一部油印机和油墨、蜡纸等，准备发动年关斗争，印发一些传单、标语。但自己去买有困难。我说这好办！当即告张荣生照办。他又说，年关斗争准备镇压几个反革命分子，同时也想捉几个财主筹点款，还请帮助几支枪。我说："还有几支未上报的私枪。如何拿出去，如何接收，你们去商量办法告我，总之要能绝对保守秘密。"他还要求配发子弹。我说每枪一、二百发。最后我说："准备要杀的土豪不罚款，只没收；罚款后又杀，以后就筹不到款。这个湖地不要烧房子，堤上尽是茅草房连成一片，一烧就会把堤上的房子烧光，小意见供你参考。"我未提反对盲动主义。他说："很好，报告县委是会考虑的。"

他走后，我告张荣生说，私枪李灿处有两三条。张说，李处只有两条，营部有四条，特务连李力处有三支。我说，分几次给，要与他们研究，一定要给十分可靠的人，武器本身没阶级性，谁掌握即为谁服务。还一定要能绝对保守秘密。我记得枪支是由现在铁道兵李寿轩司令员秘密运交的，李是当时的秘密士兵会员。交接手续是李灿、张荣生和南县县委商量好的。

段德昌约在十一月伤愈后离开南县，临行前的事，是张匡办理的；他要的几支枪和经费，是张荣生、李力等运交的。以后，特委又要了几支枪，一点子弹和经费，也是张荣生交的。

大约是十二月下旬某日，也可能是腊月三十，张荣生高兴地向我说，告诉你一个好消息：省委已批准你为中国共产党党员。我问张，你怎么知道的？他笑而不答，张加入共产党可能比我早些。张说："今天黄昏后，特委张匡同志前来为你举行入党仪式"（那时叫"入学"）。

黄昏后，张匡同志随张荣生、邓萍来办公室，刚坐下，张匡和张荣生正在为举行入党仪式作准备，师部来电话说，李副师长，杜参谋长即来你处。我对张匡说："今天不能举行了，改日举行如何？"张匡说："可以，时间以后另行约定。"

正月初一起，我到南县一、三营各连和团直属队会餐，后到三仙湖第二营住了约四五天，回忆元宵日还在三仙湖。除在各连会餐外，还请全营军官聚餐一次，目的是为在第二营作些革命工作，拖延些时日，便于张荣生活动。这次张荣生找到发展士兵会员的两个对象，一个是连上的下士班长，过去是张同行——裁缝工人，另一个是营部传令兵。我在三仙湖调查了长沙、岳州、常德、沙市、宜昌来往轮船的班次、大小和停泊日期，以备万一发生事变时，好向沅江、资江间地区机动。

回到南县团部举行入党仪式时，当在正月下旬或二月初，现在真无法回忆起具体时间。民国十七年正月下旬，公历可能是一九二八年二月十五日左右；如果是旧历二月初旬，则公历可能是二月下旬；如果是闰二月初，则公历是三月初旬。

一天黄昏后举行入党宣誓，仪式是庄严的，墙上挂着马克思、恩格斯的画像（邓萍画的）和"全世界无产者联合起来，为共产主义社会而奋斗"。张匡同志代表特委出席，坐在我对面，邓萍、张荣生坐在桌的两端，没有其他人参加。张匡宣读了入党誓词，作了简短的时事报告。对中国革命形势的分析，仍然是革命高潮继续存在，不承认革命失败，同段德昌同志所谈有原则区别。我表示了愿为中国革命和世界革命、为共产主义事业奋斗终身，牺牲一切，必要时献出自己的生命。这个印象是很深刻的。成立了支部，直属特委领导。支部成员有邓萍、张荣生、李光（特委或南县县委派来我处作交通的，农民成分，公开的身份是我的勤务员，一九二九年一月在井冈山突围战斗中失散，下落不明）和我共四人。张匡问以谁为支部书记好呢？我说，邓萍好。张又问，如何？没有人吭声。张说，还是老彭好吧。我没有再推辞。

几日后，又开了一次支部会，通过李灿、李力加入共产党。特委批准后，举行入党仪式时，仍是张匡出席。

散会后，张匡走了，邓萍也走了，我们四人还在闲谈。这时，支部有了六个同志。李灿说，最近长沙有人来说，现在长沙白色恐怖很严重，过去杀共产党是白天，现在每晚杀人。我说，共产党是杀不完的，我们这里不是又加了一股吗？

以后，在党的"七大"期间，有几位同志在我处窑洞里闲谈，说在一九二七年冬二八年春，那时的白色恐怖很严重，问我在军队感觉怎样？我把上述事情告诉了他们，又说，现在力量大了，不是国民党杀我们，而是我们如何打倒国民党的问题。此事流传到庐山会议时，变成我带着入股思想入党的一条罪名，其实这"股"同那"股"的意思是完全不同的。

关于入党介绍人和入党日期问题

在三年多长期审查中，在审查我入党介绍人和入党月日上，大概花费了全部时间的三分之一。反复追问，说我入党不是南华安特委及段德昌介绍，而是另一个人介绍的。说我怕把平江起义功劳分给×××，因此把介绍人隐瞒起来。我若申述，就说我是老狐狸，狡猾，拿出一个同志写的信，示意是黄公略介绍的。最后又拿潘心元向中央报告信，也说是黄公略介绍的。黄公略是否对那个同志说过我入党是他介绍的呢？我不知道，因黄公略已光荣牺牲了。但潘心元没有见过黄公略，我是知道的。一九三〇年二、三月间，红五军一部和军部在永新和安福边界整训，作攻城准备。当时蒋桂战争还未停止，我们准备夺取安福和袁水流域诸城，消灭地主武装，使湘赣边区和湘鄂赣边区打成一片。潘心元经南昌、吉安党的交通送来五军部，住了约一星期左右。那时，黄公略已从红五军副军长调任红军第六军（后改为三军）军长去了，已经去了三四个月。故潘没有见到黄这是肯定的。以后潘心元也没有再来过中央苏区。硬说我不相信历史资料，更不相信同志的证明，其实上面说的那封信，我也只看到了几个字，根本看不出是什么意思。审委多次讲，被审者"只能认罪，不能表功"，审委负责人把手捂着材料，只给我看几个字，看不到原稿的其他部分。我再申明，我入党时，黄公略同志还未回到湖南南县。

关于我的入党介绍人，在"七大"以前，我写的是南华安特委，在近几年写的是段德昌同志。这两份我写的都是不完全的。为什么在"七大"以后才写段德昌是介绍人呢？在"七大"时期，任弼时同志主持写关于若干历史问题的决议，我也参加了。在研究的过程中，当研究段德昌的历史时，弼时同志对段德昌同志的坚贞不屈作了比较详细的介绍。我听后，非常难过，也非常感动。为了纪念他，也就是为了学习他，在"七大"以后，问到我入党介绍人时，我就说是段德昌。我的入党介绍人，应该照特委张匡同志说，"段德昌同志介绍你加入共产党，也是特委同志集体介绍的。"一九五二年四月底，由朝鲜回北京住院割瘤子，出院后，住在中南海永福堂时，让我填写一份简历，据说是苏联共产党中央要求中共中央政治局委员都写一份简历，编入百科全书。我当时对具体月日记不清，我宁愿向后推，而不要向前提，我就写一九二八年四月入党，今后就以四月为根据。

五　平江起义

独立第五师随营学校成立

在周磐要我担任团长之后的两三天，到周磐处，我讲了团打算办一个学兵连，统一一下战术、战斗动作和内务管理。周磐说师也要办一个学校，我说，那很好，办一个随营学校，团就不办学兵连了。周和师参谋长杜际唐都说，办随营学校就是没有这样的人材。他想了很久，也想不出什么人。我说："办一个五百人左右的随营学校，总可以想出办法来嘛！"周说："请际唐拟一个计划，名字就是随营学校好。校长人选呢？"我说："师长兼，另设一个副校长。"他说："副校长又是谁呢？不仅要有经验学识，而且要有朝气才行。"我看他一时想不出人来，即说："你不是送黄公略去黄埔高级班深造吗？他十二月底就毕业了。"周说："此人倒可以，但他走一年了，没有来过信。"我说："今年师就没有固定地址，他写信寄到那里呢！"他问："你们通讯吗？"我说："来过两次信。"他说："请你即刻写信给黄石（石是名字，公略是号）问问他吧，要他毕业后回师。"我说好吧！

当天晚上，我召集李灿、李力、张荣生商谈。我说："周磐想办一个随营学校，决定黄公略回师主办。前晚我们讨论团办学兵连暂时停止。由各营选送二十个学员，团特务连、机关枪连各选五人，共三十人去师随营学校行吗？一营请张荣生考虑，团直请李力考虑。"他们说，好吧。我说："要选送有活动能力和政治上坚定可靠的人，去做二、三营和二、三团学员的工作。暂时只做这些人的酝酿工作。要秘密，不要公开。"

我们决心把士兵会的章程，变为随校的章程，在章程的前面加上一个总则：拥护三民主义，遵循总理遗嘱，奉行三大政策，以救国爱民为宗旨。内容上改为打倒新军阀，把士兵委员会改为学员自治会等。在章程最后，写上国民革命军独立第五师师长兼随营学校校长周磐。我当时想，如果周磐同意了，就等于批准了第一营士兵会章程。

第二天晚上将修改了的章程送给周磐，我首先说："师长前天主张办一个随校，我觉得很好。蒋介石起家是手捧三民主义，口念总理遗嘱，伪行三大政策，骗苏联援助，共产党支持，同时办一个黄埔军校。一旦权力到手，三大政策变为反苏反共杀人民。"我又说："共产党是打不倒的，也是杀不尽的。共产党上了这次当，得到教训，不会上第二次当了。独立五师的发展，也可能是三民主义，北伐经验，随营学校。师长抱救国爱民宗旨，我代拟了一个随营学校的宗旨和章程，请审核一下，是否可用。"他念到打倒新军阀时，特别感兴趣，马上叫杜参谋长来，说："石穿写了随校宗旨，这是好的，请研究一下，字句也还要斟酌一下。现在就是要打倒新军阀。"周问："一团有多少人？"我说："官佐士兵共有三千零几十人。"我暗地高兴，今年元旦宜昌会议所讨论的士兵会章程的基本内容在师里取得了合法地位。但合法不等于现实，实现这个章程还须作很大努力。

一九二七年冬，开始筹备师随营学校。

不久收到公略来信，说已收到我的信及寄去的旅费，他正在参加毕业考试，二月毕业后决定到我处。

一九二八年二月中旬，黄公略由粤回南县团部，使人高兴。顷刻李灿等闻讯跑来，交谈了一年多来的情况。晚饭后除谈团的情况外，又谈到随校筹备工作快完毕，周兼校长，黄公略为副校长，实际周不会来校，对工作反而会有好处；军事教科书以湖南讲武堂的教材为准，正在翻印。讲到学校宗旨章程时，其中有打倒新军阀，黄石突然发问，新军阀指谁呀？我说："当然是指蒋介石。"黄公略突然发怒说："我们的校长"如何如何……大家也突然失色：一切秘密工作都告诉了他，这还了得！大家气愤到不可形容。我说："公略呀！我们多年友好，过去你说，对革命事业如何如何，现在一反过去，那就好吧！你走你蒋介石的阳关大道，我走我艰难险阻的独木桥。"张荣生拿了一条毛巾在他嘴上一封，颈项上一缚，黄石脸上立即发白。张荣生、李力都说："绞死他，今晚抛到南县河中去灭迹。"这时，黄石手指着皮鞋后跟，被邓萍察觉，邓说："慢一点，放松一些，等他好出气，跑不了的。"把皮鞋后跟扦开，发现了广东省委的介绍信。大家猛吃一惊，半小时后，他才清醒过来。我说："公略！你这是干什么？开这样大的玩笑！"他说："你现在当了团长，谁知道你是真革命还是反革命。"又说："还有黄纯一同志一道来的，在外面伙铺里，请派人接他进来。还有一个贺国中同志，候补党员，不知他今天到了没有，请到伙铺里查明一下。"幸而当即弄清了真相，马上消除了误会，免除了意外的损失。

翌日早餐后，我和公略到团部门外柳荫堤上席地坐下，看了一会渔民拔钓收鱼。他谈到广州暴动的意义和失败后的那种白色恐怖，杀人之多之惨，真难以令人置信。路过上海、汉口、岳州，旅馆到处写着"休谈国事，宽饮自乐。"南县空气没有那样紧张。他问我近几月来在想些什么？我说想的可多呢。去年一月你去黄埔学习我不高兴，二、三月，三十五军和一师，先后即开澧水下中游，何键大搞佛法运动，什么"佛法无边，与三民主义殊途同归"呀！受戒呀！开佛会念经呀！戴斗垣旅驻慈利县，杀死江垭区农民协会常务委员，大有山雨欲来风满楼之势。反革命在准备是很明显的。我们到了岳州不久，夏斗寅军进攻武昌，'马日事变'时，我两次向周磐建议消灭夏斗寅、许克祥，挽救革命危机，他都不干。唐生智东征失败后，第一师退回南华安，才摆脱何键控制。我们也谈了各次武装起义的问题，觉得在现代技术发展情况下，根据地是重要的，没有根据地是不行的。我们还谈了蒋介石并没有统一中国的问题。他只控制江、浙、闽、淮四省，对湘、鄂、赣、豫四省只是半控制；东北易帜而未改制〔38〕，西北仍属冯玉祥和地方军控制，西南原封未动；两广勾结法国，实行割据。中国的局势是：任何一个帝国主义独霸中国固不可能，和平瓜分也不可能。实际是帝国主义国家各自勾结一派军阀，狼狈为奸，扩大势力范围。因此，军阀战争是不可免的。为了巩固周磐办随校的决心，我把上述看法和周谈过。把士兵会章程略加修改成随校宗旨，其中打倒新军阀一句，周很感兴趣。黄问："周磐这个人有什么打算？"我说："才比袁植小，野心比袁植还大。利用我替他练兵打仗，利用你替他办学校培养走狗。打倒新军阀，目的在代替蒋介石，充分暴露了他的野心；'马日事变'他袖手旁观，暴露了他反共的本质。"

我还谈到自成立党的支部后，救贫会即停止活动，今后党支部直接领导士兵会。公略说："救贫会还保存着吗？"我说："是的，还保存着。去年'六一'惨案[39]时，李灿、张荣生来长沙就是来讨论救贫会如何配合反日运动。你当时劝我不要再搞这个，说作用不大且危险，故以后的活动未通知你了。那次我们决定秘密活动，支援学生禁止日货的运动，抗议日本人打死中国工人的残暴行为，达到在一连内对士兵进行爱国教育的目的，没有公开行动。现在士兵会也由公开转入秘密了。过去全体官兵皆是会员，已宣布解散。又秘密进行登记，保存约六十人，全在一营和团特务连、机关枪连。清算委员会名义还公开存在。对士兵教育，除士兵会章程外，还有为工人农民服务的口号，仍照常进行。三营一个会员也没有，二营仅有两个对象，军队组织严密，很不易接近士兵。原想团办一个学兵连来开展二、三营士兵会工作，周磐说要办师随营学校，我们即取消了办学兵连的意图。现在选就了三十个班长和上等兵，均是秘密士兵会员，准备送随校，在基层中秘密开展士兵会的工作。"

他写了一首诗递给我："广暴[40]失败旗帜在，树立红军苏维埃。旅沪武岳语弃市，乌云蔽日只暂时。欣谈时局喜春风，柳絮飞舞庆重逢。锦绣洞庭八百里，四江精粹在湖滨。"当天上午约谈四小时。我不会作诗，编了几句顺口溜给他："求知心切去黄埔，夜梦依依我不然。'马日事变'教训大，革命必须有武装。秋收起义在农村，失败教训是盲动。惟有润之工农军，跃上井冈旗帜新。我欲以之为榜样，或依湖泊或山区。利用周磐办随校，谨慎争取两年时。"他看完后，我说："关键在'谨慎争取两年时'。一旦暴露，周磐必下毒手，我们就会遭到损失。"公略还关心地问："最近看什么书"？我说："看三本书：《共产主义ABC》（布哈林著）、《通俗资本论》（李季编）、《水浒传》。"你象《水浒》上的谁？""有些类似李逵。"

还在闲谈其他时，张荣生跑来说："黄纯一、贺国中都到了团部，等你们吃饭，已十二时了。"我起身回团部，看见黄象一个文雅书生，贺是一个豪放的白胖青年。我当即通知师部杜参谋长说："黄公略和另两位已到团部，明天到师部来看你，请电告师长吧！"杜说："很好，很好。学校准备已大体就绪了！"饭后，我把随校规模，准备概况，周办学校的目的，杜参谋长为人性格都谈了一下。第二天，他们三人见杜后，彼此印象很好。周磐接电后，第三天由长沙赶回南县主持开学。

在开学典礼上，宣布黄公略为校长，贺国中为教育长，黄纯一为大队长。对他们的工作安排出乎意外的满意。黄公略为少校，其他为上尉。周磐这天讲话，除继承北伐那些政策口号外，还强调打倒帝国主义、贪官污吏、土豪劣绅，特别强调打倒新军阀，几乎完全是按照随校宗旨讲的。

开学典礼后，我约公略、纯一、国中三人到团部我处商量今后工作，开了一次党的会议。时间是一九二八年四月底左右，特委张匡出席。谈论周磐变化为什么这样大呢？找不到原因，留待以后事实去分晓罢！又谈到这次随校章程，实际上是一九二七年元旦一营士兵会章程，只加上了打倒新军阀。如果能坚决贯彻，工作方法又对头，在随校中每期毕业时，能够吸收三分之一为秘密士兵会员，到年关作到二、三两团每连平均有个会员；明年按情况，再发展一些，作到每个团中有一两个进步连为核心，全师以一团为核心，在情况有利时，就可争取全师起义。从一营经验来看，争取军队进步，使其成为革命的军队，为工人农民服务，是很不容易的。

军队中的秘密工作，没有进步军官作掩护是难以开展的；在一个营里的连、排长中，如没有一两个进步的、具有为革命事业奋斗到底决心的人，是不行的。前年在嘛嚎口营部会议时，有同志提出工作要突出，不突出不能带动落后；但不要孤立，孤立就会遭到破坏。他们要我多作军官工作，他们多作士兵工作，上下配合，才能有成效。近年来这方面有成绩。

在这次会议上，决定贺国中由候补党员转为正式党员。此时，我们有了八个党员。特委出席人张匡指示成立团党委，随校成立分支，黄公略为分支书，受团党委领导。团党委书记仍以彭为适宜。当时无人反对也无人复议。张荣生说："我们应当特别注意秘密，凡属党内来接头的人，应先找邓萍，不应先找团长，以免暴露。"大家表示同意。

闹饷

一九二八年四月十九日独立五师突然奉命开赴平江，接阎仲儒旅防务"剿共"，随校开岳州。

已经三个多月不发饷了，去年还有两个月未发清，欠饷已五个月。团党委决定在开拔前有计划地发动一次闹饷运动，以提高士兵的觉悟。闹饷要有统一的计划，步调一致，力量才大。

当时一营和团直属队、机枪连、特务连都建立了秘密的士兵会。经过士兵会的周密活动，由一团推动二、三团和随校，大体全师闹饷，把周磐闹得惊惶失措，取得闹饷的完全胜利。这无意中成为不久以后的平江起义的准备工作。

闹饷办法，是首先作好宣传工作：大量进行通俗宣传，把经济要求和政治目的联系起来——过去来当兵说是来革命，打倒军阀、贪官污吏、土豪劣绅，实行减租又减息；现在既不革命又不发饷，减租减息更不讲，还要"剿共"打农会，这是谁要这样干的呢？蒋介石！当兵每月六元五，除了伙食三元三，只剩三元二角又不发，叫人难不难？难！三个月不发饷，去年还有两月未发清，穿草鞋吸黄烟无法想，家里父母妻子要吃饭又怎办?！请长官替我们士兵想想。

然后是组织工作：由张荣生领导一营班长串通二、三营班长，尽可能多地吸收排长参加；班长在本班开秘密会，讨论通俗传单，并启发士兵自己写传单，然后向团部团长诉苦；团部团长向师部师长如实反映，并告诉各营长和通报二、三团，造成声势；随校发动学员，向原属部队反映，甚至推选代表回原部队串通，经过秘密士兵会员，发动罢课。准备五天，第六天行动。上午向团部、团长，下午向师部请愿，向市民、学校发传单，争取社会同情，声势越大越好。

第六天照计划进行。接近中午时，师长来电话："石穿呀！听说你团闹饷，真出人意外。"我说："不是少数人，而是全团闹饷。上午到金团附处，后来找到我处。他们要我想办法，我说：'财政是公开的，团经理处的账，你们可以去算'，他们要求我报告师长，替他们想办法。"我对周磐说："现在全师要开平江剿共，不发一点饷是不好办的，士兵的理由是正当的。二、三团没闹饷吗？如果他们也闹起来了，就更不好办了。"他即喊杜际唐问二、三团情形，问杜：你说怎办？又说，街上也有传单，商会恐慌。杜告周，三团也闹饷，情况紧急，二团还没问。周即告我说："杜际唐说，三团也闹起来了。"我说："是要想办法啊！否则有危险。民国九年那次大闹饷，全省军队都向长沙开，只听士兵代表的话，不听长官的话。"周说："是呀（那时周当连长，怕得要死）。"他又说："你同士兵代表谈谈，师部现在只有一万块钱。"我说："这不能解决问题。现在士兵代表在外面等着回答。等一会再报告师长。"这些话士兵代表都听到了。我问怎么办？张荣生就对代表们大声说："把团长的态度告诉班内弟兄，下午去师部请愿。"大家说："好！"

我又打电话告周磐，他们要到师长那里去。我说，在南华安三县可暂借十万元，以盐税、鱼税、百货厘金作抵，不要两个月即可还清。具体办法向南县商会借五万元，安乡三万元，华容二万元。师部可以不出面，由各团直接向商会交涉，如此可发清今年一月的饷，每兵三元。去年还有两月未发清，大概还要二万多。此外军官发多少，由师部统一规定。一团大约有三万元即可，余交师部。师长同意的话，我就去南县商会。他说同意。

我到南县商会说，现在兵要饷，理由正当。今年三个多月，去年还有两月未发清，现在又要开差。如果处理不好，搞一个大兵变，地方才会糟糕。商会长连称：是！是！我提出向商会暂借五万元，以盐税、鱼税和百货厘金作抵，大概两月还清。他说可以，但要宽限。我说，不能太久，兵变如烈火。议定次日正午交齐。我说，收据由师部盐、鱼、厘金税支票作抵。他说可以。我就在商会把情况电话告周磐，他很高兴。商会知是师部要筹的。我即回团部，叫团附通知二、三团关于南县筹款情形。

开 赴 平 江

一九二八年四月底、五月初（阴历），全师先后到达平江。师部直属队、一团的一、三营驻县城；二营驻城南四五十里之思村；第二团驻城北五十里至南江桥一线；第三团驻东乡的长寿街、嘉义镇一线;随营学校驻岳州。

阎仲儒旅驻平江,伙同大量反动民团清乡,虽然经过大半年的残酷镇压、烧杀抢掠,破坏极端严重,但革命群众并没有完全被镇压下去,党的县委还存在,也有小量的农民游击队在继续反抗。

一团是随师部最后一天到平江的。所有反动组织,县署,民团等,都到城西十里外迎接周磐,捧之为平江七十万民众的"再生父母"。我们到达后,听了李灿、张荣生同志等前站人员的汇报(他们是提前数日来了解情况和设营的)。他们说:阎旅和民团、清乡队等,在"清乡"中抢劫烧杀,捉鸡、杀猪、牵牛,拿农民的东西,其行动比土匪还坏。东乡、东南乡和东北乡的房屋已烧近半数。班房里关的人总在千人以上,尽是贫苦农民和青年学生。天气炎热,加上饥饿、疾病,每天死亡少则数人,多则十数人。晚间还要杀人,白色恐怖异常严重。

当晚召开团党委会议,讨论如何制止清乡匪军的烧杀抢,如何减轻人民的痛苦,并研究了对策:1.立即分别组织前站人员到各营连,报告当地反动统治的情况;2.在清乡时,必须监督反动民团,不准他们有任何残民行为;3.对本团也要认真进行纪律教育,士兵会员要起积极作用;4.把孙中山扶助农工政策,同士兵会为工农服务联系起来。今天就是如何保护农工的实际利益,反对清乡队捉鸡、杀猪、牵牛、抢掠等土匪行为。要写传单、标语和进行口头宣传。

第二营到思村驻防后,不搞什么清乡,经过宣传,只有五、六天,群众就陆续回家生产。

第二天,周磐召集团长、营长开会,分配各团营驻地。我先到周处,同周磐谈阎旅和民团纪律很坏,这不是"剿共",而是军逼民反。周在会上讲了话，表示要严申军纪，不准扰害良民。

我团第三营驻北门城关内外，城门外有一柘树坪，是三营操场，也是县衙门和清乡委员会杀人场所。被害青年英勇倔强，大喊"打倒新军阀！打倒帝国主义！打倒贪官污吏、土豪劣绅！"引起士兵同情，仇恨国民党。那些被害的青年男女学生又喊出"革命的兵友们，快救救我们吧！"该营士兵大受感动，几次自动地阻挡杀人，一听说要杀人，即出操占领操场，不许他们杀人。

阎旅搞了一个彻底"清剿"计划，相当严密（包括五师、阎旅、民团，推周磐为总指挥），准备五月十日以后开始实行，结束后，阎旅即开茶陵。我想如能把"清剿"计划送给县委，对地方党的工作是有帮助的。正在考虑时，有一个名叫毛宗武的忽然来到我处。他曾于民国五年在第二连袁植处当兵，我当时在一连当兵，故相识。他说，这次准备在此多住几天，因乡间共产党闹事。我说，很欢迎！以故友相待，把清乡计划故意压在书下，对毛说："我今天外出，晚上才回，你就在我房子内玩玩。"我又告诉李光，无事不要多去，让他好抄"清剿"计划。李光说："知道了。"黄昏回到团部住室，毛就要走，我说："你把清乡计划抄好了，想送回去是吧！"他开始不承认，我说："你口袋里是什么？"他十分恐慌。我说："你既敢来，就不要怕，你知道盗书的故事吗？"他说知道。我说："我也知道你是侦探。"他说："在思村第二营，了解那是属于你团的。他们驻防一不清乡，二不扰民，三在演习时，把子弹用纸包好，放在地下。故县委派我来以找老友为名，打听一下究竟。"我问他在县委做什么工作，他说做交通。我说："你快化装穿军衣回去。"派张荣生送他出城去思村。他说："明午可到县委。"我说："过了思村以后，更要小心。"他说："我不是抄的全文，改写了许多，别人看不懂，即使被捕拷打，我也是不会供出的，你放心。"
我说："黄金洞是三团的合击点，这团最反动。县委须靠近思村二
营十五里外，不要太近。营中也是有好的、有坏的。他们出去清乡
不会超出十里，也不会拿东西捉人。如有游击队，就先走开吧！"

独立第五师内一些人的政治情况：第三团团长刘济仁最反动。
第二团团长张超，是典型的中间派，较开明，常来我处谈些时事，
他也懂得最后胜利会属于共产党。'马日事变'后，革命低潮时，
他左右两边都不参加，站在旁观地位。我曾把阎旅、民团纪律之坏
写信告诉过他。第一团二营营长陈鹏飞，人还比较开明。第三营营
长杨超凡反动，与士兵还有联系，因长期肺病不愈被免职，调金团
附兼营长。金系保定生，甚反动，但与士兵无联系。九连连长病
故，三团三营营长因贪污被撤职，周磐要调黄纯一任九连连长，黄
公略任三团三营营长，随校由贺国中（教育长）代理，征询我的意
见，我同意。这样，党在三团安下了重要的点。

驻平江城约半月，周磐宴请贪官污吏、土豪劣绅，我亦到宴。
其中有一名胖得象大肥猪，名叫张挺，系清乡委员会主任。此人
最反动，在宴会时讲话，对周磐捧得肉麻。他站立起来敬周磐酒
时，称周为平江"再生父母"，又暗示周未杀人有错误，要他多杀
人。说，走出平江城五里外，随便捉一人杀掉都不会错。我抓住他
这话，气愤地说："照张先生这样说，七十五万人中约七十万可杀，
后人将评曰：'前有张献忠屠川，后有张挺血洗平江'，张挺先生
不愧为张献忠的后代。此乃张先生万世罪名，请三思之！据我看，
如果平江真有这么多共产党人，与张先生清乡有关。你带的民团清
乡队，借清乡之名，到处捉鸡杀猪牵牛，抢掠民物民财，随便捉人
杀人，十室十空，比土匪还甚，张先生能辞其责吗？不应杀吗！?"

全厅土劣百余人，面如土色，空气为之一变，皆说："张先生失言！失言！"迫得周磐不得不说："真正的土豪劣绅要打倒，良民正绅要保护。"宴会不欢而散。

翌日中午，周磐马弁陈玉成来说，周明天去长沙，请派李灿率第二连护送至金井（平江与长沙之间），第二日即回原驻地。这是周面告的，严守秘密。他从怀中拿出密电码本，说，这是周与李副师长通电密码。我抄了一本送给你保存，如有至关紧要机密事，我就译发两份，一份给李副师长，一份给你，特别机密要事，先给你，后给他。告诉我密码的用法，照他们原本用加减的办法即行。我交给陈十元电费，他只收了五元，军电半价，五元即够。陈是救贫会员，俊秀好学，不多言语，别人称他为玉姑娘，是袁植被杀后，从一连调去的。陈是周磐同乡，周对他很信任。

七月十八日晨，率传令排长张荣生和传令兵数人，乘马去思村第二营。陈鹏飞营长集合队伍，我讲了话。谈到平江县城反动统治情况，杀害青年学生、工人、农民无数，这些被害者英勇倔强，高呼口号。我还说，此地如有游击队扰乱，不要还枪，叫他们回去，以后我们互不扰乱。他们不是土匪，而是农民自卫队。他们是革命的，我们迟早也要走这条路。讲话时有市民和农民在几百米外听。讲完话后，即到陈鹏飞营部吃午饭。

恰在这时，他的亲戚从长沙来，说昨天长沙破获共产党，发现有随营学校校长黄公略亲笔写的通行证，是周磐认出笔迹的。我和陈营长听后，无心再吃饭了。他的亲戚在旁屋休息，陈鹏飞很紧张地说："我们同公略都是讲武堂同学，团长想法救救他。"我说："你想想看，怎样才能救他呢？"陈说："你放他逃走，或隐蔽起来。"陈虽同情公略，但不是出于政治上的认识，而是出于私人感情。陈和黄公略的私人关系不坏，特别在讲武堂同班这段关系更好。我的救法不敢告诉他，只是说：回到团部了解长沙情况后，再告诉你吧！他送我到镇外，还再三说："我们同公略同事又同学，团长同他的关系更深，一定要救出他来。"最后，陈深切的叫我："石穿！只要能救黄公略脱险，一切我都听你的话。"我内心很感激他这句话，亲切地握了他的手。告别时，我说："我的心情和你一样！"

此人在十一月上旬湘鄂赣三省白军"会剿"时逃走了，他留下一封信，表示决不反共，实在吃不了这种苦。

在回城途中，张荣生汇报了二营工作。在三仙湖时的两对象，现在已是正式会员，他们还各吸收了一个。二营野外演习了两次，就在市场二里内，未远出，士兵会员用纸包了两排子弹放在茶树下：老百姓都在家，没有逃跑的。今天讲话对士兵有鼓舞，军官中有怀疑者。

决心起义

回平江城大概下午四点左右，其热如焚，未回团部，即到电报局。局长接待说："团长盛暑巡防，为国为民……"我问他："长沙有电报来吗？""有密电给你，还有一份是给师部的，正在核对。"我说："正要去师部，交我带去吧！"他说好。我给了他两份电报的收条，回到团部译出，是陈玉成给我的电：南华安共产党特委已破获，特委负责人在长沙被捕，供出黄是共产党，周认出是公略亲笔写的通行证，要慧根（李副师长号）立即逮捕公略、纯一、国中三人。外无其他。周给李副师长电，大意也如此。我告张荣生立即通知团党委同志，下午七时到县立医院黄纯一病室开会，因纯一肺病复发，都以看病为名。

一会邓萍来告我："省委特派员滕代远同志来了，他到湘东平江、浏阳巡视地方工作，现安置在李灿处旁边住了。"我高兴地说："真巧！"我把在陈鹏飞处得到的情况告诉了他们，把陈玉成来的电报给他们看了。张荣生生气的埋怨黄公略说："在南县时，特委要我搞通行证盖团部关防，我未给，批评了他们。"我说："埋怨无用，现在的问题是怎样处理。"邓萍问："怎么办呢？"我说："现在只有起义（当时叫暴动），决不能有任何犹豫。"邓、张几乎同声说：好在掌握了情况，否则被一网打尽。

我来到黄纯一病室时，他们都已到达，邓萍、张荣生、黄纯一、李灿、李力、李光、滕代远，包括我在内共八人。邓萍介绍滕的来历，大家高兴，表示欢迎。我讲了长沙反动政府捉去特委通讯员，搜出了公略亲笔通行证的情况，说，今天开团党委紧急会议，请同志们讨论是否起义。李灿说，时机不成熟，仓促了一些，形势对我不大有利，到年底也会要好些。让公略三人逃走，万不得已时，团长也可避开。他对起义似有一点犹豫。我说："决心起义，一点也不能犹豫！犹豫就会失败。"李灿马上说："放弃犹豫，赞成马上起义！"张荣生说了一营情况：工作有把握，士兵仇恨反动县政府和清乡委员会。把他们杀害青年学生、农民的情况，在部队中传达后，士兵愤慨异常。李力说：特务连和机关枪连也是如此，只有师特务营一点反应也没有，还是一块铁板。张荣生插话："主要是没有去做工作。第二营士兵情绪差，也是没有做工作。"黄纯一说："第三营近月以来，工作有很大发展，士兵愤恨国民党和地方反动派，情绪一天天上涨。现在白天县政府和清乡委员会不敢杀人，更不敢在柘树坪杀人。夜晚杀人，士兵也自动组织巡逻阻扰他们。大家对团长还有怀疑和埋怨：为什么团长不出来干涉这样的事？为什么不出来领导一团杀掉这些王八蛋？"我说："这些只是你九连吗？"他说："不，十、十一、十二连也不相上下。"他说："现在准备介绍三个人加入共产党。九连有班长李聚奎。"张荣生说："柘树坪杀害农民及青年学生的惨状，和三营士兵愤慨阻拦杀人的情况，通知了一、二营、特务连、机枪连，就是没有通知师特务营。"我说："第一营和团直属队的秘密士兵会要主动自下而上的要求恢复士兵会。今晚召集秘密士兵会员，作好准备，说明要闹饷。现在欠饷比南县更久，快五个月未发，从三月起只预支两元。闹饷是发动起义的主要手段，由秘密到公开，争取营、连、排长参加或同情，也可以说团长同意这样干。只有闹饷，才可冲破师特务营（只有二百余人）这个堡垒，团结全团绝大多数人；才能有效地防御二、三两团可能的进攻。"大家听了以闹饷为手段，信心百倍，劲头大增，非常高兴，说有过去闹饷的经验，一定能胜利。几乎同一声音："决心起义，毫不动摇！"决定七月二十二日（阴历六月六日）下午一点钟乘敌人午睡时起义。

具体分工：李力同志负责组织机枪、特务两连的力量，派出代表向师特务营串通闹饷；李灿、张荣生两同志负责领导一营并串通二营闹饷，组织士兵委员会，争取营长和连长参加或同情，张荣生同志并组织团本部和二、三两团留守处人员闹饷。李光同志即晚送信嘉义镇三团三营黄公略，嘱咐二十二日下午一时起义，只能略迟，不能提前，以闹饷为手段派席洪全、郭××送信岳州贺国中，告诉上述情况，要他立即将随校开来平江，只说是师部命令，估计十九日晚、至迟二十日午可以送到；省特派员滕代远同志（是平江起义领导者之一）负责政治工作，邓萍同志参加，起草起义的标语、口号、传单、布告等（滕并负责联系地方党及成立政府等事）。我负责消灭反动民团、清乡队、警察、县署，释放犯人，解决师部等各项准备工作。具体由李灿商同雷振辉负责消灭清乡委员会的挨户团；黄纯一同志发动九连（尽可能争取全营参加）解决县警备队、警察，放出监狱犯人，看管师司令部，逮捕反动机关人员；团特务连和机枪连在起义时，监视师特务营。一切准备工作，要求于二十日午前完成，作出的具体计划送我进行必要的调整。二十日午，各项准备工作汇报一次。

二十日早饭后，以李慧根（副师长）名字发出密电给周磐："砥公师座，巧电奉悉。三人已遵示逮捕，随校已令开来平江，请勿念。"

二十日午饭后，团党委召集会议听了汇报。经十九日的紧张工作，各项准备工作均已完成。一营和机、特两连士兵会顺利恢复，官兵都很高兴；闹饷已经活动开了；惟二营还没有接到报告，送信给公略的李光还没有回来。会议提出：起义后官兵平等，军官包括团、营、连、排长均由士兵委员会选举。用最彻底的民主方式，打破旧式军队的习惯统治制度，洗刷反动军官，以便改造旧军队。请士兵委员会立即准备军官应选名单和应洗刷的军官名单，拟在二十一日团党委会上讨论通过。

二十日夜半的紧急情况：第三团团长刘济仁来电话说：黄公略是共产党，二十日黄昏借闹饷为名，杀死他的侄子——十一连连长，在嘉义镇向商会借了三千元，率队伍向南山逃跑了。他威胁说："石穿！黄石是你推荐的，他叛逃你有责任哪！"我说："是呀！责任以后再说，现在如何办？闹饷是一个大问题。现在五个多月不发饷，这个问题可能波及全师，那就成了大问题呀！"把他一吓，他那股说话的蛮劲就消失了，马上改口说："是呀。不好办！"

我感到闹饷是打中了他们的要害。过了一会，第二团团长张超也来电话说，三团三营营长率部叛变，原因是发动军队闹饷。我说，这个问题真令人不安，现在五个多月不发饷，一团素有闹饷习惯。二团规矩些，比较安心。他说："这很难讲，谁能安心，担保他们不闹饷，下级军官也难免。"我说："以后我们多联络吧！"他说好。听他们的口气，我们以闹饷为手段来发动起义，他们是没有勇气来进攻的，我心中松了一口气！

张荣生来问："这么晚，为什么还不睡？谁来电话？"我把上述情况告诉了他，要他立即找邓萍来，同时请团党委其他同志来开会。张、邓说："黄石麻子是怎么搞的呀！"邓说："怎么办？"我说："现在埋怨也无用，赶快以士兵会名义，写信给二、三两团各营、连、班长，只说五个月不发饷，还要清乡剿共杀农民；现在一团已经闹起来了，要求发清欠饷，不发饷不下乡，还要一起干共产党。信油印出来，邮寄二、三团和留守处。"让张荣生即派通讯班带上工具，到城西五里以外，把通长沙电话线破坏，破坏得越多越好。并写上"共产党万岁"。

拂晓前，他们回到团部，我在高兴中哼道："电传天书值千金，这是革命幸福根。渡过明天难关日，念二午时红旗新"。邓萍听了不懂其中意思。我从衣袋里拿出周磐给李副师长的电报，邓萍看了问："这是怎么到你手里的？"我说："这可不能说，这就是群众的力量。"这位俊秀好学的青年，这位无名英雄呀！我永远怀念着你！

天快破晓时，滕代远、李灿、李力、黄纯一等同志到齐了。邓萍告诉大家，黄石已起义，率队伍开进嘉义镇以南大山中去了。大家听了有喜惧两种表情。我把刘济仁和张超两人电话告诉了大家，我说："听他们口气，对闹饷有恐惧，我们起义时，他们不会来单独进攻。"我又说："岳州、湘阴没有正规军，只有民团；长沙有七个团，浏阳有张辉瓒旅三个团；阎仲儒旅在醴陵，估计两、三天甚至四、五天内，不会有大军进攻。为了彻底消灭反动武装，充分准备是必要的。公略搞早了一点，但不要紧，也起了扰乱二、三团的作用。我们还是按原定计划不变，加紧策动二、三两团的闹饷工作，加紧对他们两团在城内留守处的工作，迅速邮寄出闹饷传单。"经过简短的讨论，大家同意按预定计划起义。

会议还讨论了宣誓的准备、起义后军队的名称番号、干部配备。我提议叫工农革命军，滕提议叫工农红军，大家同意工农红军的名称，番号为红五军（因为井冈山是红四军），原一团所属之一、二、三营扩编为一、四、七团。确定红五军实行党代表制，军官由士兵委员会选举。官兵平等，待遇一样，起义胜利，每人发十二元慰劳金（分几次发，当时只发了四元）。俘虏遣散费要看现金和人数的具体情况再决定。讨论了由张荣生拿来的明天中午需要扣押的军官名单和代理人员的名单，这些名单均经过营、连士兵会拟就。确定二十二日上午十时，团长召集军官会议，扣留一批反动军官；十一时半团长到东门外天岳书院第一营大操场讲话，宣布起义。

大家在十分严肃紧张的气氛中工作，愉快地渡过了二十一日。黄昏时，李灿来谈一营起义准备情况，他特别高兴地说："去年五月'马日'长沙许克祥团叛变；十四个月后的'马日'，是一团在平江准备起义，这变化真快呀！"黄纯一、张荣生、李力他们都自动来谈准备工作。李力说："师特务营闹饷的事已串通了，参加起义没有把握；但不会参加反动方面起阻碍作用，这有把握。"李灿说："清乡委员会的反动部队，每日十二时半午睡，十四时半起床，这段时间除守卫者外，没有其他人在外面。这是今天亲自侦察的，我们下午一时起义正合适。"黄纯一谈：三营金营长有些不正常，心情有些不安，似有所察觉。各连已推选了闹饷代表，都秘密开了会，情绪很高，自动要求解散清乡委员会、挨户团、警备队、警察者不少。对放出牢里的犯人，是一致的要求。我说："这就好办了，三营能参加起义，师特务营能中立，那就好了，那就胜利了。"他又说："大家对金营长恨死了，主张枪毙他的也不少。"我说："明天（二十二日）十时，团长召集军官会议，扣押金营长，由黄纯一代理营长，能通得过吗？不冒险吗？"大家说：不冒险，保证能通过，三营连、排长都恨金营长；由黄代理营长也能通过。团长如公开宣布金营长财政不公开，勾结反动豪绅，大家都会拥护。黄说："通过没大问题，但我到九连时间短，不到一月，相互了解不深，即便有些信仰也不巩固。"我说："不会有太激烈的战斗，信仰暂时不巩固不太要紧，只要三营不抵抗起义就好了。"黄说："这绝对有保证。"

我说："大家来了，我们就开一个团党委会，找邓萍和滕特派员来吧。"滕、邓一会也来了。张荣生和李灿都说，一营长雷振辉、一连长李玉华从南县闹饷起，态度很好、很积极，这次恢复士兵会的公开组织，他们特别高兴，雷、李都要求加入共产党。我说："他们怎样知道一团有共产党的？"李灿说："雷振辉看到南县闹饷那样有计划、有秩序，就认为决不是士兵自发的，他言外之意是团长在幕后搞的。雷认为师长对彭团长信任。"我说："雷营长和李玉华同周磐的关系很深，我和周磐一条路走，他们是支持我的；现在我和周磐走两条绝对不同的道路，他们就不一定拥护我了。他们幼小时家都很穷，但都想发财，李更甚。周磐在南县随校开学讲话很'左'，打倒新军阀和土豪劣绅等，雷、李对周磐的底暂时还未摸着。这次起义，雷、李参加大概不会有大问题。此次士兵会公开后，他们都表示要为工人农民服务。"李灿、张荣生都说参加起义没有问题，如他们反动，在一营也逃不脱。

决定第二营不参加起义，在起义后调回平江改造，争取陈鹏飞同走一段路。

"我们起义了！"

二十二日十时，在团部召集营、连、排军官会议，宣布国民党罪恶；实行一九二七年一月士兵委员会章程，实行为工人农民服务，建立工农兵革命政府和工农红军；宣布第三营金营长经济手续不清，财政不公开，勾结平江土豪劣绅，即撤职查办，交特务连看押，任命九连连长黄纯一代理营长职务；其他连、排长十余人，对革命认识模糊，不执行士兵会章程，停职考查，暂不回连；他们的职务，由各该营、连士兵委员会推选适当人代理，报告营、团部备案。

十一时半，到达东门外书院第一营操场开誓师大会。全体队列整齐，颈上围着红带，唤着革命口号："为工人农民服务！"精神振奋，焕然一新。士兵会负责人宣布誓师大会开始，请团长讲话，欢呼雷动，盛极一时。我出席讲了话，大意是：宣布国民党反革命罪恶，打倒国民党政府；我们要为工人农民服务，建立工农兵革命政府，建立工农红军；官兵平等，军官由士兵委员会选举；拥护中国共产党；没收地主阶级土地，实行耕者有其田。现在就开始向平江县城进攻，彻底消灭挨户团、警备队；解散一切反革命机关，释放被押人民群众；扣押反革命分子，组织革命法庭，审判治罪。希望你们坚决勇敢完成革命任务！宣读誓词，誓词大意：打倒帝国主义，打倒国民党政府，建立工农兵政府；没收地主阶级土地，分给农民；建立工农红军，实行官兵平等，军官由士兵委员会选举，实行财政公开。现在就向平江反动县政府、民团、清乡队、清乡委员会进攻，坚决消灭他们！我们起义了，为工农服务开始了！当时会场的热烈气氛，真是无法形容。

大家颈上挂着红带子，队伍立时改变了样子，精神抖擞，个个磨拳擦掌，勇气百倍，向城进发。下午一点开始行动，到两点多钟反动武装全部缴械。不到一个半小时，就将全城反动武装肃清，比预计顺利，未打一枪，未死伤一人。我三点多进城，亲眼看到满街红旗飘扬，秩序井然。国民党旗和国旗都不见了，这完全是出于学生和市民的自动。从监狱中放出的革命人民自动在街上宣传，游行示威、喊口号、捉反动派。标语、传单满街都是，真是人人高兴，个个喜气洋洋。人民群众来来往往，喜笑颜开，商店照常营业，没有关门现象。我回到团部门外，一群学生、市民指着呼唤：这是彭团长呢！只有三四个小时，平江就变样了，当时感觉到革命威力真是无穷。邓萍挟着一捆红纸标语走来，他说："胜利了，比预想顺利。"我说："有点象革命来潮气象。"他说："有点象。国民党屠杀人民，人民仇恨国民党。"

午后四时，第二营从思村开回平江城，给予了热烈的欢迎和慰劳。由出狱学生组织的宣传队，向他们进行宣传。学生们讲得极为生动，对二营的教育很大。他们情绪还好，准备成立士兵委员会，由张荣生负责该营工作。

当晚九、十点钟，又召开了一次团党委会，听了各方面简要汇报：缴获武器弹药数量不少，步枪近千枝，子弹约百万发（主要是师部库存）；俘虏民团（挨户团）警察等两千余人；放出监狱人民群众千余人；反动县长和清乡委员等均已逮捕，约三、四百人，惟最反动的清乡委员会主任张挺早就离开平江去长沙了，师部李副师长、杜参谋长亦脱逃，余从县长以下无一漏网；从乡间逃进城的土豪劣绅还未清查，四城已禁止出入，城上已派巡逻，等天明后当地群众进城再来清查。张荣生说："各方面胜利很大，工作均很好，惟财政收入成绩很小。师部经理处现金很少，仅有支票十余万元，是岳州海关拨款，现在拿不到钱。县税务局、田粮局现金也很少，不到千元。团部军需正随师经理处长到长沙领七、八月经费未回，团部存款只有数百元。另有公积金约一万五千元。团长本人从讲武堂毕业回到一连任连长时起，到当营长、团长直至现在为止的薪金，共存有四千二百元。今年正月彭金华（二弟）来南县，说父亲、祖母死后欠了账，还没有房子住，给了他四百元，叫他不要告诉你。以前你说过，办公、杂支、临时费、开拔费、截旷费、特费等一切属公款性质的钱，节余下的均为公积金，不属私款项。你的薪金是私款项，是否还要保存一部分寄回家或自用？"我说："我们是要打倒土豪劣绅和资本家，我不做这种人，再给你们来打我。通通作为公积金。"这样，连戴吉阶任团长时的公杂等费六千元总计二万七八千元。城内榷运局存官盐约百万斤，公粮和地主存粮约数万担，这两项如廉价出卖可得三、四万元。大商店也可以筹一笔款，不过，万元以上的商人不多，有十来家五万元以上的茶商和油商，都是合股的，与张挺合股的三家，有人说张占三分之一，有人说占三分之二。

讨论结果：谷、盐减价卖一半，留一半最后分给赤贫户；不满一万元的商店不捐，满一万元以上者捐百分之五至百分之十；反动派与一般商人合股经营者，没收反动派部分，按百分之三十交款。当铺如何处理？对当铺宣布没收，凭票无偿发还典当原物。

张荣生问：我们能在城内工作多久？我说：五天至七天。二、三两团今晚会分向浏阳、岳州方向退走。

二十三日，由士兵委员会组织宣传队向市区和郊区进行多种方式的宣传。宣传内容：官兵平等，废除肉刑；吃农民的饭，穿工人的衣，吃饭穿衣是工人农民的，我们要为工人农民服务。

这天，平江县委负责人先后到县城，滕代远同志领导他们进行组织工作，准备二十四日午后开庆祝起义的群众大会，成立工农兵苏维埃政府。城内当地群众又搜查出一批反动恶霸地主，成立了临时革命法庭，处决了一批重要的反革命分子。缴获的枪支弹药交平江县委组织群众运往黄金洞山区，成立农民自卫队，食盐亦尽量运往山区。

当天午后，师随营学校从岳州安全到达平江城，情绪异常高涨，全部要求参加工农红军，我们组织了热烈的欢迎。原来打算对不愿参加红军，而一定要回原部队的，也准备热烈欢送，现在一个也没有。

黄公略率第三团三营于当日下午四时到达平江城北五里处休息。公略先来到我处，高兴地谈了他们的经过。这时，团党委派去送信的李光急急忙忙跑来说："队伍跑了，九连长贺仲斌煽动大家说，受了黄石的骗，黄石是共匪如何，如何。他们带着队伍向南跑步走了，我从隐蔽地跑回来的。"黄石气愤中说："去追，可以喊回来的。"我说："追不到，也喊不回来。一个人去追，会把你捉去。现已过了一小时，派部队去追，还要一小时才能出发，他们已走了二十里，把什么部队去追呢？"黄说："驻思村的第二营。"我说："二营于昨日下午四时已回平江城，事先未敢通知该营，是起义前两小时才用电话告诉的。该营并不十分可靠，现在起义基本上是胜利了，但内部还有叛变的可能。起义前一小时，捉了金营长、连长等共十余人，现正在动员组织各级士兵委员会，明天进行选举。三团三营起义过来，又叛变出去，这个教训对巩固一团有好处，说明对军官要进一步清洗。"贺国中听了起身就走，说："危险，我们不要大意！"贺走后，我又对公略说："你去三营还不到一个月，情况不熟，士兵不信任。刘济仁在部队中长期进行反动教育，革命成为不合法，反革命成为公开合法，在这种是非颠倒的情况下，进行工作是异常艰苦的。要改变这种情况决非短期能作到，这不是原谅自己，而是事实。因此，应当全面考虑一下，取得教训；叛变并不特别意外，不要难过。我们没失去什么，反而对巩固一团部队有益处。"

二十三日黄昏后，大约是八时，团党委开了全体会议，到会人数是最多的一次：滕代远、黄公略、黄纯一、贺国中、张荣生、李灿、李力、李光、邓萍和我共十人。公略把三团三营叛变情形讲了一遍，说是工作没作好。我把对这件事的分析又重复地讲了一下，着重说到发动士兵清洗不可靠的军官。会议讨论，为接受三团三营叛变的教训，须加强士兵会的领导，继续发动士兵群众选举军官；士兵自治，官兵平等，待遇一样，实行一九二七年一月士兵会章程；实行打土豪分田地（删去章程上减租减息这一句）。我说，向湖南省委建议留滕代远为红五军的党代表，大家都赞成。李灿、李力、张荣生都说：这次起义，一营雷振辉营长、一连李玉华连长、二营陈鹏飞营长，他们三人表现都很好。有的同志说：现在是顺利的时候，不知道将来困难艰苦时怎样。我问："明天选举，他们通得过吗？"张荣生说："通得过。"我说："公略去四团当党代表好吗？"大家同意，我说："长沙破获特委事，陈鹏飞营长对公略安危很关心，看来此人感情重于政治。"

二十四日上午士兵委员会在团部开联席会议，我出席讲了话。选出彭德怀为红五军军长兼十三师师长，邓萍为参谋长。成立一、四、七三个团，团长雷振辉、陈鹏飞、黄纯一，贺国中为七团副团长。会议通过团党委改为红五军军委，从军到连实行共产党党代表制，团以上建立政治部，保证革命化。欢迎滕代远为红五军党代表，李灿为一团党代表，黄公略为四团党代表，黄纯一兼七团党代表。红军接受共产党领导，保证永远为工人农民服务。

团党委改为红五军军委后，以党代表滕代远同志任书记。以党代表为各级党委书记，是当时红五军的制度。

二十四日下午四时，平江县委召集了群众大会，庆祝起义胜利，宣布成立工农兵苏维埃政府，成立工农红军。红五军全体成员参加。参加大会的人在五万以上，红旗招展、锣鼓喧天，真是盛况空前，热烈异常。我和滕代远讲了话。军民热情之高，无法形容，使每个到会人员都得到鼓舞。

二十四日这天，从长沙得到电报电话的消息：二十五日反动派的军队准备向平江进攻，二十七日至迟二十九日到达平江近郊。我们在城内的工作应当在二十七日全部结束。

二十五日开了一个军事布置会议。团长、党代表均到会，讨论当时在平江城近郊的军事部署。想在敌人进攻平江城时，利用城周有利地形和熟悉情况，给进攻之敌一个打击，歼灭敌人一两个团，再行撤出平江城。以此来提高红军声威，然后有计划地向江西、鄂南发展。从这样的企图部署战斗：特务连、机枪连在城西做隐蔽的据点工事，引敌向该点进攻，给以杀伤；一团从正面出击，四、七两团南北夹击，消灭敌之一部，把进攻平江的敌军主力吸引到城区来，再行向平江城东乡和江西方面发展。按照这种想法，将一团置于城西机动位置；陈鹏飞、黄公略率四团位置于城南三十里处，待敌向西门进攻时，从敌侧后由南向北突击；黄纯一、贺国中率七团位置于城北三十里处，敌进攻西门时，由北向南突击。侦察地形，架好电话，选择预定合击点，总之，作好各种战斗准备。大家信心百倍，消灭敌之一部分是有把握的。

七月二十九日，敌军进攻部署：以三个团指向长寿街（在平江东七十里）堵击我军退路；以五个团分为前后两个梯队，沿长平公路向城西关进攻。其第一梯队两个团，于上午九、十时向西门猛攻我第一团阵地时，遭我隐蔽据点机关枪火力点的猛烈袭击，大概死伤三百人以上。我黄纯一、贺国中率第七团于正午按预定计划，从敌侧后向南突击，将敌部署打乱，敌退至公路南侧。战至下午接近黄昏，敌第二梯队也已靠拢，还不见四团动静，遂打成相持局面。第一、七团和军直属队于黄昏退出战斗，经北乡转至东乡之龙门集结（靠江西之修水）。如果四团按预定计划，配合一、七两团歼灭敌先头梯队一至两个团，在战术上给敌以打击是可能的。第三天夜晚，四团才到龙门归队，始知他们在二十八日下午，即敌人进攻的前一天，离开指定地点自由行动，未经请示，即向浏阳方向单独去进攻第三团，企图喊回叛变了的三团三营。结果，第四团原约七百人损失大半，所剩不到三百人；七团伤亡一百余人，最大的损失是黄纯一同志阵亡；一团和机枪、特务两连共伤亡数十人。

二十五日军事会议的错误，是没有讨论战略方针，没有认识到革命的长期性。战争的形式应是长期的进攻和反进攻。如有这样的观念，就会在敌进攻平江城以前，早一点主动撤出，让敌扑空，那就可以避免这些损失；就应将部队布置于长寿街和江西省的修水、铜鼓边界，以团为单位分散打土豪、分田地，做好群众工作。这样，才能联系人民群众，才能深入部队的阶级教育，提高部队的政治觉悟，当时，未尽可能避免无把握的战斗。也没有认识到三大任务的统一性，说明我在当时是有很大的盲目性，缺乏马列主义路线和战略策略的认识。这就是我当红军的第一课，也是我参加红军后第一次所犯的错误。

简短的结语

平江起义是在一九二八年七月，当时中国革命正处在艰难的时候；湘鄂赣三省反动军事力量比较强大，而以湖南为最；三省政治局势一般还是平静的，起义本身的准备和条件并不成熟。由于南华安特委被破坏，暴露了军队中党的成员，幸情报准确未遭毒手。如不当机立断，决心起义，这些暴露的同志固不能保存，未暴露的同志，也不易长期隐蔽下去。党在独立第五师一团建立起来的一点薄弱基础——八、九个党员，有全部被摧毁的危险。团党委采取坚决态度领导起义，是完全正确的，所采取的具体措施也是正确的。起义前，在同一个县境内，在同一个师中，有两个团是反动的，还有近两个地主武装，敌有多我两倍以上的优势力量，我仍然取得了完全的胜利。个别同志因急躁提早起义，该局部虽未收到良好效果，但未危害全局。在起义的全局方面，仍能沉着坚持，按照预定计划举行起义，举行誓师大会，宣布政纲。起义时革命的士兵群众组织比较普遍，党的成员只有八、九人。起义后即遭到湘鄂赣三省反动军队的"会剿"，经过四十余天的打圈子战，才把敌人的"会剿"粉碎。那时，我们没有根据地，外省籍官兵又没有同当地的土地革命结合起来，地理人情都不熟，被迫接受紧张、连续的战斗任务。在这种极端困难的时刻，发生了一小部分人员动摇逃跑的现象。这种现象一暴露，在创造湘鄂赣边区根据地的会议上，即决定把平江起义部队同地方农民游击队混合编组，使部队得到巩固和迅速发展。

从一九二八年七月二十二日平江起义，至七月二十九日黄昏退出县城，这一段时间做了很重要的工作：用彻底的民主制度，粉碎了旧式的反革命军队制度，建立了为工人农民服务的红五军崭新制度——没有这样一支红军的建立，就不可能迅速建立湘鄂赣边大片苏维埃根据地；彻底粉碎了反革命的县政府、清乡委员会、国民党及其一切反动武装，这就是彻底捣毁了反革命机器；同时，迅速地武装了革命群众，建立了平江县临时苏维埃革命政府，释放了牢狱里的大批革命群众。平江县的反革命分子，杀害革命人民群众是无法数计的。我们成立了临时革命法庭，处决了一批反革命分子，替革命群众申了冤、出了气、撑了腰，打击了反革命的气焰，这是完全应该的，十分必要的。可是，在这次无产阶级"文化大革命"运动中，竟有个别人打着批判《怒潮》剧本的旗子，说什么"平江起义彭德怀双手沾满了人民的鲜血"。这不是侮辱我个人的问题，而是侮辱平江起义，侮辱共产党领导的起义，因而也就是侮辱共产党，站在反革命立场，替四十年前的反革命分子翻案。否定一切，否定平江起义，这是不正确的，这是罪恶。有人还说什么在清乡时杀害了农民，历史文件和参加平江起义的现在还活着的人，都可以证明：第一团到平江三十六天（六月十六日到七月二十二日）中，就根本没有清过乡；第一、三营和团直属队驻在平江城，就没有出去过；第二营虽然驻在南乡思村，也只在思村镇外几里以内野外演习过一两次。平江县南区党的地下工作者，早就有文章说明当时驻军的情形，此人还在。参加平江起义者，在人民解放军中，也还有人在。应当调查清楚，决不容许无中生有，别有用心地替反革命分子翻案。即或是站在宗派主义立场上，也应当批判。这种无事实根据的文章，在《人民日报》和《解放军报》上登载，不仅败坏报纸名誉，而且给投机分子、反革命两面派以可乘之机。

独立第五师一团在平江起义以前，同一切白军一样，是一支反革命军队，是保护地主资产阶级和剥削制度的工具，是镇压工人农民革命的工具，这就是它的根本性质。它的士兵绝大多数是穿着军装的农民，是受压迫和受剥削的人民群众。强制他们为剥削者和压迫者服务，这就是白军中的基本矛盾。但它用最严密的组织和绝对服从的纪律约束士兵，不容许士兵有任何自由活动。它对士兵有十大斩罪（如"营私结党者斩"），一切违反剥削压迫者利益的言行，都是不合法的。它有一套用人、行政管理和等级制度，它用各种各样的欺骗（如说"军队是国家的"、"共产主义是不合国情的"等等）和对军官的优厚待遇，来进行管理、教育。要改变这种军队的性质是不容易的。我在这个军队中，利用合法身份进行非法秘密活动近十二年之久，做出来的成绩是很微小的。其经验就是要善于利用各种矛盾，使非法变为合法，如使士兵会章程变为随营学校宗旨等。非法（即革命）是目的，合法是手段，不然就成了合法主义，反而成为反动统治者的附庸或帮凶。应当根据具体情况，作具体分析。矛盾在旧军队中是普遍地存在着，能灵活巧妙运用，就有机可乘；合法和非法斗争密切配合，达到统一行动。抗日战争时期，在伪军、伪组织中利用这种形式，起了一定的作用，保护了人民利益，但未很好地总结经验。

六　上井冈山

粉碎三省"会剿"　建立湘鄂赣边区

一、七两团和直属队撤出平江，转移到东乡龙门集结，沿途农民热烈慰劳和欢迎，喊口号、唱歌不绝。农村房屋虽然大部被烧毁，但农民还是尽量让出房子，给红军宿营，不使自己的军队露营淋雨（农民对红军的称呼，我是第一次听到）。在群众热情鼓舞下，军队情绪饱满。

第四团在浏阳受相当损失后，失去联络，过了两三天，地方党派向导将他们引来归队。

在龙门休整近十天，做了以下几件工作：

1.建立政治部工作。党代表滕代远兼主任，张荣生任副主任。政治部对军内进行政治思想工作，对外打土豪。没收分配要经过政治部批准。出布告、杀人宣布罪状等，由政治机关署名。

2.继续加强士兵会工作，发展党组织（当时军队党还是秘密的）。连上建立党的秘密支部，发展党员的对象，主要是秘密士兵会会员。到十月，绝大多数基层单位都有了支部。

3.从上到下地建立党代表制（委任）。

4.加强宣传工作。连队、机关都做宣传工作，多数人手里都提着宣传筒。开始用红土，以后用石灰写大字标语，沿途及宿营地都写满了。

稍事休整，八月中，湖南敌人约十二至十五个团继续向平江、浏阳集结，准备向红军进攻（这时农民叫我军为红军，叫国民党军为白军）。为避免同敌军硬拼，我军适时向江西之修水城进攻，进占渣津、修水约十天，解决了冬服；消灭白军一个营和二、三百民团。

九月初，湘鄂赣三省白军"会剿"开始了。我军退出修水城，占领铜鼓。我们相对分散部队，开始学习做群众工作。江西受盲动主义影响比较少些，群众比较容易发动和组织。不到一月，修、铜一带群众有了一些组织，特别渣津地区群众已经组织起来。部队学会了打土豪、筹款、挖窖。地主一窖常埋几百、几千元，甚至万元。张荣生带的工作队，在渣津地区捉了一批土豪。江西土豪穿的很坏，我看了觉得实在不象土豪，放了一批，受了他们的批评。张荣生说：这些土豪都是罚款千元以上者。开始我还不太相信，以后看这些地主家属背来一袋一袋的银圆缴罚款，我才相信了。

占领修水的城市政策同平江起义时一样：按资本大小捐款，不满一万元者不捐；一万元以上者捐百分之五到百分之十；反动政治代表和一般商人合伙者，除去反动部分，折价百分之三十缴款。官盐没收发给群众，造成后来没有盐吃，群众有意见。当铺宣布没收，凭票无偿发还原物。没收了两家较大的反动的布店，因军队要作衣服，没有分给群众，以后买不到布时，群众也有意见。在修水县城筹款不到三万元（没收布店除外），而捉土豪挖窖所筹款项比城市多了一半。以后在认识逐渐提高以后，改变了筹款对象。实际上，这是由于对社会主义革命和民主革命两个不同阶段的革命对象没有搞清楚而产生的问题。

当我军向南进占铜鼓时，沿途群众很热情，商店也没有关门。敌人继续前进，我军向万载大桥转移，背靠浏阳。湖南张辉瓒旅三个团，突然向大桥我军袭击，打破了互不越省界的惯例。我们向平、浏、修、铜四县边界山区转移。江西、湖南两省白军向我夹击，我即向鄂南之通城、通山、九宫山地区转移。湘赣白军赶追，鄂军堵击，我们又从九宫山和修水、武宁间南进，到处消灭民团、警察，捣毁县、区政府，杀反动派，散发财物。消灭白军一个营为目的，尽量避开打硬仗。

在反对三省"会剿"的战术上，是采取同敌人打圈子、打推磨仗（敌称为盘旋战术）。经常跳在敌军侧后方，使敌摸不着头脑，弄得敌人疲惫不堪。拖到十月中下旬，敌人精疲力竭了，在渣津消灭朱培德部一个整营，敌人停止了"追剿"，我们粉碎了湘鄂赣三省反动当局八月会议的"会剿"计划。三省交界的这个地区，对长沙、武汉、南昌威胁太大，因此引起他们严重恐惧。

在四十五天的艰苦奋斗中，我方各种减员一千有零。红军缩小了（不到两千人），张荣生、李力两同志在这次三省大会剿中英勇牺牲了。张在临死前说："共产党的事业一定会胜利！"他是红五军最早的一个共产党员，做了很多有益的工作。雷振辉（团长）、李玉华（连长）可耻地叛变了。李玉华造谣说"军长被围"，率领第一连伪称"解围"，逃跑投敌。大部分士兵识破其面目，又逃回来了，还有十余人被他骗走。雷振辉当晚未逃脱，翌晨出发时，拿出手枪企图凶杀叛变。被警卫张子久同志发觉，夺了雷的手枪，子弹击在地下。雷力大个高，又把枪夺过去，幸被连长黄云桥同志一枪结束了他的狗命。黄后来当赣南红独立师师长，在反五次"围剿"时牺牲了！

后来，渣津一带群众因平江游击队狗队长（群众替他取的名字）乱烧乱杀反水了。群众原来对红军很好、很热情，现在对红军扯白旗、打土炮。当时平江党盲动主义也是严重的，我们感觉这个问题不解决，建设根据地、扩大红军、深入土地革命都是废话。

十月中旬，滕代远同志以湖南省委特派员名义召集了第一次湘鄂赣边区党的代表会议（浏、平、修、铜、万载五县代表及红军代表的联席会议）。当时平江有县委，修水有工作委员会三个同志，万载有工作组数人；通城、通山两县没有取得联系；浏阳东乡有区委组织，浏阳县负责人是王首道，这里乱烧、乱杀脱离群众现象比较少些。决定在平江、铜鼓边界之幽居开会，记得开了三天或四天。这次会议对边区根据地的创造是有意义的，会议的主要内容是：1. 建立湘鄂赣三省边界特委和根据地，选举湘鄂赣边区党的特别委员会，以王首道同志为特委书记，滕代远同志为红五军党代表兼军党委书记。2. 反对了乱烧、乱杀的盲动主义思想。3. 反对了严重的宗派主义，决定红军和地方游击队混编。在三省严重"会剿"中，重要干部有雷振辉，陈鹏飞，李玉华叛变或逃跑，士兵中也有个别叛变的。混编后部队政治上得到巩固，军民联系要好些。因主力红军是外籍人，人生地不熟，混编后，即变为人熟地也熟了，能提高地方武装的战斗力，又能适应斗争环境，分散与集中运用自如。4. 这两个多月的艰苦斗争，对红军的建设是有益的。数量虽有所减少，而政治质量是大大提高了，取得了某些初步经验。体会到：没有政治上和思想上的认识一致，是不能团结的。军队内部不能团结，军民也不能团结，没有军内和军民的团结，就不能长期坚持斗争，更谈不上胜利。5.也谈了平江起义的经验：（1）有共产党的领导，（2）有边区群众特别是平浏群众的支援，（3）有井冈山的旗帜和榜样，（4）有北伐时期的影响。这些是起义胜利、粉碎敌军进攻和"会剿"的主要条件。此外，军内士兵会的组织对维系军队良好纪律、巩固部队，都起了重要作用。如果没有士兵会的组织，在党组织力量和政治思想领导如此薄弱的情况下，不要说坚持三个月，就是坚持三个星期也是困难的。起义后我们被迫接受非常不熟悉的事情——主要是没有后方的作战，伤病员安置极端困难，给养靠自筹，医药无来源，这些是我在旧军队根本没有想过的事情。现在也学会捉土豪、挖地窖筹款了，做群众工作也在开始学习。一切都是新问题，都要从新学起。

会议对时局也作了些分析。大意是：1.南昌起义、秋收起义时，人民武装斗争是没有经验的。现在井冈山有了一年多的经验，建立了根据地和红军。2.国民党彻底反革命的面目已经完全暴露，北伐战争时期提出的一切政治经济口号，一点也没有兑现，没有解决任何一个小问题。3.人民对国民党的面目有了亲身的体会，对国民党是刮民党，有了比较深刻的认识。人民对国民党的清乡政策、屠杀政策表示了愤恨。这次平江起义，人民的态度就是这样明显。

当时，我个人认识到，为什么要以井冈山为旗帜、为榜样呢？这个旗帜是具体的，不是抽象的；是实际的，不是空洞的。南昌起义、秋收起义是失败了，都留存了一小部分力量，在井冈山会合，形成了当时的朱毛红军，成为红军旗帜，不仅有号召作用，而且要在红军发展中成为统帅，使全军有头。在打土豪、分田地、建设根据地的问题上，我在一九二七年冬、二八年春就注意井冈山。我当时感觉，对天上有飞机，陆上有火车、汽车，水上有兵舰、轮船，且有电讯、电话等现代化交通运输与通讯联络的敌军作战，没有根据地是不行的；不实行耕者有其田，也就建立不起根据地。在这个问题上产生了对毛润之的敬仰。

在部队混编后，主力保存十一个大队（连），三个纵队，每大队一百五十至一百八十人。其余编为地方游击队、赤卫队。根据省委指示，我和滕代远、邓萍、贺国中、李灿、张纯清等同志率五个大队去井冈山与红四军取得联系。实际我自己也想去"取经"，想弄清革命的性质，分田怎样分法等等问题。其余六个大队分散在边区各县，归黄公略同志指挥。

红四、五军第一次在井冈山会合

在边区特委成立后，十一月间，天气晴和，农民秋收已毕，我和滕代远等同志率领五个大队，准备向井冈山前进之际，根据得到的敌情分析，湘赣两省白军又有向边区"会剿"之势。为了把江西白军部署搞乱，我军袭占了万载城，约占一星期之久，筹款万余元，补充了部队冬服。这时，赣省白军约两三个团，由南昌方向向万载前进，当敌离城半日行程时，我们即经萍乡和宜春之间向井冈山前进。

在莲花城北约四十里处，红四军前委毛主席派何长工同志率约二三百人，先我到达该地，在道侧两翼大山埋伏。约花了一个多小时，彼此才沟通，他们才知道是红五军派来取得联络的部队，他们的任务也是要北进同五军取得联络的。莲花城有白军一个团驻守，我们于夜间从莲花县城西绕过，直插砻市（即现在宁冈县城），到达该地是在广暴纪念前几日。先在砻市会见了朱德军长，第二日到茨坪会见了毛党代表。他首先就说：你也走到了我们一条路来了，中国革命条件是成熟的，社会主义革命不胜利，民主革命也要胜利。我想，这个问题我们还没有弄清楚，我们五军内有些同志就是把两个革命不加区别地混在一起，把消灭地租剥削和消灭资本剥削当作一回事。我当时在这个问题上虽感觉不妥，但理解不深，所以没有发言权。

过了几天，四、五两军开联欢会和广暴纪念大会。搭起的台子，搭的不稳固，人一上去讲话时，就垮下来了。有人觉得不吉利，朱德军长讲："不要紧，垮了台，搭起来再干吧！"又把台搭起来开会。在会上朱军长、毛党代表讲了话，我也讲了话，内容都记不起了。

又过了两三天，党的六次代表大会决议送到了。红四军前委召集了扩大会议，五军军党委常委同志均参加了这次会议。红四军前委书记毛泽东同志主持会议，逐段详细地讨论了这个决议。我对这次会议印象很深，认识了中国革命形势是处在两个革命高潮之间，而不是什么不断高涨；对民主革命的性质、任务，党的十大纲领[41]等有了比较深刻些的认识。前委对反对盲动主义解释得很详细，平江起义后，我对于乱烧、乱杀的盲动主义很有反感，觉得把房子烧了，人民住到哪里去？红军也没有房子住。反革命是人而不是房子。占领修水时，渣津、马坳一带群众已有初步发动，我军转移后，被平江游击队狗队长（老百姓这样称呼）把那块地方烧光。半个月后红军再去，农民挂白带子，对我们打土炮，封锁消息。当时盲动主义者叫这些群众为反水，对反水群众不是争取而是镇压。完全不检查自己的错误，反而把错误当作真理，把执行错误政策的说成是坚决革命，把反对错误政策的同志，说成是对革命不坚决，军阀出身靠不住。"六大"解决了这些问题，是使人高兴的。毛泽东同志在那次会议上，讲了烧房子脱离群众。他讲了在遂川（井冈山南）的故事，说开始农民都围拢来很亲近，当把洋火一拿出来要烧房子时，群众就跑开，站在旁边看了。你再去接近他一点，他又跑远一点。他又讲到红四军对宁冈反水的群众，是采取一系列办法去争取群众回家。我当时听了这些，印象是特别深刻的。这次直接接触了毛泽东同志，使我对他更加敬仰。

这次会议正是我三十周岁时开的。是我半生受教育最大的一次。

这次会议有王佐、袁文才两人参加。他们曾是当地两个绿林部队的首领，已加入了共产党。前委照顾他们的政治情况，把"六大"决议上关于争取绿林部队的策略，大意是争取其群众，孤立其头子这一段删去未传达。这件事以后被袁文才发现了，出了乱子。

在会议期间，湘赣两省反动军队，正在调动部署，准备"围剿"井冈山。当时红四军还是草鞋单衣，冬服未解决，无盐吃，每天三分钱的伙食也难解决，只有离开井冈山到白区打土豪才能解决。可是伤病残人员无法安置，又不可能带走，似此，势必派队留守。当时，四军全部也不过五、六千人，如分散，力量会更加单薄。为这些问题，四军前委开会讨论了多次，我也参加了这些会议。最后决定由红五军五个大队约七、八百人留守井冈山，并让我任四军副军长，保护井冈山伤病员及一些家属小孩。我知道这是一个严重而又危险的任务。我回去同代远谈了，他当时是五军党委书记，由他召集了五军党委会议。参加会议的有我、邓萍、李灿、贺国中，可能还有李光。讨论时有两种意见：一种意见认为，我们是来取得联络的，任务已完成，应立即回湘鄂赣边区，传达"六大"决议。如果我们长期留在井冈山，就会影响湘鄂赣边区的发展。一种意见是接受前委指示，保卫井冈山后方，使红四军主力安全脱离敌军包围，向白区发展。如果红五军不承担这项任务，红四军离开后，湘赣边区政权也可能受到损失，甚至搞垮。故我们应当承担起来。第一种意见是大多数，第二种意见是我和代远。我们说服了不同意见的同志，准备牺牲局部，使主力安全向外发展。

红四军离开井冈山时，计划转移到敌后，也就是敌之外翼，配合守山部队，寻找战机夹击敌军，以打败敌军的"围剿"。他们从小行洲向遂川及以南前进时，江西敌军之李文彬旅即尾随红四军之后。如果部署得好，是可能歼灭或击溃该敌的。我四军进至大余、南康，遭受李文彬旅袭击，经赣南安远、寻邬向闽西南转进了，这就完全脱离了井冈山。坚守井冈山的五军，五个连分守五条路，成为孤军奋战了。

井冈山突围

在红四军离开井冈山后的第三天，湘赣两省白军约十二至十五个团向井冈山合围攻击。"围剿"井冈山之敌，湘赣两省各为四个旅八个团。进攻时，湘敌只发现七个团；赣敌除李文彬旅尾随我四军外，还有三个旅六个团，进攻时只发现五个团。似此，进攻井冈山之敌，全部兵力大约是十二至十四个团。每团平均以二千人计，当在二万四千至二万八千人之间。我以七、八百人对上述敌军兵力，敌优我劣，是三十、四十倍之比。重层围攻三昼夜，我黄洋界、八面山、白泥湖三路阵地均被敌突破。我守黄洋界的李灿大队（连），八面山之彭、李大队（连）均被敌隔断。

　　我和贺国中在茨坪集合了三个大队、特务排及后方勤杂人员等五百多人，在敌重层包围中突围，如果不突围，当然会全军覆灭。但红军留下的伤病残员、妇女、小孩一千余人，要突出敌军重层包围，则部队要在前面开路，又要在后面掩护，真是不容易。从井冈山主峰腹部的悬崖峭壁处，在猎人和野兽爬行过的小道上，攀行了一天一晚，算是突出了敌军第一层包围。

　　时值严寒，天下大雪，高山积雪尺许，我的干粮袋炒米丢失了，我不愿别人知道，两天未吃一粒米，饥饿疲乏，真有寸步难行之势。可是枪声一响，劲又不知从哪儿来的。在烂草田击破敌军阻击小部队，算是突破了第二层包围。

　　突围的第三天，刚到大汾，又遭敌军三面伏击，在敌人三面火力交叉射击下，我们有全部被歼危险。只有集中三个大队突击一点。我军奋勇从中突破敌人伏击阵地，继续南进，算是冲出了敌人最后一层包围。可是敌方兵力大，我军人数少，突破口被敌封锁，后面伤病残人员又被包围，伤员亦无法救出。我红军被三、四十倍优势之敌重层包围攻击，突围后又遇伏击，这样险恶的战斗环境，除共产党领导的工农红军外，其他任何军队都会被消灭。敌军攻占井冈山后，一时反动气焰高涨，追击、侧击、堵击、伏击，他们满以为捞到了很多东西，其实什么也没有捞到，被英雄的红军打碎了他们的幻想。

　　可是这件事，在一九六九年国庆节后，我《人民日报》通讯员说成是彭德怀不要根据地，违反毛主席指示。我看这种人对根据地不是完全无知，就是打起伟大毛泽东思想红旗反对毛泽东思想。他不了解什么叫做根据地，也不了解如何才能创造根据地，更不知道如何才能坚持根据地的斗争，只是一位信口开河的主观主义者，他现在肚子吃得饱饱的，身上穿得暖暖的，也在随声附和地大骂违反毛泽东思想。让他去胡说八道罢，谨慎点罢，防止某天一跤跌倒，跌落自己的牙齿啊！

从大汾突围出来，这时只有五百余人。越过上犹、崇义大山，从南康上游渡过章水。时值腊月三十日过大年时节，离河岸不到三里即一大村庄，有数百户，大地主家大摆筵席，庆祝年三十晚。红军一到，他们当然跑了。从井冈山突围以来，已有二十日，在敌不断追击、侧击下，饥疲交困已达极点，遇此机会，大家是喜笑颜开，饱食饱饮自不待说。在吃饭时，我说要快走，离开这村五里也好。其他同志都不同意立即走，主张明天拂晓走。我说："此地离粤赣公路线敌军据点，远者四十里，近者才三十里，渡河地某镇有电话，恐已通知敌军。我军渡河近三小时，敌军可能已经出动，晚上十二点，敌军可能达到此地将我们包围住，明早拂晓攻击。过去敌军不敢轻率，现在是打破井冈山的时候，反动派气焰高涨，敌军劲头很大。"他们都说，拂晓前出发没有问题。事实是，大家都很疲劳，把紧急情况看成了一般情况。平日滕代远同志对军事行动从不干预，这次他也不同意，把我气得难以形容。

这天晚上我没有睡，也不能睡，到各连去看，都睡得很死，甚至守卫的也睡着了。我在外面走来走去，大概一点了，爆竹声中飞来子弹声，我即叫号兵吹紧急集合。在村外刚集合，敌军赶到，枪声一响就有些乱，我告向信丰方向前进，贺国中说，你带队走前面，我走最后掩护。走了约十里，贺赶来说，就是不见李光来，他可能带走了一些部队。天亮了，集合队伍检查，仅剩二百八十三人枪。其余半数李光带了不知走向何方。他们说，等一会，或者派人去找吧。我说：都不是办法，只有走出危险界。

走了约十里，有些小部队在前面山上一字摆开，望远镜中看到，很不整齐，知是民团，一冲就逃跑了，敌人也疲劳了未追。我们占领了有利阵地，隐蔽休息，赶快煮饭吃。一个半小时出发，走信丰东南之小河镇（信河之渡河点），向东走，经重石镇，向会昌方向走，然后向兴国去找地方党。这是一个大方向，使每个同志都知道。后来知道李光带了与我们相等的人枪，向广东南雄地区去了，群龙无首，不到一月全部被消灭，李光下落不明。那天如果预先告诉了大方向，可能不致如此，这是领导者不周密所致。

二月上中旬之间，我们到了于都之桥头。该地有党的秘密支部，有小游击队，对周围情况熟悉。他们替我们侦察敌情，准备向导，以便一旦发现敌情，随时可以行动。并替我们收买了近千发子弹。

休息了两三天，敌人又来了，我们转移到兴国县的莲塘和东山，该地也有地下党支部，并与赣南红二、四团（小部队）取得联系。在白区有无地下党组织显然是不同的。在这里休息了大约五天，白军刘士毅旅来进攻。当地党通知我们，该旅只来五个营，有一个营和民团留守于都城。这时我们还保存三百人，二百八十三支步枪。我们决定当即出发，绕过刘旅主力，奔袭于都城。十八小时走了一百四十里，夜半到达，出敌不意，突然爬城袭击，立予猛攻，消灭该旅一个营、靖卫团和县警备队全部一共六、七百人，缴获三、四百支步枪，还缴了两挺轻机枪。县长逃脱。我被敌数旅之众，穷追堵击一月有余，刚一落下脚来，即进行一百四十余里之奔袭，而且是攻城，这是完全出敌意料之外的。可见没有准备的优势并不等于真优势，有准备而加勇敢的军队，可以打败无准备的优势之兵。

此役之后，于都一带群众，对这支红军称为天兵。红军对敌军伤兵，给他们上药，每人还发了两元零用钱。发了传单，向他们作了口头宣传。又将死者收集到一处，等刘士毅旅回城处理。俘虏兵三百余人，看了无不感动，其中半数以上当了红军。

在井冈山突围以后，连遭败仗，力争打了这样一个胜仗，意义很大；但必须谨慎，不轻敌，才能保住这个胜利。估计敌主力一定回城救援，在下午约三时至五时之间可到于都城。我军须在午后三时以前渡过于都河，进到小密宿营。这时，已是午后二时余，一切准备就绪，就是找不到党代表滕代远同志。时间紧迫，最后在邮局收发处找到了他——因收集文件报纸时不慎，驳壳枪走火，从胸前洞穿，负重伤，倒在房内。

我渡最后一船，渡河完毕已近三时。刘旅先头部队四时返城，隔河相望，甚有意思。刘旅只射击，未敢渡河追击。

我们主力到城南三、四十里的小密，已近黄昏，小部留河岸警戒。此地依山傍溪，群众全无惊慌，见到红军不但不跑，反而喜笑颜开。黄昏后，地下党支部书记来接头，他问我们是那里来的红军，告以实情。他说："昨晚听到城内枪声激烈，今早城郊有人过往说，昨晚红军打开了城，我不大相信，还以为是白军自己打仗。"我说："你们能帮忙吗？"他说："可以。党支部有二十余同志，还有农民会组织。"我说有二十余重伤员，其中有军党代表滕代远。他说："有办法安置，群众好，我们会用一切办法保证你们的安全，医药也可设法买到。"我说还有余枪，昨晚缴获三、四百支枪，破旧的烧毁了，完全好的枪还有百数十支，交你们保存。他说："我们有党员和可靠群众，每人保存一支。"他又说："能不能给几支枪，组织秘密游击队？"我说，可以。他说："离这里四十里，还有

六 上井冈山

地下党区委。"我说:"就是子弹少。"他说:"子弹不给都行,这里有钱,可收买零散子弹。"他问:"烧毁了多少枪?"我说:"在于都烧掉了约两百多支,放走了约五百俘虏,如早知道这里有地下党,就不会烧掉了。"他痛惜极了,说:"我们不知道,实在可惜!今早我为什么不派人或自己进城呢!老彭呀!我们老想搞几支枪,总是没办法搞到手,如早搞到几十支枪,这里就成为苏区了。"这时,贺国中进来了,他说,布置了警戒,同俘虏兵讲了话,大概有小半愿当红军。我介绍了上述情况,他高兴地说:"这下好了,我正在想伤员怎么办!"

代远同志伤重,但无论如何不肯留下,要随队去,他说:"现在负责人仅你和贺国中两个人怎办?"我说:"你的伤太重,在胸部洞穿,还不知伤了肺没有,随军行动好不了,且有危险;伤好后仍回五军,现安心养伤。"算是说服了他。邓萍有小病,见当地有党又有群众,无论如何要求到地方工作,或留地方医治休息一时期。一直劝说到天明,他还是要留下,只好让他留下了。留了近百支枪给地方,以后发展为赣南独立团,成为黄公略第六军之一部。

从井冈山突围后自己的感受:从井冈山突围到于都桥头约三十天,没有根据地的依靠,得不到群众的支持,使红军作战、行军都遇到很大困难。撤出平江时,第四团失去联络,地方党和群众把他们带来龙门归队;这次李光率领部队失去联络,就没有人去带路把他们找来归队。开始认识到根据地和民众的重要,但在当时还没有农村包围城市的战略思想。敌攻占井冈山时,成了反革命高峰;红军奔袭于都胜利后,即由防御转为进攻,对根据地的重要性,在认识上又加深了一层。敌军是拜物教者,你不给他打击,他就不承认你的存在;只有他受到打击之后,他才承认你的存在,这是千真万确的道理。

于都城战斗胜利后，为了安全、休整、争取俘虏当红军，决定拂晓后离开小密。小密群众虽然好，又有党的地下支部，就是离于都城太近，又是在路口上，故决定移到会昌、信丰、于都三县交界之牛山，离小密东南三十里。该地在大山之中，警戒比较容易。同时，离开小密可以转移目标，避免白军来小密一带"清剿"，使隐蔽在该地治疗的伤员也安全些。到牛山时，民众插红旗表示欢迎，称红军为大兄。我们在此一连住了十来日。该地群众生活很苦。牛山普遍有三鼎会门组织，在赣南各县这种封建社团也很普遍。他们说：五百年前都是洪家，以后分为共产党和三鼎会，就是由洪字分开的，因此，三和共是一家。他们对共产党打土豪、分田地有赞成的，有不赞成的和反对的，反映了他们内部的阶级矛盾。在牛岭的十天左右时间里，作了些宣传工作，贫苦农民参加红军者十余人，俘虏兵当红军者百余人。

从代远在于都收集的报纸、信件中得知，"会剿"井冈山的湘赣白军已回防，湘、桂军阀间，蒋、粤、桂之间都有矛盾，刘士毅旅一个团驻于都城，旅部和缺一个营的团回驻赣州城。似此，再没有力量来追击我们了。把报纸上收集的材料综合起来讲了一次。军阀战争在酝酿中，新的形势要到来。这时我们人数虽然很少，倒很团结。讨论了于都战斗经验，批评滕代远同志不该一个人去邮局检查，几乎丢了。也批评了我，不该首先上城，这是拼命主义。讨论了李光失去联络的原因：当晚是年三十，伸手不见掌，李光那连走在中间，他走在先头，在去广东和信丰路口，他一定往南走了，看不见队伍，他以为自己掉了队，就使劲赶，结果越赶越远了。主要是看不见。以后，这样黑夜行军，每人背上要有一块白布，走先头的部队要带石灰，用石灰把分路口横断，最后的同志带扫帚，把石灰扫了。可见，这时大家还在想李光这个问题。讨论说，时局好坏，每人经常准备两双草鞋，只要不出李光这样的事（不掉队），有草鞋，又有炒米（干粮），什么坏时局也不怕。又说，注意打土豪时替军长搞匹马。我说，明天去袭占安远城，解决夏衣问题，大家就说，准备石灰筒写标语。这些意见都是战士自动提的，这里表现了团结一致，人人对革命负责（那时还没有"干部"的字眼）的精神。

赣南气候在二月下旬就只着单衣。我军又奔袭了安远县城，消灭靖卫团、警察等反动武装。在这里住了十天左右，放出了在狱犯人，缝制了夏衣。收集各种报纸，分析蒋桂矛盾日益严重，江西省军阀内部亦有矛盾。我们准备打回井冈山去，恢复湘赣边区。某日，在县署反动文件中，发现有红四军在汀州消灭郭凤鸣旅，郭本人被击毙的消息。

在我军进占安远城后，头两三天并不顺利。反动靖卫团强迫成万农民围着城，日夜打土炮。我们站在城墙上，对他们喊话也是无效。贺国中率领两个大队突出城外，打死反动团队数十人；捉了几百农民进城，给他们宣传解释；将没收反动商店和地主的财物分给他们。这样做了两三次之后，围城的人就自动瓦解了。农民很勇敢，也很贫苦，在他们略有觉悟之后，自动来参加红军的有二、三百人。安远城和北乡原有少数党的组织被敌破坏，党员被杀害者不少。县委还留有三个同志，逃在南乡、寻邬边界，又发展了十余人。

在打散反动派围城之后，县委杜同志来城汇报情况，谈到他们县委靠砍柴和烧木炭卖维持生活，很艰苦。我们给了二三十两鸦片

烟（从反动县政府没收来的）和二百元作为党开展工作的经费。他
退还二百元，只拿去那点鸦片烟。杜同志说："砍柴烧炭卖，可以
勉强维持生活，现洋留着给你们作军费，鸦片烟卖掉之后，买个油
印机和救济几个死难同志的家属。"他们的艰苦卓绝，真是令人感
动。后来我在湘赣边和湘鄂赣边苏区，介绍过这个县委的艰苦工作
的作风。在一九三一年粉碎三次"围剿"后，红三军团又到会昌、
安远、寻邬等地开辟新苏区，这位杜同志还在领导安远县的工作，
这里很快成了苏区。在王明路线统治时期，他被诬陷为 AB 团被杀
掉。这样惨痛的事，在王明路线时期不知有多少！一九四二年整
风审干运动，毛主席的方针是：大部不捉，一个不杀，还向被整错
了的同志道歉，使这些被整错的同志甚感动。两者对比，毛主席的
路线贯彻了实事求是的精神，多么伟大。

红四、五军第二次会合于瑞金城

我们得到红四军的确实情况后，即改变了打回井冈山的原定计
划，经会昌进占瑞金县城，与古田、汀洲靠近。数日后，红四军从
长汀经古田来瑞金第二次会合。此时，红五军由三百人又发展到
七、八百人。毛泽东同志将中央二月来信给我看，来信对当时时局
估计有些过于顾虑，为了减少目标，要朱、毛离开红军，把红军分
散在农村。我写了一封信给中央，大意是时局紧张，主要负责人不
能离开部队。有共产党领导，有正确的政策，红军是能坚持的。当
年北方有一个白朗[42]到处流窜，以他为比说，他尚能坚持，我们
为什么不能坚持？信是由四军前委转的，原稿留毛主席处。

这是我第一次直接写信给中央。我向四军前委汇报了撤出井
冈山的经过。毛党代表说，这次很危险，不应该决定你们留守井

冈山。

在瑞金，我们住了约一星期。四军到后，住了两天即开于都。在途中某地，没收锺姓地主谷物分给当地贫民。不知是地主同姓的狗腿子还是受蒙蔽的群众阻拦分谷，在分谷时，就发生了械斗（赣南地主操纵的姓氏斗争很严重）。四军司令部一个负责人，未经调查研究，即令将拦阻分谷的人枪毙了两个。红军不在当地停留，只是路过该地，此事很易被反动地主利用，造成械斗，模糊阶级斗争。午饭时，我和朱军长、毛党代表一起吃午饭。那时的午饭，各自用洗脸手巾包一碗饭，到时休息就地吃，也没有什么菜，吃冷饭，喝冷水。在午饭时，毛主席得知此事，当时给乱杀人这件事以严肃的批评，没有任何情面。对人民群众如此认真，给我的印象很深。我觉得这是一种好作风，是一种正确的政治态度。这次是直接给我的第二次印象（在井冈山是第一次）。

到达于都县城附近时，我提出率部打回井冈山去，恢复湘赣边区政权，当即得到红四军前委同意。

回师井冈山　恢复湘赣边区

从于都过河，又经小密，该地群众已经公开组织政权和游击队，群众对红军十分热烈。寄在该地的伤病员也好了，特别代远同志，笑容满面回到部队。这时部队约近千人，穿着崭新的灰色军服，戴着荷叶帽，有些学生模样，别具丰采。

我们告别了小密群众，感谢他们对伤病员的照顾。他们也说，红军帮助组织了游击队对付靖卫狗子。现在我们公开了，秋后不再送租了，以后还要分田。军民间谈得热火朝天，恋恋不舍，有些青年送了上十里路，还不愿意回去。这当然是滕代远等同志在医伤期间做了不少工作。在这里看出农民是多么需要共产党的领导，又多么迫切需要武装。有了这两条，他们由秘密而争取了公开，建立了政权。

在小密，邓萍同志要求回队，我们开了欢迎会。我讲话，大意是困难到极端的时候，就是转变的开始，只要再坚持一下，就胜利了。井冈山被敌攻破时，是我们极困难的时候，只有三个多月变了。当时我们退却，敌人追击；我们对于都城来了一个奔袭，取得了胜利后，敌人即由追击进攻，转变为退却，我们由退却转为进攻。经验教训就是要团结，要坚持，要坚决；不要动摇，不要松懈，不要涣散。这次绝大多数同志是坚决的，也有个别人不坚决。

这次又经过牛山，群众高兴，拉着红军衣服说，你们不要走了。经信丰县城以北，不意遭遇靖卫队三四十人，把他们全部消灭了，净是一些九响枪，交给信丰党了。他们有游击队六、七十人，有梭镖和土枪。队长郭一清同志，是信丰的群众领袖，代远同志同县委接头时，决定郭随五军行动一个时期，再回信丰。郭以后在红五军当团政委，第一次占领长沙后，在撤出时阵亡了。甚为痛惜！

这次回井冈山和上次退出井冈山的形势完全不同，除在信丰消灭靖卫队数十人外，沿途再未遇见敌军。像屡次行军一样大概未出十日即到达井冈山，在茨坪住了一晚，会见了王佐。他的特务营没有什么多的损失。井冈山区群众被敌摧残得很厉害，湘赣两省白军在占领时，特别撤退时，进行了彻底破坏，烧光、抢光，屠杀也很惨；疟疾普遍流行，无药医治；无盐、无布等生活必需品。那时的井冈山，人口还不到两千，拨了两千银圆救济老百姓。

翌日到砻市会见边区各方面的一些干部，对情况了解比较全面了一些。永新地方工作是边区比较先进一些的县，还保存一个区比较完好，其他区有的搞垮了，有的转入地下。莲花、宁冈大体都差不多，有坚持零碎公开活动的，也有转入地下活动的。总之，敌人并没有把边区完全打坍。被敌捉去的一些革命群众和基层干部，关在酃县和汝城。县级和区级除少数叛变者外，大多数还保存。最大困难是日用品奇缺，特别缺盐、药、布等，迫切需要解决。

红五军守黄洋界之二大队李灿、张纯清部还存在，伤亡二十余人，无其他损失。守八面山之彭、李大队在敌攻破八面山时，从险坡绝壁转入敌后，因队长、党代表是祁阳、宝庆一带人，想回本乡去打游击，这是地方观念和对湘赣边继续坚持斗争缺乏信心的表现。他们冒险脱离边区进至衡阳以东（现在的衡东县），被敌包围消灭了！此事，于一九五五年四、五月间，我发现守八面山大队的政治委员李克玉，在海军航空兵中工作，这说明：该大队不是全部被消灭而是被打散了，或者大部或一部被打散了。永新、莲花、遂川地方武装各损失一部分，主要部分还保存了。我和滕代远带领突围之三个大队，除李光因失联络，带走一部分受到损失外，其他主要部分不仅保存了，而且扩大了一倍以上。把五军改为四、五两个纵队，贺国中为四纵队长，李灿任五纵队长；还有一个特务大队，共约一千二、三百人。

当时蒋、桂矛盾尖锐，蒋以鲁涤平率第二军离湘主赣，何键依蒋得主湘。蒋利用何协攻广西，蒋桂矛盾扩大为湘桂矛盾。这无疑对湘赣和湘鄂赣两个苏维埃边区的发展都有利，不应放过机会。湘赣边区当时的具体困难，也只有从发展中才能减少。军队与地方须要开一次联席会议来统一认识和行动。我和滕商得一致，以红五军党代表和军委名义提出开联席会议，讨论如何恢复边区工作。会议决定，五军和王佐特务营（二百余人）共同行动，先攻占酃县、桂东，消灭民团，救出在狱革命群众和干部，筹款和征集必需物资。攻克两城除救出在狱同志外，缴获物资不多。故又决定袭占广东境内之城口。城口是广东省向湘东南出口之小商埠，有三、四百户，在城口缴获步枪数十支，子弹三万余发，筹款约三万元。打听到南雄无正规守军，又决定夺取南雄。占领五天。在城口与南雄买了大批药品及盐布，特别是奎宁（治疟疾特效）和阿德林。在南雄筹款及收集物资与城口大致相等，缴获的枪支子弹少于城口。所得的物资枪弹，是五军与王佐两部平均分的。给王佐部以优厚分配，王佐对此很满意。其余按边区统一计划分配的，也是和王佐共同商决的，他也是满意的。这次行动五军对王佐部的政治影响是好的。

当时恢复边区的工作方针是：向外扩大苏区，从发展中来达到恢复和巩固老区。上述行动花了一个半月时间。

回到莲花、永新、宁冈三县交界处，时值七月初旬，其热如焚。拟短期休整，编为两个纵队，九个大队。每纵队辖四个大队，纵队长是李灿和贺国中，党代表刘宗义和彭遨；军直辖一特务大队。

攻打安福

编就几天，特委召集联席会议。此次会议有特委、永新县委和五军军委、我和滕代远参加。特委书记是邓乾元，五军军委是滕代远。邓提出五军应根据向外发展的方针，夺取安福，说该城只有一个营，兵力薄弱。我反对进攻安福，理由是：吉安有敌一个师部和一个旅，永新、莲花县城各一旅两个团；安福城虽小，城墙高且坚固，不易攻克，守兵一个营不一定确实，且有民团，我攻城时，敌必从永新、莲花、吉安三面来援；我力量小，攻城即无力打援，可能陷入被动，对现在有利局势不利。城北侧溪河，水深流急，下雨即不能徒涉，即使攻克了安福城，也不能巩固。他们的理由是，打安福城时，敌必放弃永新、莲花向吉安撤退。我说，敌援安福，三面夹攻我军是肯定的，没有消灭敌人相当的兵力，敌不会放弃莲、永两城。争论的结果，他们是全体，我是完全孤立的一个人，就采取少数服从多数，决定了一次非常错误的行动，几乎全军覆灭（此事滕代远还在，可以进行调查）。那次行动本来应向遂川、泰和方向发展，或者向酃县、茶陵方面发展，这两方面都没有敌军主力。赣州只有刘士毅旅五个营，另一个营在于都被消灭。蒋桂矛盾很大，何键拥蒋牵动了湘军援蒋打桂，而茶陵、酃县固无守军，安仁、攸县、醴陵守敌亦不多。他们硬是不同意向敌薄弱方向发展。

约在七月中旬进攻安福。敌派一个营离城三十里迎击我军，先我占领了一小高地，一接触即向安福逃窜。我军追至安福城边，发现守城敌军有一个团还多，而且是严阵以待。知中敌阴谋：诱我攻坚，调莲、永敌攻我背。我们当即决定立即撤退，当日黄昏向来路撤退三十里，在严田和安福间，立即造饭。时已夜半，拟拂晓前向来路撤回苏区，避免莲花、永新敌军夹击。拂晓前出发，我随黄云桥大队长走在前面，行不到一里，敌已预先埋伏，枪声一响，永新、莲花、安福三路敌军同时猛烈射击。幸黄云桥率大队异常勇猛，冲入敌阵，我后续部队一齐猛攻，将敌阵打开了一个缺口，杀出一条血路，退回永新根据地，突出了敌三面包围、北面侧溪河涨水不能徒涉的十分危险的境地。

此役伤亡三百余人，纵队长贺国中阵亡，李灿负伤，参谋长刘之志阵亡。十一个大队长，九个负伤。敌军行动如此迅速，部署如此周密，出人意外，如果不是预先知道我军的行动，是难以设想的，我怀疑是否有内奸。

打安福后，部队集结永新城西，纪念七月二十二日的平江起义。

这一年（一九二八——一九二九年）中的经验教训是不少的，这一年也是最艰苦的一年。

七　重返湘鄂赣边区

回到湘鄂赣边区

一九二九年秋，从湘赣边区率四、五两纵队回湘鄂赣边区。七月份，四、五两纵队集结永新、宁冈、莲花边界——也就算是苏区中心区，休整了一个月。八月张辉瓒师、谭道源两师共四个旅开始向我军进攻。第一线三个旅齐头并进，一路经永新、一路经莲花，向我休整地夹击；第二线一个旅为策应。我军约一千一百人左右，从敌军间隙中进至潞口砂（莲花县城东约四十里）潜伏，待敌主力进占莲花时，我乘敌之不意，袭击敌之后尾。当晚敌之尾后一个营和辎重进至潞口砂宿营，我已在敌前进路侧预先埋伏，乘敌集合出发时，猛烈射击。该敌大乱，我军猛烈冲杀，半小时全部歼灭该敌。敌全师辎重全被我缴获，可惜当时群众因敌军进攻，上山打埋伏去了，无人搬运，除尽量埋藏外，也顾不了打扫战场。此役是"避强击弱"，又打中了敌军要害——辎重，但如不扩大战果，仍然打退不了敌军的进攻。只有不顾小利，照顾大局，决心"避实击虚"，"攻其不救"，才能调退进攻之敌。遂迅速北进，攻占宜春、分宜，消灭地主武装，后又攻克万载。先威胁樟树，进一步威胁南昌。进攻湘赣边之敌，乘夜退回吉安。这次敌军被迫放弃了永新、莲花两城。此时，湘赣边苏区、并宁冈有三个完整县。

我们乘胜进到铜鼓地区，回到离开一年多的湘鄂赣边区，时已九月。此时红五军有相当能力消化俘虏兵，故部队易于补充。九月下旬，召开特委和五军军委联席会议，介绍两个边区及红四军经验，主要是军队做群众工作经验、建设根据地经验（包括筹款）和军队政治工作经验。交换了情报：边区工作有了进步，留在边区的红五军六个大队无增减，地方游击队稍有扩大；盲动主义残余虽未完全肃清，但比一九二八年要少得多了，什么"杀，杀，杀尽一切反动派"，什么"烧，烧，烧得×毛×光"，这类极不文雅的盲动主义口号也看不见了。我们分析了形势：蒋桂矛盾已很紧张，蒋介石嫡系钱大钧军集结衡阳，湘军吴尚第八军集结祁阳，蒋桂军阀战争，大有一触即发之势；江西方面第二军鲁涤平部和滇军朱培德之第三军也有矛盾，客观形势有利于革命发展，扩大游击战争和苏区。

红五军军委抓住了这一有利形势，认为红五军的主要任务是要把井冈山脉、幕阜山脉、九宫山脉打通，把湘鄂赣边、鄂南区和湘赣区南起井冈山，北抵长江联成一个长块；在此地区放手发动群众，消灭地主武装民团，分配土地，建立党，建立政权，建设比较巩固的根据地，配合红四军前委一年夺取江西的计划。为适应上述情况和任务，把五军编为五个纵队，每纵队辖五个大队；另一特务大队、一干部训练大队，共三千一百人左右。划定各部游击区：第一纵队司令孔荷宠，活动于平江、修水、通城地区；第二纵队司令李实行，活动于浏阳、万载、萍乡地区，原该纵队司令黄公略调任五军副军长；第三纵队司令吴溉之，活动于铜鼓、宜丰地区；第四纵队司令郭炳生，活动于湘赣边苏区；第五纵队司令李灿，活动于鄂东南之阳新、大冶、通山、通城、蒲圻、咸宁和江西之瑞昌、武宁等地区。

当时全五军三千人，还不及平江起义时多，但经过一年锻炼，质量大为提高。主要是同人民群众相结合，它所起的作用就大不相同了。以井冈山为旗帜，主要的就是同人民群众相结合。结合的关键在打土豪分田地，政治上打掉地主阶级的威风，经济上没收其财产分配给农民。湘赣边区实行土地平均分配，就是实行"耕者有其田"。湘赣两省白军"会剿"时，永新有一个区没有被搞垮，主要原因就是实行了这一条。这个方向大家认为是对的，但以它为榜样，具体地向它学习不够，主要表现在没有认真做土地改革工作。

这次战略部署是正确的。半年之内，扩大了苏区，使三个苏区[43]基本上打成了一片；扩大了主力红军，地方武装也有很快的扩大。当时五军军部位于铜鼓地区为指挥中心，十一月中旬，我将上述部署以及与红四军会合后的经过，写信报告了中央。信是由湘鄂赣边区特委书记王首道同志代交的，信中并说到我入党及平江起义的大概过程。

五军军部住下不久，十二月中旬，从各方收集的情报，知吉安敌军又在蠢动，准备进攻永新苏区。我和公略、代远、邓萍率吴溉之第三纵队、军特务大队、干部训练大队，（培养连排长、政治委员）经株潭、宜丰、莲花城以东之严田，到达永新城以东靠拢四纵队集结，准备配合第四纵队迎击进攻之敌。当时吉安敌军似系谭道源师，他以为红军主力北进了，对湘赣边苏区又轻视起来。该敌刚从吉安城出来十余里，被我四纵队袭击，消灭一个整营，并有小部分缴获。敌即缩回吉安城，没有再出来了，可能是发现我主力集结。我即分途消灭遂川、泰和两县地主武装，发动群众建立政权。地方武装在泰和、万安夹赣江有相当大的发展。

赣南特委和湘赣边特委要求组织第六军，派黄公略任军长，另派一批干部。当时湘赣边特委书记是朱昌偕，王怀、周高潮等为常委。上述要求是他们亲自前来提出的。五军军委满足了他们这个要求，除派黄公略外，还派了一些高级干部如李聚奎、王如痴、陈振亚等，另派干部训练大队全部，人枪各百余（六军后改为三军，归一军团建制）。这大概是一九二九年十二月上中旬的事。

我们在天河过的旧历年。

一九三〇年春，我们率三、四纵队集结于永新、安福边界（离永新县城三、四十里），整训休息，做群众工作，准备夺取安福和袁水流域各城。当时，蒋、冯、阎军阀间之矛盾日益明显，江西鲁涤平令靖卫团坚守县城。特委准备召开县以上党的联席会议。约二、三月之间，中央巡视员潘心元来到五军军部，住约一星期。我们将黄公略成立第六军的情形告诉了他。潘说，成立后应归五军指挥。我说，主要看情况。六军在赣江以东活动时，归四军前委指挥比较方便；如它到赣江以西行动时，可归五军军委指挥；六军也可以指挥在湘赣边的五军部队。

和中央巡视员潘心元的谈话

我和潘心元谈过多次，上述只是一次。

以后，我和潘谈到平江起义后，这一年多来，斗争最艰苦、最激烈，得到的经验教训也不少。主要是武装斗争方面：没有根据地，武装斗争就不能持久；没有武装斗争，也建立不起根据地。湘赣边和湘鄂赣边区的建立，就是这一经验的证明。武装斗争要有分工，即要有主力红军和地方游击队、赤卫队。没有主力红军打不开局面，粉碎不了白军进攻；没有地方武装，镇压不了反动的靖卫团、挨户团及地主富农的反水，也就保卫不了根据地。现在主力红军同敌军来比是弱小的，要研究如何以弱小的红军战胜强大的白军。我举了奔袭于都和去年八月潞口砂的伏击仗，这都是以弱胜强，出敌不意，又是攻敌要害，也就是攻敌必救的痛处，结果打退了敌人的进攻。这种打法是旧式军队不懂得的。战机是经常有的，即敌军弱点是经常存在的，就是不易发现和不易及时抓住。红四军抓住了歼灭郭凤鸣旅的战机，就开展了创造闽西根据地的局面。我也举了去年六月进攻安福失败的教训，如果那次红五军这一千三、四百人的主力被消灭了，对湘赣边区的巩固和发展，就要增加多少困难！今天红军主力作战，务求每战必胜，这当然是难事，但须反对去年进攻安福这样的冒险主义。我们是由旧式的国家反动军队起义来的，一切由有后方供应，变为无后方供应，任何补给全靠自己，这是一件多么困难的事！现在我们初步学会了自筹给养，捉土豪挖窖；自己扩兵来补充自己，争取俘虏兵当红军。

我又谈到，在现在的条件下，要建立所谓巩固的后方，敌军打不进来的后方，这是不可能的。守井冈山的经验教训是很多的，象红光医院那样集中地医治伤兵，在现在的环境下，是不适当的；只能依靠群众掩护，分散医治。我举了小密寄伤员的事实，我们党代表负伤后，也是寄在群众家医治好的。这是一个宝贵的经验。我们准备采用这一经验，再不要起井冈山那样的红光医院了。那样的医院好是好，就是保不了。

潘说，那又怎样叫做巩固的根据地呢？我说，巩固的后方是指军队有固定的医院、被服厂及一切军用物资储备所。巩固的根据地是指白军打进来，我们又能把它打出去；它又打进来，我又能再把它打出去，如此不断反复，人民群众始终拥护我们：对红军掩护、侦察敌情，对白军袭扰、封锁消息，对当地反革命分子，群众自动看押，甚至镇压，这样的根据地就算是巩固的。如果长期不能打退白军而被它长期占领，那就变成游击区或游击根据地了。如井冈山那样的，只算军事后方，我们守了三天，被敌打破了，即算三天打不进来，三十天也是会打进来的。

潘说，守井冈山就是错的啦？我说，守井冈山有正确的，有错误的，然后又是正确的。经过这样的过程：开始以红五军五个大队守井冈山既设阵地，吸引敌人攻坚，疲劳消耗敌人，是为了使我转入外线的红四军能机动打击敌军，配合红五军打退敌人围攻，这是正确的。后因敌情变化，红四军受到李文彬旅的袭击，他们放弃配合保卫井冈山，经赣南出闽西。他们当时只有这样做才能摆脱困难，保存自己。这时，红五军就成了孤军困守井冈山，敌军优我三、四十倍，那它总会把井冈山打下的。在这种情况下，坚守井冈山就成了错误。我们当时不明了红四军的情况，如能及时了解情况，早一两天突出包围，那就要比较安全些。井冈山有五条要路，三条被敌攻破了，五军决定突出重围，保全红军，避免被消灭，然后再图恢复边区和井冈山，这是正确的，这是完全必要的。这样的事，在当时并不是那样容易决断的，如果预先没有一点准备，就很难设想。

可是，事过四十年的一九六九年国庆节后，《人民日报》的通讯员，说这是不要根据地，违反毛主席指示！照他的意思是不要突围，而要同敌人把自己拼光。那才是要根据地，那才是执行毛主席指示？他自已违反毛泽东思想，却自封为毛泽东思想，他是投机分子，不知人间还有羞耻事。

又一次我和潘谈：我们还不大会做群众工作，只是做了一些宣传工作。至于如在农村中建党、建政、分田，还未入门呢。今年局势要是稍微缓和一点，我们要抓紧学做群众工作，特别是分田。

他也谈了一些时局问题：蒋桂战争终久会妥协，蒋冯阎虽有矛盾，不一定会爆发战争。他说要回上海去，其他地方不去了。我问从哪条路走，他说，想回浏阳老家一趟，然后走鄂东南回上海。他没有见过黄公略，那时黄已在赣江以东，万安县境内。

袁文才、王佐事件

在潘心元走后大约三、四天内，一九三〇年三月初，我们正将三、四纵队集结于永新、吉安、安福边境，在进行夺取安福城的攻城练习。某晚深夜，边区特委书记朱昌偕、秘书长陈正人（似乎还有王怀或其他人，记不清楚了）来我军部，向军委报告情况。当时公略已去六军，代远、邓萍和我在。他们谈袁文才、王佐要叛变。说袁、王在永新县城县联席会议上，强迫特委决定把边区地方武装归他们改编统率。王佐讲话时，把驳壳枪在桌子上一摆。现在永新城内驻的是袁文才、王佐部队，如不承认这一条件，袁、王有将参加边区县以上联席会议的同志一网打尽的可能。事情万分危险，请求五军立即出动挽救这一危局。我说："去年五、六月间，王佐率特务营和五军共同行动打鄱县、桂东、城口、南雄时，还不坏，不算太蛮横，不致如此严重吧！为什么变化这样快呢？"朱倡偕说，这完全是袁文才从红四军逃回以后挑拨起来的。红四军前委于一九二九年一月讨论"六大"决议时，将其中有关争取土匪群众，孤立其首领一段删去未传达（讨论"六大"决议，袁、王参加了，删去那段是四军前委常委决定的），袁文才在红四军政治部找到原文对出来了。袁文才从红四军逃回后，将那段原文念给王佐听（王佐不识字），对王佐说："我们怎样忠心，他们也是不会信任的。"我说：打南雄回来以后，约半月，有一天近黄昏时，我一个人到王佐处，我想把王佐同袁文才的关系搞好一点，王总是撇开此事。黄昏以后，红五军司令部派传令兵来接我回去，王部警戒兵喊口令："站住！"王佐很紧张，立即把手枪拿出来，左右人员也把枪端起来了。我知道他有怀疑，坐着未动，说："这里没有敌人嘛！"又问："传令兵同志，你来干吗？"传令兵回答说："党代表要我来接你，怕路上有狼呀。"从上面事情来看，王多疑是肯定的。

事情这样突然，时间这样紧迫，这样的事情，很不好处理。当时，军委开了临时会议，我与特委共同决定，派四纵队党代表刘宗义（张纯清）带四纵队一部分（离永新城三十里）接近县城，守住浮桥。等天明时再和他们谈判，弄清情况后，再行决定。据说四纵队一部刚到浮桥边，袁、王察觉，即从城内向桥上冲来，一在桥上被击毙，一落水淹死。袁、王部有二十余人系井冈山老土匪，冲出城外逃回井冈山去了。其余部分在城内未动。

特委向部队说明袁、王"罪恶"后，将其部队改为湘赣边区独立团，受特委直接领导。以前我们没有预闻，以后我们也未干预此事。

红四军离井冈山前，毛主席向袁文才做了很多工作，才争取了袁随四军出动的。在部队出动前，毛主席同我谈过。毛主席说，袁这人很狡猾，名堂很多，他已同意随四军政治部工作，这就可减少井冈山以后工作的困难。这是在红四军离开井冈山时，我去送行，在茨坪房子外面荒土上，我们坐在地上谈的。这样做是想争取袁文才进步，使他离开旧基础，改换新环境。

一九三一年粉碎第一次"围剿"后，项英来到中央苏区，富田事变的领导机关和部队（二十军）撤到河西永新。在讨论如何去争取他们时，我就便同毛主席谈了袁文才和王佐这件事。毛主席说，讨论"六大"文件时，不应该要他们参加。在红五军四纵队靠近永新城时，袁、王那样惊慌，是可以怀疑的，袁文才从红四军逃回井冈山，也是不怀好意的，袁是一个知识分子，在袁未逃回以前，王佐随五军行动时，还是表现好的，对五军是不怀疑的，那次随五军到南雄，是王自己提出来的，我们未向他建过议，要是王过去有怀疑，他就不会随我们出去。

在庐山会议以后，在北京召开的军委扩大会上，有人说彭德怀为吞并袁、王所部，不惜杀害袁、王。此案必须请求审委弄清楚，我要是从袁、王所部拿回一杆枪，甘愿偿命赔罪。此事还有陈正人活着可查明。假使当时特委同志所报非实，那就特委同志也有责任，我们也有轻听轻信的责任。假设这些合于当时事实，那么就同一九三〇年敌人进行第一次"围剿"之紧急关头时，总前委在桥头决定解散二十军的情况，大致是相似的。

我第一次到井冈山和第二次到井冈山恢复根据地，是完全拥护毛主席对绿林部队耐心改造的政策的。只有用共产党的阶级路线和具体政策，才能逐渐提高绿林部队的政治觉悟，促其思想进步，才能逐渐分化和改造他们。什么"争取其群众，孤立其领袖"，这只是教条主义的阶级路线，而不是具体的实践的阶级路线。

边区全盛时期与中央四月来信

在袁、王问题解决后，只过三、五天，三月初，我率三、四纵队攻克安福城，消灭守敌一个营和靖卫团共约六、七百人。这时湘赣边有六个县城——永新、莲花、宁冈、泰和、遂川、安福，还有茶陵、酃县、万安等各半个县，这是边区全盛时期。

红军继续攻克新余、分宜，三月攻占宜春，消灭了这些守城的靖卫队和警备队反动武装，在袁州（宜春）休整十天。四月份占领万载、铜鼓。中旬进攻浏阳的东门市、文家市，歼敌二百余。东门市是浏阳东乡民团反动据点。四月二十日前后，一、二、三、四纵队集中平江县东部之长寿街；四月二十五日前后，第五纵队在进攻瑞昌受挫后，亦从瑞昌、阳新边界到达长寿街，五个纵队共约五、六千人。

此时，蒋冯阎军阀大战[44]已开始，鲁涤平命令民团集中守县城，这对我消灭地主武装，发动群众，扩大苏区很有利。湘赣边苏区和湘鄂赣边苏区，联成了一片，中间没有白军隔断。打通湘鄂赣和湘赣的任务，在军事上已基本完成。地方工作跟不上来，只做了一些宣传工作。从一九二九年秋末冬初至此时，红军主力扩大一倍还多，士气高涨，是平江起义后之最盛时，地方红军也有些扩大。特别是攻克宜春时，正遇着鲁涤平从湖南招来一批新兵，一千余人，全部参加了红军，补充到三、四纵队，这是一种意外的收获。

这时，湘鄂赣边区特委派去上海开会的代表已回到了边区，带回了一九二九年冬我给中央信后中央给我的回信，我们叫做"四月来信"。其中除称赞外，对建设根据地一项说：建设根据地是对的，但不要象你们所说建设在大山中，而要建设在大城市，象武汉这样的城市。从而五军内部就有了争论，也就是开始有了立三路线的影响，我在那时的认识也是比较模糊的。五军军委内部有个别同志开始反对右倾，对个别同志出身于富农成分加以攻击。我说，我们是有成分论者，但不是唯成份论者。他说，这是保护富农路线。从这次来信可以看出，立三路线不是从六月十一日才有的，而是四月以前就有了。不过这信没提全国革命形势，只提夺取大城市做根据地。可见，只要政治路线有了偏差，就会反映到组织问题上，如唯成份论就来了，而且剑拔弩张，不许别人批驳，随便污蔑别人为右倾。

粉碎罗霖、郭汝栋师的进攻

一九三〇年四月三十日，全军向平江县城前进，决定"五一"节夺取平江城。当时守城者是何键部王东原旅之一个团，从上午八、九时战至下午四时，大部被歼灭，少数逃走。这时蒋桂战争虽已结束，但蒋冯阎军阀大战全面展开，客观形势对我是有利的。

在平江城休息两天，即攻江西之修水、武宁。当时该两城各约一营守军附靖卫团守城。消灭两城之敌后，使湘鄂赣边和鄂东南苏区联成了一片。

我们全部歼灭修水城之敌后，武宁守敌弃城逃走了。得知罗霖两个旅四个团、川军郭汝栋部五个团，乘我五纵队离开阳新苏区时，进攻鄂东南阳新、大冶苏区。我们即率四个纵队前往粉碎郭、罗两师的进攻，一纵队留平江开展工作。

红军所过之处，人民群众热烈拥护。浏、平、万、铜、修根据地遭敌严重摧残，多数地区被白军烧得片瓦无存，人民对红军尤爱之如亲人。残存的半升粮米和薯干，自己不吃，留给红军吃。进至阳新县龙燕区，该地群众对红军的热爱，比平江群众有过之而无不及。外地红军到达该区，均不愿离开。群众对伤病人员之照顾，真是无微不至。沿途欢迎红军之口号声、歌声、锣鼓声，响彻云霄。当年天旱，苦久不雨，可是红军路过，茶水满布，宿营用水煮饭，亦不感困难。妇女老小，人手一扇，站立道侧，替红军扇凉。到宿营地时，房屋打扫得干干净净，开好铺，他们自己露宿，决不让红军露营。在营地终日歌声、口号声不绝于耳。不间断地宣传鼓动，对敌军一层又一层地警戒，封锁消息，保护红军。粮食缺乏，农民将自己仅有的一点粮食、薯丝、玉米、稻米，自动地送到各部门首，倒在桶里就走了。白军罗霖部闻风龟缩阳新城内，守乌龟壳。

我们在群众高度热情的鼓舞下，决定进攻阳新城。突破一道道的副防御，攻击终日未下。群众组织了许多担架队，把伤兵争着抬回自己村里看护医治，无微不至，真是比亲人还亲。郭汝栋从大冶前来增援，我们把进攻阳新城改为监视佯攻，主力撤围打援，一次、两次命令都撤不下来。士兵说，一定要打下阳新城，打不下阳新城，消灭不了罗霖师，对不起阳新人民。经过反复说服，主力才撤出战斗，转移至大冶、阳新边境，击溃了郭汝栋五个团，消灭敌小半，乘胜占大冶，猛追至鄂城、黄石港，威逼武昌。在英、美、日帝国主义兵舰掩护下，郭之残部得以渡到长江北岸。当时我军无炮，对帝国主义的舰只无可奈何，只好听之。

在黄石港宣布没收帝国主义的洋行、商店，成千成万农民组织成搬运队。这样大的群众行动，没有破坏纪律政策的行为，这样好的工作真是不容易的。我在这里真正看到了群众的力量。我们占领金牛镇时，没收一家大地主的财物，地方负责人宣布现金归红军作军费。农民挑着铜币、银币，一担一担的送到红军司令部，也没有发现短少。其他财物有计划地分配给了苏区和当地的群众。

八　打长沙

关于打武昌和立三路线问题

一九三〇年六月二十日前后，部队集结大冶、阳新边界之刘仁八和三江口附近，准备休息数日，派往上海出席中央召集的苏区代表会的红军代表回来了。何长工与滕代远先后差一天，都回到了红五军司令部。五军军委召集了扩大会议，滕代远、何长工传达了当时中央会议的精神（立三路线）。总的是中央认为全国革命形势已经到来，要组织全国暴动，自中央到各省、边区等，要组织行动委员会[45]。对国际形势的估计是，帝国主义武装进攻苏联，我们要武装保卫苏联。对国内军阀战争的估计，大意是两败俱伤，自取灭亡。红军的具体任务是：红三军团进攻武昌，配合二、四方面军①夺取汉阳、汉口；一军团夺取南昌、九江。三军团由红五军扩编，辖五、八军和十六军，八月一日要扩大到五万人，准备成立第三方面军。对全国各城市的工人和市民工作、北方农村工作、全国兵运

---

①　当时是二军团和红一军。

工作均没有谈到具体情况。

八月一日要扩大到五万人的问题，当时红军还不过七千人，如何能完成得了？武装保卫苏联的口号不实际，当时并没有帝国主义去进攻苏联，美国严重的经济危机波及英、法，日本正在图谋吞并东北。国内军阀战争不一定会打到两败俱伤，自取灭亡。也看不出我们党在白军内有多少兵运工作，每次消灭白军，都是红军硬打死拼，没看到军队起义配合。上述一切只是感觉，并不是真正理解。

进攻武昌，这是具体的切身问题。当时武昌城有白军五个团据守，修了坚固工事，江面上各帝国主义兵舰满布，长江正是涨水期间，南湖水满，沿江只有一条大堤，只沿大堤才能接近城墙。蒋桂战争结束后，钱大钧军十二个团驻岳州休整，罗霖师驻在阳新城。我军进攻武昌，钱、罗两部必尾后攻击。前有坚城，后无退路，侧长江，背南湖，这比一九二九年一月井冈山突围和六月进攻安福还要危险多了，有全军覆灭的危险。

扩编为三军团，我开始是不同意的。我说，现在红五军不到八千人，仅三团制的一个师；即使发展到三万人，也只有一个军。到五万人再成立军团也不迟吧，何必虚张声势，搞一些空架子。实际上不能提高战斗力，反而减弱战斗力，浪费干部，干部又缺乏。后来我提出一个妥协方案，要消灭鄂东南六县地主武装，发动群众建立政权，扩大红军，占岳州为后方，作打武昌的实际准备。

遵照中央指示，成立三军团，辖五、八军和十六军。第五纵队扩编为八军，第一纵队扩编为十六军，二、三、四纵队改为五军，由军团司令部兼五军司令部。会议通过了这个妥协方案，成立三军团党的前委，中央指定我为前委书记。我在那时并没有认识立三路线的全部内容，仅仅是从打武昌这个具体行动问题，认为是军事冒险主义。对立三路线只是个别问题上的抵制，对立三路线从政治到军事、经济都是一条完全冒险的错误路线，是没有认识的。现在还想着，党中央路线错误，下级党在开始时不容易了解，因为它不容易了解全盘情况；即使了解了，也只能向中央建议，在不得已的情况下，为避免严重损失，也只能抵制象打武昌那样的事。如开始就采取对抗，那就会有分裂党的危险。这个问题究竟应采取怎样适当的办法，到现在我还没有肯定明确的观念。

占领岳州

在刘仁八会议结束后，布置消灭鄂东南六县（鄂城、蒲圻、咸宁、嘉鱼、通城、通山）地主武装，略取岳州为后方。岳州有钱大钧两个大师（十二个团）约四万人，还有王东原旅直属队和一个团。以我们的力量，如何去占领岳州呢？决定红军以一部进占金牛、鄂城，声张要打武昌。蒋军果然受骗，把钱大钧两个师，星夜轮运武汉。岳州空虚，只有王东原旅直和一个团了。约六月底，通山、通城、蒲圻、咸宁等县民团，基本被我肃清。

六月底或七月初，鄂南饥荒缺粮，五军军部驻在通山县城，开了一次前委会议，讨论打岳州的行动问题。这时钱大钧部已调到武昌，大家同意进攻岳州。在占领了临湘、城陵矶，进攻岳州时，消灭王东原一小部分，其直属队和团主力大部在帝国主义兵舰掩护下，乘船逃往洞庭湖中一角之君山。王旅的另一个团，"五一"节在平江已被消灭了。在岳州缴获了钱大钧部的不少弹药、军用物资和许多粮食，缴获七五野炮四门和山炮几门，红军开始有了炮兵。

占领岳州后，英、美、日兵舰仍如黄石港一样，很猖獗，对城岸乱轰。我们隐蔽地架好了炮（当时，还只有我自己和一个朝鲜同志武亭会用炮），待敌舰迫近时，还击了几十炮，大概十发以上打中了兵舰，从此它们不敢抵岸射击了。在黄石港时，我们没有炮还击它。在岳州，红军战士看到我们的炮击中了敌军兵舰，不约而同的打倒帝国主义的口号声，响彻云霄。

第三天，洪湖段德昌处的红军，派两只小鱼划子来侦察，我们用小船送了一些盐和弹药给洪湖红军。感谢段德昌同志，种了我这一颗不大好的种子。他如今早已到马克思那里去了，我呢，还留在人间。

占领岳州五日，缴获的野炮带不走，只好炸毁。山炮则运了两门到平江，一直抬到长征时，丢到川贵边酰水河去了。

在通山县城前委会议上，邓乾元对滕代远、袁国平决定没收了一家商店的事，提出尖锐的批评，说这是反对"六大"决议，违反中央路线等一堆帽子。到会者被他闹得莫名其妙。邓是想利用此事把滕代远总政委推倒，他好来代理。因邓曾写过一封信给我，信中要前委书记考虑现在革命性质、打击对象、经济上没收谁。我接到这封信时，感到有些奇怪，民主革命阶段是"六大"决议明确决定的。刘仁八会议刚一结束，邓即找我谈话，他说滕这也不行，那也不行，不能当总政委。我说，滕是一个思想品质很好的同志，举了他在于都负伤的表现，平日在任何困难时，他都是乐观的，他同基本群众也有一定联系，他的总政治委员不宜调动。我入党不久，又没有学过马列主义，你来当前委书记，我仍管军事问题。他不干。在前委会上，我不能不说出老实话，我说，滕、袁没收一家商店是对的，这是鄂南六县反共总指挥开的，这叫作政治没收，并不妨害民主革命的经济政策。宣布没收后，又是交给通山县苏维埃接管，这个处理也是对的，邓也是懂得的。我把他想当总政委，我不同意，我要他当前委书记，他不干的情况讲了一下。到会者总有半数以上批评了他，他承认了错误，说这是小资产阶级意识作怪。大家看他作了检讨，也就算了。当时是六月底或七月初。

第一次打长沙

大约七月十五日回到平江，准备改编、补充、短期休整。八军以五纵队编为两师四个团，军长李灿，政委何长工。李灿伤发，密赴上海医治（通山会议前去的），被敌发现遭杀害。由何代军长，邓乾元任政委。五军也辖两个师四个团，我和代远兼军长和政委。第一纵队扩编为十六军，军长孔××，政委余××①。孔叛变后，徐彦刚为军长，徐阵亡后，肖克继任，王震为政委。准备七月二十二日在平江举行起义两周年纪念。

这时，湖南头号反革命、杀了几十万革命人民的刽子手何键，派三个旅进攻平江，以刘建绪为指挥。七月二十二日，敌先头梯队进到瓮江镇，离平江城三十里，二梯队进到金井，三梯队进到春华山，各隔三四十里，摆成长蛇阵。我军窥破了敌军进攻部署上的弱点，我主力于二十三日拂晓前，进到离瓮江五里处埋伏（待伏）好，在敌人向平江前进时，两翼奋起夹击，该敌大部被歼，小部逃散。当日即赶到金井，击溃敌之第二梯队，消灭过半。二十四日继续进攻春华山，击溃敌之第三梯队，消灭一部。我跟踪猛追，二十五日强渡㮟梨河，继续向长沙猛扑，突破一层又一层防御阵地，从午至夜半，最后激战于长沙城东阵地，拂晓前攻破守敌约五

①　当时十六军军长是孔荷宠，政委是于兆龙。

八 打长沙

131

个团的阵地，拂晓占领全城。

何键这只狼狗只身逃于湘江西岸。没有活捉这贼，此恨犹存！

此役，三天打四仗，行程一百四五十里，经过待伏战、进攻战、阵地攻坚战，我八千人打败三万有余之优势敌军，这在军事史上是不多的。英勇顽强是中国工农红军和以后人民解放军的共同特点。

占领长沙的第二日晨，由八军留守长沙，军长何长工、政委邓乾元、总政委滕代远、总政主任袁国平均留长。我率五军两个师（我兼军长）向易家湾追击，残敌已退湘江西岸。我在昭山下，找到救难之罗六十老倌。罗年近七十，须发均白。给予土豪财物，他不知我名和姓，我认其为恩人！我当时三十有二岁，前后已隔多年。

易家湾到长沙四十华里，虽有电话线，电话总是不通。第三日他们离开长沙市，到郊外同我通了电话，说反动派到处打枪、放火、割断电话，他们要撤出长沙。我说不行，立即清查户口，捉拿反革命分子。清查出大批何键部的反动军官、特务等。我率第四师立即赶回长沙，警备司令部出布告枪毙反革命。枪毙了不到百人，市镇秩序井然，贫苦人民热烈拥护。这说明，夺取政权没有武装是不行的，对反革命不镇压也是不行的。

八月六日拂晓退出长沙，实际上占领长沙十一天。十一天中做了大量工作：二十八日午正即开了前委会，决定邓萍为市警备司令，并出了布告；出版了省苏维埃日报；"八一"召开了十多万人的群众大会，成立了省临时苏维埃政府、临时总工会；广泛宣传了"六大"的十大纲领；动员城市贫民和郊区农民及俘虏兵参加红军，扩大红军约七八千人；筹款四十万银洋，解决了红军被服、医药困难；缴获大量枪炮弹药和军用电台，武装了主力和地方红军；没收了帝国主义和地方豪绅财产分发给贫苦人民；处决了一批反革命分子，放出几千名政治犯。这些胜利在当时是很大的，否认这些胜利是不合事实的。但这些胜利并不能掩盖立三路线的错误，挽救不了立三路线的失败。这一局部的胜利也补偿不了立三路线在全国其他方面的损失，特别白区地方工作的损失。由于红三军团攻占长沙的胜利，对于立三路线，也起了支援作用。

红军退出长沙的情况：何键集结全部力量十五个团，于八月三日晚，在帝国主义十余艘小型浅水舰掩护下，从长沙市上、下游渡过湘江，南北夹击长沙市。我十六军约二千人，位置于㮾梨市，维护后路安全（主要是㮾梨市浮桥）；一个师在长沙市西门沿岸，一个师在北门外，一个师主力在浏阳门外及天星阁附近、小部在城南四五里对猴子石方面警戒。军团总指挥部在浏阳门附近。另一个师在易家湾，对醴陵、湘潭警戒。四日四时，敌军开始攻击，拂晓接近浏阳门（即东门）。直至天已大明，还不见军团总政治部和省行动委员会出城。我率五军一个师三千人为后卫，控制浏阳门外高地。眼见南北对进之敌将要合拢，相距不过五里了，由北南进之一个团，进得比较快。我以两个连阻击由南北进之敌，集中师全力突击由北南进之敌，消灭敌之一个整团，才把总政、行委接救出城。全军安全向浏阳撤退，并掩护边区十数万群众安全撤退。

成立一方面军　第二次打长沙

约在八月中旬，五、八两军集结长寿街及其附近，准备整训一个星期。刚到两三天，某晚接到万载县委来信说，一军团从南昌对岸的牛行车站转移到万载县境。我们当即派军团政治部主任袁国平前往联络、报告情况和请示。我们接到袁国平带回之指示信，一军团前委要我们向永和市之敌进攻，他们准备向文家市之戴斗垣旅进攻。由长寿街到万载往返须四天，我们得信后立即出动，到达永和市时，敌已先两天退向长沙去了。

第三天，朱、毛率直属队到达永和市，我们又第三次会合了。当日开了一、三军团前委联席会议，三军团前委同志提议成立第一方面军和总前委。我提议三军团之五、八军编为一方面军建制，便于统一指挥。当时，五军约七八千人，八军约五六千人，军团部直辖特务团、炮兵团、工兵营约三千人，共约一万五六千人。十六军二千人为湘鄂赣边区地方主力军。一军团辖四、三、十二军，人数与三军团大体相等。号称一方面军，实际上不过三万余人，和退守长沙之何键部兵力相等。会议一致同意朱德为总司令，毛泽东为总政委和方面军总前委书记。从此以后，我即在毛泽东同志为首的总前委领导之下进行工作了。

会议还讨论了进攻长沙的问题，我未发言。从三军团本身来说，迫切需要短期整训。从一九二九年十一月起，到一九三〇年八月，部队扩大了六倍，从五月开始一直没有得到休整。有些连队不但没有党的支部，连党员也没有，只有士兵会而没有核心。这次打长沙和第一次是不同的。那次是迅速各个击破敌军，迅雷不及掩耳地给敌以袭击。这次追击之敌四个旅，一军团在文家市全歼了戴斗垣旅，其他三个旅安全退回长沙，原在长沙还有一个旅未出动。我军进迫长沙时，敌取得五六天时间准备，野战工事做好了，这就使我失去进攻的突然性，变成正规的阵地进攻战。攻城能否速胜，难以肯定。结果，围攻月余未克。

第二次攻长沙未克，其军事原因是我军宜于运动战、突然袭击，缺乏正规阵地战进攻技术训练；政治原因是蒋冯阎军阀战争已经结束，蒋介石开始调兵向长沙增援，使守敌增加了信心。

围攻月余未下，总前委决定撤出长沙战斗，转移至江西宜春地区，准备在湘江、赣江两江间机动作战，这是完全正确的。又决定以一军团去取吉安，三军团布置于袁水以北，威胁南昌，阻击援敌，并决定在湘赣边界反复作战歼灭敌军，这是对的。取得吉安，更有利于我在湘赣两江间机动。当时三军团方面有人提出打南昌，也有人反对。反对者的理由是：长沙既未打开，又去打南昌。南昌守敌虽不及长沙之多，但工事不弱；且城周多水池、湖泊，地形不利于进攻，而利于防御；蒋、冯、阎军阀战争已停止，敌军将要向我进攻，我应准备在赣湘两江之间，各个歼灭敌人。至于打南昌或打长沙，那时再看具体情况。另一派说，在湘赣两江之间进行机动作战，是打拳战术，打来打去胡子都白了，还取不到湘赣两省政权。这一派也就是立三路线的继续，被毛泽东同志说服了。

九 第一次到第四次反"围剿"斗争

三军团东渡赣江

一九三〇年九、十月间,蒋、冯、阎军阀战争大体停止,敌军大举进攻,已在开始准备。同时,总前委得到可靠材料,证明立三路线已被揭露。

在一军团占领吉安后,总前委改变在湘江、赣江之间机动作战的计划,要在赣江以东、大海以西的广大地区创造根据地,采取诱敌深入的战略方针,谨慎地争取粉碎敌军的第一次"围剿",准备长期斗争。从战略全局着眼,这一意见比前者更全面、更正确。当时,我对这个方针是完全拥护的,没有什么犹豫。

一九三〇年十二月上旬,敌第一次"围剿"开始,蒋介石命鲁涤平为总司令。红军第三军团从赣江西渡到赣江东。在三军团渡江之前,因三军团之五军和十六军大多数是平江、浏阳人,八军大多数是阳新、大冶人,地方主义者利用这一点来反对过江,主张一、三军团分家,夹江而阵:一军团位置于赣江以东,三军团位置于赣江以西。认为这样既可以集中消灭敌大部队,也可以团为单位分散于湘赣边、湘鄂赣边、鄂东南区进行游击战，对将来夺取湘鄂赣三省政权都有利。从坚持长期战争这方面看，这些同志也还是有些理由的，因此它就得到相当一部分人的拥护，但实际上一、三军团在战斗中一次要各消灭敌军一个师（六个团的师）是很勉强的，如果两个军团合起来消灭敌人一个师就比较轻松。为了消灭敌人，必须反对地方主义，在政治上以朱、毛为旗帜，集中统一红军，一、三军团不再分开。我这一票在当时是起相当作用的一票，站在哪一方面，哪一方面就占优势。我说：一、三军团分开，两军团夹江而阵，这对于目前准备粉碎蒋介石的大举进攻不利。不少同志担心三军团过江东以后，湘、赣两江之间谁人坚持，苏区不是白搞了几年！这是三军团带群众性的意见，也是正确地提出问题，必须重视。我说，湘鄂赣边区可扩大十六军；鄂东南已有五个小团，准备成立九军（一九三〇年冬成立，约近三千人，一九三一年春，他们过长江以北，编归第四方面军，军长陈祁以下的绝大多数干部，被张国焘当作改组派[46]杀了）；湘赣边区已有独立师，可再加扩大。说明这些布置之后，他们的顾虑减少了。要坚持根据地，红军要有地方性，但又要反对地方主义，这是复杂的问题，要有时间逐步去解决。我说，有意见到河东讨论，但不能妨碍行动，更不能说一、三军团分家。这些问题总算是大体得到解决，但在思想上的认识并不深刻。

这时总前委派周以栗同志以中央代表名义，到三军团传达指示。周到后，我将上述情况告诉了他，大问题是没有了。周问："其他准备工作呢？"我说："就是船还没有准备好，我去搞船去。"表示过江的决心。会议从上午开到黄昏，大家都同意了。我带了一个连把船搞好，回军部时还未散会。有几个团级干部，其中记得有杜中美，说："为什么两个军团不能夹江而阵，一定要两个军团过东岸？我们有意见。"这就是地方主义，还有人支持，它还有一定力量，还要做工作。我说了几句，要集中兵力，大量消灭当前蒋介石进攻之敌，有意见到江东去讨论吧，我是一定要过江的，总前委这个决定是正确的。红军要打遍全中国，不要地方主义。我问："还有意见吗？"他们说："没有意见了。"我说："明天拂晓开始渡河，船已准备好了。"经过激烈的斗争，才说服了不同意见的同志，这在当时的政治思想水平，也并不是那样简单。可是，在一九五九年庐山会议及其后在北京开的军委扩大会议上，有人说，这是彭德怀的阴谋，反对过赣江，预先布置好的。一个人预先说，不要过河；最后又说，要过河。难道一万几千人的武装部队，尽是一些木头，可以随某一个人搬来搬去的吗？能够这样反尔复尔吗？我看是不行的。这是一种主观主义的不合情理的、没有根据的推测。真正的教训是当时思想工作没做透。

揭露伪造信件　粉碎第一次"围剿"

三军团在峡江、樟树之间东渡赣江之后，根据毛主席提出的粉碎敌军（十万）第一次围攻的军事方针，是"放开两手，诱敌深入"，把敌人引到苏区根据地内来打。这是一个深谋远虑、稳当可靠的战略方针。在没有大规模作战的经验以前，第一次对付这样大的敌人的进攻，需要取得作战经验。

但是，当三军团逐步向永丰以南之黄陂、小布地区收缩时，越转向苏区中心地带，越见不到群众，甚至连带路的向导也找不到。部队普遍怀疑这是什么根据地，还不如白区。原来是江西省总行动委员会（省委）对"放开两手，诱敌深入，大量消灭敌人"的方针提出异议，说这是右倾机会主义，是退却路线，而不是进攻路线。他们的方针是"打到南昌去"，同总前委的决定是针锋相对的。他们始则对红军进行封锁、欺骗，控制群众，不要群众和红军见面；继则散发传单，发表什么告同志书，写出大字标语："拥护朱彭黄，打倒×××"，这就不简单是党内路线斗争，而是分裂党、分裂红军了；由党内路线斗争，转移为敌我斗争了，这当然会为 AB 团所利用。大敌当前，如不打破这种危险局面，就不易战胜敌人。这时，三军团驻在东山坝，总前委驻在黄陂，相距六七十里，敌军已分路进入苏区边境，三军团处在一个关键地位。

正在考虑如何打破这种危险局面，一九三〇年十二月中旬×日夜半，三军团前委秘书长周高潮，突然送来毛泽东亲笔写给古柏（毛主席秘书）的一封信（毛字另成体，别人很难学）。信中大意是：要在审讯 AB 团（反革命组织）中，逼供出彭德怀也是 AB 团，我们的事情就好办了。另有近万字的告同志和民众书，我现在还记得头一句就是："党内大难到了!!! ×××叛变投敌"，一大串所谓罪状，其内容无非是右倾机会主义哪，投降路线哪。我边看边对周高潮说："送信的人呢？"他说："在外面。"我说："是一个什么人哪？"他说："是一个普通农民青年。"我说："请他进来。"

我看了信和传单，还未见周进来。我想这封信送给我，其目的在分裂一、三军团，拉三军团拥护省行动委员会。看样子不只送给我一个人，还可能送给朱德和黄公略等同志。如果真的送给了他们，这是一个最大的阴谋，处理稍一不慎，也可能产生一个最大的不幸！当时在我的脑中回想着毛泽东同志建设工农革命军、建设井冈山根据地、传达"六大"决议、争取袁、王联盟、严肃批评乱杀两个群众的事；关于当时不应该留五军守井冈山的自我批评；特别是古田会议决议，这一切都是正确的方针、政策和政治家风度。毛泽东同志决不是一个阴谋家，而是一个无产阶级政治家。这封信是伪造的，这是分裂红军、分裂党的险恶阴谋。

约过半小时，周才来说："送信人走了，追也追不到了。"我说："送信人就走了吗？"他说是的。我想，这样重大事件，不派重要人来进行商谈，而派这样一个普通送信人员，既不要回信，又不要收条，这才怪咧！更证明是阴谋。如果有人把敌人阴谋信以为真，可能造出无可补偿的损失。周在桌上拿起伪造信看着，我问："你看怎样？"周答："为什么这样阴险呀！"我说："明天九点召开紧急前委会议讨论这件事，除前委同志外，团长、政委、主任、参谋长都参加。"周说："已经两点了，是今天九点吧？"我说："是今天九点"。立时把滕代远、袁国平、邓萍同志请来，把信给他们看了，说明这信是阴谋，他们一致同意这看法。代远说："好危险呵！这是一个大阴谋。"我们和总前委相距有六七十里，请示来不及，怕发生意外事变，我当即写了一个不到二百字的简单宣言，大意是：富田事变是反革命性质的；打倒毛××，拥护朱彭黄，这就是阴谋分裂红军，破坏粉碎白军进攻的计划；一、三军团在总前委领导下团结一致，拥护毛泽东同志，拥护总前委领导。代远叫我：吃饭哪！我说："还有几个字没完。"把宣言给他们看了，他们都同意我的看法。

一会儿，开会的人到齐了，我把那封伪造信和告党员及民众书，先给到会人看，读给他们听，又把昨晚送信的情况，同滕、袁、邓谈了（当时对周高潮有怀疑。对周进行了分析：周是大约十天前由行动委员会介绍来的，不过不是 AB 团，是立三路线者），决定把三军团的宣言和那封假信派一个班送到黄陂总前委去。此事交给邓萍办了。我和代远、国平到会场，大家正议论纷纷，有的激动紧张，有的怀疑。一进门，杜中美这个"张飞"说，"好大的阴谋！"我说"是呀！"周高潮宣布开会，要我先讲。我说：富田事变是反革命的暴动，伪造信件，陷害同志，企图分裂一、三军团，破坏总前委粉碎白军进攻的计划，公开宣传打倒毛××，拥护朱、彭、黄，这不是党内路线争论，而是反革命的行为，是 AB 团的阴谋毒计。省行委是 AB 团统治的，其中有立三路线者同它结成同盟。这封假信是富田事变的头子丛永中写的，他平日学毛体字，学得比较像，但是露出了马脚——毛泽东同志写信，年、月、日也是用汉字，不用罗马字和阿拉伯字。

我讲这段话时，黄公略同志来了，大概听了十来分钟就走了。会后我问邓萍同志，公略来干吗？邓说，他没说别的，只说："老彭还是站在毛这边的。"他就走了。

我继续说，从战略方针来看，我赞成三军团编为第一方面军的建制，统一指挥，这是革命的需要。长沙撤退后，我赞成在湘赣两江间机动。现在军阀战争停止，蒋介石、鲁涤平以十万大军来进攻，为粉碎它，就必须谨慎而又有把握地打败它。诱敌深入，利用山地，依靠群众，增加自己战胜敌人的有利条件，这是完全正确的，我完全拥护这一方针。如果违抗这个方针而又坚持自己的错误方针，总前委即可撤销我的工作，何须用阴谋办法呢？我们对邓乾元也不过是撤销了他的职务吧。我还说了毛泽东同志在传达"六大"决议时的认真态度和由瑞金到于都间，对有人错误地杀了两个群众的严肃批评。讲了这些话以后，到会同志的情绪转变过来了，把愤恨转到对富田事变，通过了宣言：反对反革命的富田事变，打倒 AB 团；拥护总前委，拥护毛政委；一、三军团团结一致粉碎国民党进攻。通过这件事，提高了部队的思想觉悟。

第二天，我们将三军团开到小布，离黄陂总前委十五里。我亲自去请毛政委来三军团干部会上讲话，使三军团干部第一次看到毛政委。这一切都是为了反对富田事变，巩固总前委的领导。三军团前委宣言发布以后，过了几天，反动的省行动委员会过了赣江，到永新去了。因为这个阴谋挑拨失败了。那次他们也写了同样的假信给朱德同志，他也把假信拿出来了。白军前线指挥张辉瓒发生了错觉，以为红军内部分裂了，迅速进到龙岗，全师被消灭，他本人被俘。"前头捉了张辉瓒"，成了今天豪壮的诗篇。张辉瓒是主力师，他被俘之后，敌全军动摇，给了我顺次各个击破敌人的良好机会。第一次反"围剿"胜利了，被欺骗的群众觉悟了，立即回家替红军带路、运伤兵。毛主席的战略方针胜利了，建立了以后人民群众对红军的信任。

粉碎第二次"围剿"

一九三一年一月粉碎第一次"围剿"后，蒋介石在三月又开始第二次"围剿"，这次总司令是何应钦，他的战术是"齐头并进，步步为营，稳扎稳打"的堡垒主义，使用的兵力比第一次多一倍，西起赣江，东至福建之建宁，联营七百里。到四月下旬，敌已逐步推进至富田、广昌、建宁之线。当时兴国还为敌军占据，红军主力一、三军团由龙冈开至东固，离兴国六十华里。有人说，这是钻牛角。毛主席约我到东固（三军团驻地）富田之间山上去看地形，我们饱吃了刺梅，才议这一仗如何打法。在龙冈讨论时，已决定在战役上选定歼灭由富田向东固前进的这路敌军（此敌，系北方队伍，初到南方不习惯，又没有同红军作过战，记不起是上官云相，还是罗霖军^①），但是进到什么地方，才最有利于我军歼击，这个战术问题尚未确定。我们到东固后也讨论了这个问题，几次难于肯定。这次到实地侦察，解决了如何打法的战术问题。决定一军团之三、四两军在离东固约十五里处布置阻击和伏击阵地；三军团绕至敌之右侧背，是一个背水（背赣江）阵。毛主席问，有无危险？我说，无危险，敌人意识不到我军会敢侧敌侧水进攻敌人。

接触不到两三个小时，敌就被一军团击溃，三军团未赶到预定地点，使敌逃脱了一部分。此役一胜，势如破竹，从西向东逐次击破，最后一役是在建宁歼灭刘和鼎师。十五天横扫七百里，三万五千红军，击破二十万白军，是以弱胜强，各个击破敌人之典范，内线和外线相结合之典范，创造了红军战争之军事辩证法。

我在这次战役中学到一些东西：毛主席对战役部署，固然是异常细心地反复思考，力求无缺；对战术问题也是异常细心的，反复推究，特别是不耻下问，虚心听取别人的意见。此役集中优势兵力，"伤敌十指，不如断敌一指"，他对此运用得最熟练。

建宁战斗是三军团打的，得城后，决定三军团去进占黎川。

杀了黄梅庄

一、三军团在毛泽东同志的正确领导下，粉碎了蒋介石的第二次进攻。三军团在粉碎第二次"围剿"的最后，在福建建宁消灭刘和鼎师，转移到江西之黎川县做群众工作，筹款，准备粉碎蒋介石的第三次进攻。这时在报纸上看到，蒋介石委任黄公略的堂叔父黄汉湘为宣抚使，进驻南昌。这是"宣抚"谁呢？当然是蒋介石在

---

① 当时在富田地区的敌军中的北方队伍是王金钰军。

两次大举进攻失败后，企图以阴谋手段分裂红军，"宣抚"黄公略。

过了两天，黄梅庄这个大流氓果然来到黎川，还带一青年特务，装扮为学生。进我军防线时，自称是黄公略亲兄，警戒部队把他送到三军团指挥部，我安置了他的住宿，即约滕、袁、邓谈。介绍黄梅庄的情况：黄梅庄系大学生，黄公略的大哥，大老婆生的，比公略大二十余岁，看起来似公略的父亲。他虐待公略，不给公略钱上大学，贱视公略母更甚。蒋委任黄汉湘为宣抚使，幻想勾引黄公略叛变，黄梅庄即为此事来穿线。黄汉湘系政客，黄梅庄为流氓。公略母年已五十，是丫鬟提为妾的，平江起义后，被黄家逐出家门，她表现很好，对公略无怨言。我说，对黄梅庄不采取欺骗手段，就得不到实证。得证据后将黄梅庄处决，再告公略，断绝蒋介石的幻想。他们同意了。

过去我与黄见过面，这次我装得分外"亲热"，待以丰富午餐，且专备"竹叶青"。我敬了他的酒，说："我喝半盅，你的酒量如海，饮一盅。"他一口即干，我说："你的酒量大，我不能多饮。"他说："我喝两盅，你一盅。"想把我弄醉，搞情报。他只知道我不饮酒，不知道我能饮而不饮。我喝了两三盅，还吐了一些，他满满地喝了五六盅，说："你们连续取得胜利，势力发展得真快！"我说："不大，公略军才三万人，我也不过五万。"他见我说出兵力，很高兴。说："再喝一盅。"我喝了半盅，说："好！汉湘先生高升，公略与我同贺。梅兄冒暑前来，必有贵干，祝你成功。我和公略相知甚深，情同骨肉；患难与共，素称莫逆。如有好处，幸勿瞒我。"他连说："不敢！不敢！"他酒量虽大，此时亦有半醉。我说："我们共才几万人，能编个什么呢？"他说："总司令！总司令！公略去仍当军长。"尽吐实情。我说："这是你想象的吧，怎么能保证呢？"他说："不是。委员长（指蒋）、汉湘叔，均有信给公略。"当时，他酒已到八九成，说话颠三倒四，连说："高兴！高兴！再来一杯。"我说："勉陪吧！"谈着，他把皮箱底层剖开，从夹层拿出蒋介石、黄汉湘给公略的信。蒋信大意是：校长不才，使你走入歧途等。黄信说：蒋公美德，叔亦愿为你说项等，一套鬼话。看他酒性发作，似难支持，我说："梅庄先生睡睡吧，我也去睡睡，晚餐时再谈。"

这时，滕代远、袁国平、邓萍同志还在等我告情况，我即将实情告知。袁说："将黄梅庄头割下来，包好，用小皮箱封着，叫随梅贼前来的特务，星夜赶送南昌，只说黄梅庄已密去黄公略处，数日后可来此地接他。"此事交政治部保卫部长杜理卿（即许建国）处理的。邓萍以公略名义写了一封回信，大意是：蒋贼卖国，屠杀工农，罪当处剐；汉湘附逆，亦将引颈受诛；梅庄甘当走卒，还尔狗头，以儆效尤。将黄头密封，信附其间，交黄梅庄随从速送蒋介石。将黄梅庄罪证和处理经过即告公略同志，他很高兴地回了信，同意我们的处理。

不久后，蒋介石将宣抚使署名义取消了。从此，对红军不再抱这样的幻想了。

粉碎第三次"围剿"

在第二次围剿以后，不出两月，蒋军进行第三次"围剿"。蒋介石亲自指挥，兵分几路记不清了，约三十万人，以陈诚、卫立煌、罗卓英、蒋鼎文、赵观涛、熊式辉等为各路总指挥，长驱直入，齐头并进，将我苏区县城尽占。我方面军仅三万二三千人，被迫绕道闽西之将乐、连城到瑞金，经兴国至老营盘，企图从赣江边之富田突破敌之薄弱部分，被敌发觉。我军改从良村突破，进攻黄陂。两役消灭敌三个师，吸引蒋军向黄陂回击，我军从间隙中转回兴国境内。待敌发觉，再向兴国时，我军已取得半月休整。敌军是肥的拖瘦，瘦的拖死，精疲力竭，减员三分之一，不能不撤退。乘其撤退时，消灭蒋鼎文一个旅，在东固、白水地区消灭某师（似韩德勤师），结束了第三次反"围剿"战。

这次战役的特点是，充分发挥了毛主席灵活机动之战略战术方针。三个月的艰苦战斗，战胜了十倍之敌。以相对劣势装备和绝对劣势兵力，无后方接济的作战，取得了伟大胜利，粉碎敌人的"围剿"，创造了古今中外没有过的一套崭新的战略战术，这是马克思列宁主义武库中新的发展——毛泽东的军事辩证法。这就是我们人民解放军常讲的毛主席军事思想的基本内容。如果帝国主义胆敢发动新的世界大战，毛泽东的军事辩证法，仍然是指导战争取得胜利的重要武器。

创造新苏区　学会做群众工作

在粉碎三次"围剿"后，一九三一年十一月下旬，三军团奉总前委指示，分布在会昌、安远、寻邬、信丰及于都以南地区，中心是放在会昌、安远。从一九三一年十一月第一次苏维埃代表大会到一九三二年一月，两个多月的成绩还是不小的：消灭地主武装，肃清民团；做群众工作，分配土地，创造新苏区；成立了一个赣南独立师，一千五六百人，黄云桥为师长。每个新成立团是从三军团中抽一个连为骨干扩大起来的，很快就有了战斗力。这个经验运用到抗日战争中也是好的。三军团本身由一万五六千人东渡，经过三次反"围剿"战役，只剩有一万人左右。现又争取了约四千人补充三军团，建立了安远、会昌、寻邬、信丰四个县的政权，并建立了一些县、区的地方武装，约近半数地区分配了土地。我当了三年多红军，这时才学会分田。对毛主席的三大任务——打仗、做群众工作、筹给养——才体会到：只有做群众工作，从发动群众到建立政权、分配土地，群众才把红军看成是自己的军队；军队中的阶级觉悟就迅速提高，就能自觉遵守群众纪律；筹款、筹给养时也不会把富农当地主打。对红军的三大任务是三位一体的任务有了体会。

打 赣 州

正在深入展开土地改革斗争时，一九三二年一月中旬，接到方面军总司令部命令，三军团停止地方工作，只留少数干部继续坚持，要三军团夺取赣州。我接到这项命令也是乐意执行的。还在第一次苏维埃代表大会时，中央局某负责同志曾问过我，可不可以打下赣州？我说：赣州守军马旅估计有六千人，地方靖卫团两千人，共八千人，如有时间，蒋介石又不来增援，是可以打下的。当时我想，赣州城是赣南的商业中心（三四万人口），也是反动中心。打下赣州，对发展和巩固赣南十二县（赣县、南康、大余、上犹、崇义、信丰、龙南、定南、全南、寻邬、安远、会昌）有利；又能使湘赣苏区联成一片，巩固后方，使中央苏区形势更好，党中央和中央苏维埃政府在瑞金就比较安全；红军再向北发展，不仅无后顾之忧，而且有了一个新的态势，更有利于机动作战。这样，我们占江西省一大半：即南有中央苏区，西北有湘鄂赣边区，东北有闽浙赣边区，左有湘赣边区作依托。

赣州城在章、贡两水汇合点，三面环水，只南面是陆地，敌人长期设防有准备。我围攻月余，爆破几次均未成功。

打赣州有以下错误：

从政治形势看，当时处在一二八事变[47]的形势下，应当高举抗日民族革命战争旗帜，以停止内战，开赴抗日战争前线为号召，改变某些具体政策，适应开展抗日民族统一战线工作。红一方面军主力应当开向闽浙赣边区，以援助上海抗战来组织抗日力量，开展政治攻势，揭露蒋介石一切卖国阴谋。按上述方针，打通中央苏区和闽浙赣边区的联系，扩大苏区，扩大武装力量，为以后反"围剿"准备条件。打赣州不仅没有利用一二八事变，高举抗日旗帜，在政治上打击蒋介石国民党，反而给蒋介石"攘外必先安内"的反动政策找了借口。也没有估计到我军进攻赣州，蒋介石就可能让出大庾钨矿给粤军，作为勾引粤军"围剿"我军之条件，客观上对于蒋粤矛盾起了一定的和缓作用。我在当时没有这种认识，执行方面军总司令部打赣州的错误命令时，不仅未加任何抵制，而且是自觉地坚决地执行。只想打开赣州，解放赣南，联系湘赣边区，巩固后方，保证瑞金（中央所在地）安全，然后再行北进。这样片面的想法，显然是脱离了当时客观政治形势的。

从军事上看，当时罗卓英率两个师从吉安沿赣江西岸南援，广东两个师六个团由南雄沿粤赣公路北援，我应集结方面军主力一、三军团于南康机动位置，另以其他部队围困赣城进行佯攻。那次消灭两路援军的任何一路都是最好的机会，但我未积极建议打援。久攻不克，援军既到，又未迅速撤围，屯兵坚城下，相持日久，兵力疲劳，致遭敌袭。其次敌情不明，对敌兵力估计过低，实际守城敌军比估计大一倍以上。此事，直到一九六五年看到政协出版的文史资料登载当时守赣州的旅长马昆写的一篇守赣州经过，才知当时马旅是八千人，地方团队经过改编整训一万人，共一万八千人。我三军团兵力才一万四千人。敌以优势兵力，据坚防御，当然不易攻克。如当时守敌只有八千人，我想是打开了。敌情没有确实弄清楚，就贸然攻坚，这也是一次严重的错误。

粉碎第四次"围剿"

从赣州撤围后，集结江口地区，中央局赶到前方来开会，毛主席也来了。当时，会上有两种意见：中央局主张三军团出赣江以西，占领上犹、崇义，发展苏区，使遂川以及泰和、万安、河西部分地区，和湘赣苏区联成一片；毛主席的意见是，三军团向北发展，占领资溪、光泽、邵武地区，和赣东北打成一片。我没有支持毛主席的正确意见，而同意了中央局多数人的意见。当时我如支持毛主席的意见，中央局可能会重新考虑。

当时我为什么同意中央局意见，而未同意毛主席意见？也还是前面所叙对攻占赣州的想法。除此以外，我当时并没有认识四中全会（王明路线）实际是立三路线的继续。当时四中全会的中央，把它称为国际路线，布尔什维克化的。至于它同样是反毛泽东人民战争思想的，是反对农村包围城市的战略方针的，也即是依靠红军打天下的单纯军事路线，我当时完全没有这样去想。一个共产党员凡事要问一个为什么，当时自己仅仅是服从中央决定，带有极大的盲目性。

江口会议后，三军团进到上犹、崇义、桂东、营前地区。毛主席率一军团占领漳州，后出广东在南雄以东某地和粤军十余团打一个相持战，三军团赶到时，敌我都已退出战斗。象手足一样的两个军团，分开都没有打好仗。如果一、三军团不分开，那次战斗也是可以歼灭敌军的。这证明，一、三军团分开作战是不利的。

三军团到广东南雄地区同一军团会合时，毛主席还在随第一军团指挥。六月中下旬，一、三军团会合后同时北进，三军团经于都、兴国向宜黄，又东转广昌向南丰前进。这时，前方总司令部已改组，朱德仍为总司令，周恩来为总政委，刘伯承为总参谋长，毛主席离开了部队。

一九三二年八月下旬或九月初旬，三军团奉命夺取南丰①。该城是蒋介石预备进攻基地，自二次"围剿"被粉碎以后，就开始设防，有坚固工事。蒋介石把南丰看作江西东面进攻苏区的军事据点，称战略支撑点，有毛炳文六个团驻守。我强攻两天未克，伤亡约千人，三师师长彭遨阵亡。这时，方面军领导来了，有朱总司令、周恩来总政委（原任中央局书记，当时似乎不再兼了）、刘伯承总参谋长，唯不见毛主席。我问刘：毛主席未来？刘答：政府事忙。这时，军团内的行政管理、党委领导、政治工作制度等，王明路线还未完全统治得了，大体还是照旧。

我们继续围攻南丰城，但未猛攻。守敌毛炳文告急，蒋介石调驻吉安两个师，沿永丰、宜黄侧我苏区边缘东进，增援南丰。三军团改强攻为佯攻，和一军团一道转移至宜黄、乐安之线以南，侧击东进之敌，消灭援敌两个师。宜黄敌一个师向南出击，我又歼灭该师，活捉该师师长陈时骥，共歼敌二万八千人。敌人的第四次"围剿"就这样轻而易举地粉碎了。

---

① 红军夺取南丰城是在一九三三年二月。

十　在反五次"围剿"前后逐渐
认识王明路线

　　大概是一九三一年十一月，在第一次苏维埃代表大会时，传达了四中全会，说四中全会如何伟大正确，完全是布尔什维克化的国际路线；讲到召开四中全会前如何进行党内秘密活动，从莫斯科回到上海的同志，如何敏锐地认识三中全会反对立三路线时的调和主义。使我听了，不是三中全会的中央决定要开四中全会的，而是从莫斯科回国的同志在党内进行秘密活动，对三中全会中央突然袭击，迫使中央召开的。这使我对四中全会的合法性有了一些怀疑。在谈到调和主义罪恶如何大时，我当时想：已经撤销了李立三的领导工作，李本人也承认了错误，并去莫斯科学习；三中全会中央又发了补充指示（通知），说明李立三不仅是策略上的错误，而且是路线错误，这个问题在政治上、组织上都解决了，为什么还要开四中全会呢？我怀疑四中全会有宗派主义倾向。我当时是三军团前委书记，应当认真传达四中全会，联系立三路线进行讨论，我没有传达这次会议，而政治部系统是传达了。当时总政治部主任是王稼祥，三军团政治部主任是袁国平，我也没有过问此事。

　　当时中央的各项决定，大部分我是不知道的，但是，有一些具体问题，我也有过不同的意见。在四次反"围剿"胜利后，撤销一军团政治委员罗荣桓的职务，不久撤销三军团政治委员滕代远的职务。我电博古，现在战争环境，军中高级干部不宜轻易调换，滕同三军团群众有一定联系，请求免调滕代远，博古没有回电，我生闷气，代远当然服从命令走了。军队中取消党委制，实行单一首长制，即政委有最后决定权；不要老政治委员，而要换新政委。不依靠群众的单纯肃反观点，造成军内人人自危，军队内部民主受到很大限制。特别是原属政治部的锄奸部，改为保卫局，为政治部平列机关，不受政治机关领导，形成特殊化、神秘化，严重地脱离群众，造成互不信任。军队也不做地方群众工作。以上流毒很久才清除。不久反对所谓罗明路线，其罪状是罗明在一封信中说，苏维埃边缘区和中心区的具体政策应有所不同。这完全是对的，这是什么退却逃跑、右倾机会主义路线呢？

从粉碎四次"围剿"到五次"围剿"开始，苏区毫无扩大。派去湘鄂赣边区和鄂东南区的钦差大臣，把当地党政军大批领导干部打成改组派，加以杀害，放上他们派出去的钦差大臣，或调换气味相投的一些人。这些事实使我慢慢认识到，四中全会是小资产阶级宗派篡夺了党中央领导权。

此事到一九四四年一、二月间，我到枣园毛主席处说，四中全会是不合法的？毛主席说，四中全会合法还是合法的，因为它得到国际[48]的批准。我的怀疑也就消除了。

连城战斗

敌人的第四次"围剿"被粉碎，这给了王明路线在军队中贯彻的机会。王明路线大肆宣扬四中全会如何正确，在行动积极化的口号下，红军根本得不到休息、补充、训练。王明路线机械地了解以一当十，以十当百，在战术上也要求以少胜多，实际上是反对毛主席在战术上集中优势兵力打歼灭战的方针。

一九三三年夏，三军团即转入闽西作战，取得清流、归化、将乐、顺昌四城，相当大片土地。不叫部队做群众工作，让立即去进攻连城，限时限刻到达，并指定攻击点（从北向南攻击）。你要改变他的错误部署，下级改变上级企图，必须完全负责，什么，什么。在这里联合兵团作战和独立兵团作战应加区别：前者应该严格些，后者应给予最大的机动权力，以便于灵活地完成任务。教条主义常不加区别，看成一个公式。

当时连城有十九路军之区寿年旅三个团，守着强固的野战工事，装备在当时白军中数第一等，有相当战斗力。我由北向南完全处于仰攻，难于接近。五、六月①天气，在闽西其热如焚，带领侦察排侦察了一天，找不到攻击点。按其办法是完不成任务的，要完成任务必须机动，改变原计划。将情况电报司令部，得到批准，改为由南向北攻，这仍然不能完成任务，必须根本改变计划。连城以南三十里之朋口，有区寿年旅之一个团（缺一个营）据守，工事坚固，地势险要，但守兵少，采取围攻打援来完成任务吧。激战一天，消灭了一个营，包围着一个团直属队和另一个营，区寿年果然倾城来援。消灭其来援之敌一部，余向连城以东之沙宁方向逃跑了。此役，如一、三军团在一起作战，则区旅是可以全歼的。

取得连城后，亦不作群众工作，命令三军团立即进攻洋口、延

---

①　公历为七、八月。

平。消灭了民团、商团。驻该地之十九路军，已乘轮船逃跑了。在闽西占领的地区确实不小，已有八、九个县，都是猴子摘苞谷，取一个丢一个，一个也没有巩固起来。群众对我们的态度也不热烈，召集群众大会，只有很少的人参加。这使我开始感觉到根据地内的土地政策有问题：地主不分田地，逃到白区流窜；富农分坏田，也有不少外逃；在加紧反对富农的口号下，打击了少数富裕中农，也有外逃者。他们伙同散布各种坏影响，使得边区工作很不好做。赤白对立，经济封锁，越来越严重。把这些看法简单打了电报给博古，没有回信，也没有其他改正的反映，越使我觉得毛主席的土地政策的必要性和正确性。

与十九路军的谈判

八月，红军进到离闽侯不到二百里处，蒋光鼐和蔡廷锴[49]派代表陈××（名字记不起了）① 前来试探。我们在闽西行动时，对他们是有争取也有批评。说他们抗日是对的；来闽"剿共"是错误的，也是蒋介石的阴谋——即"剿共"和消灭蒋光鼐、蔡廷锴，对蒋介石都有利。把这些意思和"八一宣言"中的三条② 向陈谈了。陈说：他们要反蒋抗日，不反蒋就不能抗日。我说，对！抗日必须反蒋，因为蒋执行的是"攘外必先安内"的卖国政策。只有抗日才能停止内战。请他们吃了饭，大脸盆猪肉和鸡子，都是打土豪来的。宿了一晚。我给蒋光鼐、蔡廷锴写了信，告以反蒋抗日大计，

———————

① 当时十九路军派到红三军团来的代表是陈公培。

② 中华临时苏维埃政府、工农红军革命军事委员会发表为反对日本帝国主义侵入华北愿在三条件下与全国各军队共同抗日宣言，时间是一九三三年一月十七日。

154

请他们派代表到瑞金，同我们中央进行谈判。把上述情况电告中央，中央当即回电，说我们对此事还不够重视，招待也不周。我想还是重视的。招待吧，我们就是用脸盆盛菜、盛饭，用脸盆洗脚、洗脸，一直沿袭到抗美援朝回国后，才改变了这种传统作法。不久陈××到瑞金谈判，中央又说第三党[50]比国民党还坏，对民众带有更多的欺骗性。我虽然不同意他们这种关门主义的看法，但又觉得自己提不出什么理由来。这时我有一种自卑感，觉得知识分子总是有他的歪道理。如上次来电责备招待不周吧，不够重视吧，现在又说，第三党比国民党还坏。这才是不够重视哪！他反蒋抗日对我们有什么不好呢？当时我要是读了《中国社会各阶级的分析》这本书，我就要批判他们，可是那时我根本没有马克思主义的任何批判能力。我入党前，就只看过一本《共产主义 ABC》，看过一本《通俗资本论》，当时我也是第六年的党员了，马克思主义列宁主义还没有摸边，多么需要革命理论武器！革命的热情吗，自问还是有的。

在这以后大概一两个月，接到毛主席寄给我的一本《两个策略》，上面用铅笔写着（大意）：此书要在大革命时读着，就不会犯错误。在这以后不久，他又寄给一本《"左派"幼稚病》（这两本书都是打漳州中学时得到的），他又在书上面写着：你看了以前送的那一本书，叫做知其一而不知其二；你看了《"左派"幼稚病》才会知道"左"与右同样有危害性。前一本我在当时还不易看懂，后一本比较易看懂些。这两本书，一直带到陕北吴起镇，我随主席先去甘泉十五军团处，某同志清文件时把它烧了，我当时真痛惜不已。

福建事变[51]与第五次反"围剿"的开始

福建事变是国民党内部矛盾的表面化，是一二八事变后抗日派和亲日派斗争的继续和发展，是小资产阶级和民族资产阶级反对买办地主阶级的代表蒋介石的斗争。我们应利用这一新形势，打破蒋介石正在准备的第五次"围剿"。根据这个简单的认识，写了一个电报给总政委转中央博古，建议：留五军团保卫中央苏区；集中一、三军团和七、九两个军团，向闽浙赣边区进军，依方志敏、邵式平根据地威胁南京、上海、杭州，支援十九路军的福建事变，推动抗日运动，破坏蒋介石的第五次"围剿"计划。博古批评这个建议，说是脱离中央苏区根据地的冒险主义。此事是路经建宁总政委处转告我的。

三军团奉命由福建向江西转移时，就便请示总政委，得知中央还要把赣东北区三千人的红十军南调，到中央苏区集中。红军主力不出闽浙赣边区，不去威胁南京、杭州，不作十九路军的掩护者，福建事变只能成泡影，是不能巩固的。蒋介石有钱进行收买，再加强大的军事压力，十九路军就会完蛋。金钱收买再加军事压力，这是蒋介石的惯技，只有对红军不灵。

我们不支持十九路军，中央苏区的一翼失去了依托，政治上拆去抗日民族统一战线的桥梁，福建事变很快失败了，蒋介石准备了一年的第五次"围剿"开始了。象这样一件天大的事，中央不讨论，前方司令部也不开会讨论。丝毫也不重视粉碎第一、二、三次"围剿"的经验，更不重视战场指挥者的经验。这种主观主义在当时很使人着急。

第五次"围剿"开始后，对他们的军事路线错误也就有了深一层体会。特别是把一、三军团分开作战，使我军不能在运动战中大量消灭敌人。如：保卫黎川的是一个五、六百人的独立团，蒋介石以三个师进占黎川。失去黎川，这是必然的，不放弃就会被消灭。结果撤去独立团领导人的职，开除党籍，公开审判，说他是右倾机会主义者。我当时对这种惩办主义表示愤慨。说，为什么要审判他？要审判的人还多呢！

在黎川失守后不久，令三军团从福建泰宁向洵口（黎川东北）前进。在洵口与敌一个师遭遇而消灭之（三个团缺一个营）。这个营据守山顶土寨子，坡度很陡，不易爬上去，上面无水，再有半天至一天时间，即可消灭，这算是第五次反"围剿"中一个意外的序战胜利。领导者李德[52]不待围死之营消灭，强令三军团立即向硝石（黎川、南城之间）进攻，钻进硝石这个死地。当时黎川驻敌三四个师，南城、南丰各约三个师，硝石在这三点之间，各隔三四十里，处在敌军堡垒群之中心。我转入敌堡垒群纵深之中，完全失去机动余地，几乎被敌歼灭。泰宁以北之敌，发现我主力在黎川方面，有向泰宁进攻模样；黎川、南丰、南城之敌，亦有向硝石夹击消息。我速电反对上述命令，算是得到复电，允三军团撤回洵口，幸免被歼。

团 村 战 斗

不久（约一九三三年九、十月），敌以一个师守黎川，三个师向德胜关（福建江西交界）推进。团村是黎川城与德胜关之间、黎川城东约三十里的一个小盆地。时约十月初①，天气凉爽，枫叶初

---

① 团村战斗是在一九三三年十二月。

红。某日，正红日东升，朝霞映射着德胜关，秋景宜人之际，敌以两师十二个团进至团村东十余里，离德胜关亦十余里；另以三个团组成的师进至团村以东三至五里，为第二梯队。近午，敌三个师倒品字儿形摆成。各敌到，即布置做工事，筑堡垒。我军预先布置一个师在敌正面钳制，分多组向敌佯动，引敌注意；另以三个师（二、三、四师）隐蔽在敌之第二梯队左侧后约五、六里之处，敌未发觉，亦不注意搜索。敌第一梯队两个师十二个团，各约展开一半兵力；二梯队之一个师（三个团）筹划做碉堡之事。信号一发，我正面之师积极佯攻，埋伏之主力（我三个师）同时猛烈突入敌之第二梯队，手榴弹声，机、步枪声，杀声相混杂。敌第二梯队大乱，波及第一梯队两个师亦乱；我正面佯攻之师乘机出击，敌遂全军大混乱，向黎川城乌龟壳内逃窜。敌三个师十五个团共约四万余人，我四个师共约一万余人相混杂。当时尘土漫天，只见敌军狼奔豕突，不见我军混杂其间，虽是猛虎突入群羊，可是羊多亦难捉住。我以一万二千人，击溃三万余敌，仗虽打胜，俘虏不及千人，算是打了一个击溃仗，这也算是胜仗吧！但无后方补充的我军，这种击溃仗，实际意义不大，对敌打击意义也不大——"伤其十指，不如断其一指"。如果当时我一军团在，一、三军团靠拢作战，敌三个师十五个团当能全部歼灭；加上淘口歼灭之三个团，就是十八个团；再寻机歼敌二十个团左右，敌第五次"围剿"就可能被粉碎，历史上也就没有二万五千里长征了。

这个战斗，虽实际意义不大，当时人马翻天的景象，却经常使人回忆。我在指挥所打摆子，冷透骨髓，看到当时情景，也就不冷了。因而有感，默念：

"猛虎扑群羊，硝烟弥漫；人海翻腾，杀声冲霄汉。地动山摇天亦惊，疟疾立消遁。狼奔豕突，尘埃冲天；大哥未到，让尔逃生！"

蒋介石发现我主力在团村方面，他即令泰宁方面之敌，向南推进。我方面军总司令部，把一军团调来了，使人高兴；可是在寸土不让的方针和对这一方针的机械执行下，仍然不敢让敌深入。一军团从正面突破敌军，三军团从侧面突不出去。只有一条隘路，深谷悬崖，敌防我侧击，尽将树木伐倒堵塞。足有三、四个小时，才把障碍排除，敌已逃回乌龟壳了。如果让敌再前进四十、五十里，那一仗就打好了，敌之助攻方面（福建），就将失去作用，就将影响敌军主攻方面（江西、由北向南）。

敌发现我主力到了泰宁方面时，黎川方面之敌又向德胜关推进。从此以后，敌就采用扯钻战术，从中央苏区的东、西、北三面作向心推进，南由粤军堵防，使我中央苏区逐步缩小，即所谓竭泽而渔；而我方则完全招架战术，完全处于被动地位。敌从东向西进，即调三军团或者一军团去堵一下；以后则以三军团位置于广昌、白水、石城线，同敌七个师正面顶牛，一直顶了五、六个月。敌在步、炮火力完全有效的掩护下，一次推进四五华里，堡垒筑成后，再推进，我枪弹只有消耗，得不到补充。红军兵力五万，敌五十万；敌有全国人力、物力，我苏区则二百五十万人。在这样的物质力量对比下，去与敌拼消耗战，又怎样不失败呢？第二次进攻南丰城，我一、三军团和第九军团（约三千人）总共不到三万人；敌五个师集结南丰城，有坚固工事，说什么"要把敌挤出城来打"。蒋军在第五次"围剿"时，技术装备比以往几次有所加强，我们这样去进攻南丰城，是毫无胜利把握的。此役归我指挥，但他们的全般部署、命令已下到各军团，连迫击炮放列的位置都指定了。一、三军团平列在一线上，由西向东攻击，九军团由南向北攻击，战斗一天毫无进展，这样平分兵力的战斗部署，敌人反击哪一点，都有被突破的危险，又无法更改其部署。傍晚敌向我九军团出击，罗炳辉部撤走了，敌约两个师绕至三军团指挥部侧后里许，幸而还控制了一个新兵团未使用，即进行阻击。如果让敌发展，我一军团被截断在隘路口内出不来，有被消灭的危险。这次算是集中了兵力，但不是用在运动战，而是用在攻坚战。

广 昌 战 斗

一九三四年一、二月间，在泰宁地区之娥媚峰，我给中央写了一封信，大意是，要做长期准备，否则可能遭到和四方面军不能坚持鄂豫皖苏区同样的失败，这封信未得到答复。

三、四月间，敌集中大量兵力进攻广昌。方面军前方司令部撤回瑞金，另组临时司令部。博古为政委，实际上是李德为总司令，亲上前线，指挥坚守广昌。我再三说广昌是不能固守的，必须估计敌军技术装备。他们不相信，而相信他们自己构筑的永久工事。我说，在自己没有飞机大炮轰击的情况下，就算是比较坚固的野战工事，在今天敌军的装备下，是不起作用的。如果固守广昌，少则两天，多则三天，三军团一万二千人，将全部毁灭，广昌也就失守了。广昌没有城墙，他们要派一个团做半永久工事。我说，采取机动防御，派一个加强连约二百人进占工事，吸引敌军进攻；我主力控制于城西南十里之山地，隐蔽集结，待敌进攻我守备阵地时，则相机突击敌外侧一点，求得消灭敌之一部。绘了配备图，做了作战计划，总算得到这位外国顾问同意了。

进攻广昌之敌七个师，一个炮兵旅轰击，每天约三四十架次飞机配合，拖着乌龟壳（堡垒）步步为营前进。前进一次只一千至二千米；在其火力完全控制之下，站稳了脚跟，先做好了野战工事，配备好火力，再进第二步；每次六七架飞机轮番轰炸。从上午八、九时开始至下午四时许，所谓永久工事被轰平了。激战一天，我军突击几次均未成功，伤亡近千人。在李德所谓永久工事里担任守备的营，全部壮烈牺牲，一个也未出来。他们看到了实际，黄昏后允予撤出战斗，放弃了固守广昌的计划，三军团遭到相当大的损失，撤至头陂圩集结。他们对于红军的英勇顽强、战斗动作熟练和战术指挥没有批评。当时我既无炮兵，步、机枪子弹也很少，恐怕平均没有我们现在一次打靶的多。过去我们作战，就是突然袭击，坚决勇敢，灵活机动。丢掉自己的长处，现在来死拼硬打，当然吃亏。

当日约八时以后，战斗停止时，博古来电话，说李德、博古约我和杨尚昆去谈谈，他们明天回瑞金去。见面时，李德还是谈他那一套，如何进行短促突击[53]，如何组织火力。我说，怎样去组织火力点？根本没有子弹！在敌碉堡密布下，进行短促突击，十次就有十次失败，几乎没有一次是得到成功的。我尽情地、毫无保留地讲了自己的意见，大胆地准备个人的不幸，说，你们的作战指挥从开始就是错误的。讲了四次"围剿"被我军粉碎以后，就没有打过一次好仗，主要是方面军指挥上的错误，就是主力不集中。我举了上面的几次战斗例子：团村的待伏战斗，如果一、三军团不分开作战，集中使用，就能消灭敌军三个师十五个团；我们就能缴获枪弹、俘虏敌兵，补充自己的战斗消耗。现在每战都同敌人拼消耗。敌有全国政权和帝国主义帮助，我则靠取之于敌，你完全不懂这条道理。洵口遭遇战消灭敌人一个师，想停止半天消灭被围之最后一个营都不准，前方指挥者都没有这样的机动权，硬要叫军队钻到硝石，几乎把三军团让敌人消灭掉。我还说，你们坐在瑞金指挥的第二次进攻南丰的战斗，几乎造成一军团全军覆灭，连迫击炮放在地图上某一曲线上都规定了。实际中国这一带的十万分之一图，就根本没有实测过，只是问测的，有时方向都不对。我说，如果不是红军高度自觉，一、三军团早就被你送掉了。我还说，这次广昌战斗你们看到了吧！这种主观主义，是图上作业的战术家。中央苏区从一九二七年开创到现在快八年了，一、三军团活动到现在，也是六年了，可见创造根据地之不易。"崽卖爷田心不痛"，被送掉！

这段话是伍修权同志翻译的，李德没有发火。我知道没有全翻，如果全翻了，哪有不发火的道理呢？我请杨尚昆同志重翻了。这时李德咆哮起来："封建！封建！"他跳我高兴。他继续骂我，说是因为撤掉我的革命军事委员会副主席不满意（撤职是事实，但不知为什么）。我说，根本没想那些事，现在是究竟怎样才能战胜敌人，这是主要的。我骂了他下流无耻，鄙视了他。那次，我把那套旧军衣背在包里，准备随他到瑞金去，受公审，开除党籍，杀头，都准备了，无所顾虑了。但这次没有谈政治路线和军事路线的错误，而只谈指挥上的错误。这次也出乎意料，没有撤职，也没有给处罚，只是他到瑞金以后，造谣说彭德怀右倾。实际对他的错误，只是举例说的。军事路线是服从政治路线的，政治上提出两条道路决战，不放弃苏维埃一寸土地，这就必然要产生短促突击、分兵把口的单纯军事防御路线。

从广昌战斗后，同敌人一直顶到石城，顶了四个多月。其中在高虎垴打了一个小胜仗。这是利用特殊地形，采取反斜面山脚边，完全出敌不意的情况下打的。他们抓了这点大做宣传，来说明他们所谓短促突击战术如何如何，借机会指定我写一篇证明他们的"短促突击"战术正确的文章。当我写了之后，他们就把适合他们口味的部分保留了，而不适合他们口味的部分却被删去。特别删去了"这是特殊情况下取得的胜利，而不能证明'短促突击'是适合的"一句，修改为相反的意思，即证明"短促突击"是正确的，同时经过修改后，没有取得我的同意就发表了。

上述等等，使我慢慢理解到，除了军事指挥的错误，加上他们推行的那种过火斗争，打击别人，抬高自己，打着国际路线旗号，冒称布尔什维克化，都是贯彻了四中全会这条完全错误的路线。

十一　从长征到三大主力会师

王明"左"倾机会主义路线的结束

一九三四年十月，红军突出敌重围，十一月到达宜章、郴州间。我建议以三军团迅速向湘潭、宁乡、益阳挺进，威胁长沙，在灵活机动中抓住战机消灭敌军小股，迫使蒋军改变部署，阻击、牵制敌人；同时我中央率领其他兵团，进占溆浦、辰溪、沅陵一带，迅速发动群众创造战场，创造根据地，粉碎敌军进攻。否则，将被迫经过湘桂边之西延山脉，同桂军作战，其后果是不利的。但中央既未回信，也未采纳。最奇怪的是退出中央苏区这样一件大事情，都没有讨论过（我是从一九三二年三月中央局江口会议后，就没有参加过任何会议，当时，我不是中央委员①和中央局委员，但听说其他中央委员也是如此）。结果红军深入湘桂边两省交界之大山（西延山脉）中，走了七天。桂军利用人熟、地熟条件，采用游

---

① 一九三四年一月在瑞金召开的中共六届五中全会上当选为中央委员。由于战事紧张未及通知本人。

击战，给三军团以极大困难。我军经过艰苦斗争，才进入贵州省境黎平。一军团走在最右，在湖南境内的情况较好些。中央纵队走在一、三军团中间，听说也很困难。一、三军团象两个轿夫，抬起中央纵队这顶轿子，总算是在十二月抬到了贵州之遵义城，结束统治了四年之久的王明路线。

在中国革命运动中的几次"左"倾路线中，王明路线时间是最长的一次。它以国际主义为幌子，穿着马列主义外衣，使人更不容易看出其真面目。我对王明路线，是在一个又一个的事实面前，碰得头破血流后才认识的。直到看到王明路线对福建事变的态度，我才开始把它和毛泽东同志的领导作了比较的认识。在第一、二、三次反"围剿"时，特别是第三次反"围剿"，蒋介石以五十万大军，分为三路长驱直入，我红军仅三万人多一点，丝毫不乱，一一将其粉碎，那是不容易的事。在反对第五次"围剿"时，客观形势和主观力量，比以前任何一次要好得多，可是得出了一个相反的结果。

我对立三路线的认识比较早些，原因有许多，对我最直接的因素是打武昌。当时如果执行打武昌这一指示，三军团有被全部消灭的危险，这是一个生与死的威胁。所以，对立三路线的冒险性，是从这样一个具体行动上认识的。这种认识是肤浅的，不深刻的。

从遵义会议后成立以毛主席为首的党中央，到一九四三年党内学习两条路线，我才进一步认识到党内马列主义和反马列主义两条路线的长期斗争。

遵义会议到会理会议

一九三五年一月我第一次参加中央的会议——遵义会议。这次会议是在毛主席主持下进行的，清算了反第五次"围剿"以来错误的军事路线。我没有等会开完，大概开了一半就走了。因为三军团第六师摆在遵义以南之刀靶水，沿乌江警戒，遭蒋介石吴奇伟[54]军的进攻，我即离席赶回前线指挥战斗去了。

会议结束后，听了传达，大概意思是：改变了军委领导，中央革命军事委员会由毛主席担任领导；撤换了博古的总书记，中央总书记由洛甫（张闻天）担任；准备艰苦奋斗，在湘、贵、川边建立根据地①，与二方面军取得联系。这一切大家都高兴，完全拥护。大家希望毛主席兼任总书记。

蒋军追迫遵义，红军放弃遵义，继续向西转进。待各路敌追迫至云南、贵州、四川三省交界时，红军从间道插回桐梓。三军团向南转进，在娄山关与王家烈[55]部约四五个团遭遇，王部被我击溃，我军猛追至遵义，当晚强攻该敌，敌弃城南逃，这就是第二次攻占遵义。

第二天早上，蒋部吴奇伟军向遵义反攻，蒋到贵阳亲自指挥。三军团沿城南门外至西门外高地抗击吴军；我一军团隐蔽集结于城东南，待吴奇伟军全面展开向三军团攻击时，从敌侧后突击。从上午九时战斗到午后四时，一、三军团合歼敌一个师，余敌逃脱。这是退出中央苏区第一次连打了两次胜仗。打乱了敌人的追击部署，争取了某些主动。改换新的领导后，打这样一个胜仗意义更大。

打败吴奇伟的第二天，中央机关到达遵义城。三军团集结在城外西南十余里，打算休息三、五天，深入传达和讨论遵义会议。当时，蒋介石军正在向贵阳集结；滇军向云贵边之毕节、宣威一带集结；四川军数部向川南集结。我当时认为，应摆脱滇军，专对蒋军

---

① 遵义会议决定在云、贵、川边建立根据地。

作战。只要寻机再歼灭蒋军三、四个师，我们就可以站住脚，而达到按照遵义会议的决定，在湘、贵、川、鄂边——即思南、秀山、铜仁、溆浦、辰溪、沅陵地区反复作战，粉碎敌军进攻，争取与第二方面军靠拢，建立新的根据地，停止战略退却。这时接到军委命令，三军团归一军团林、聂指挥，进攻鲁班场驻守之敌约一个军。该敌到鲁班场已是第四天，野战工事已完成。我攻击一天未奏效，黄昏撤退，继续西进。到离渑水不远之某镇，军委又决定打击追敌潘文华师，该师九个团，系川军刘湘主力，战斗一天又未取胜，我乘夜撤退，渡过渑水河继续西进。敌军继续堵击、侧击，比较紧张。

军委派刘少奇来三军团任政治部主任，原主任袁国平调军委另行分配工作。在遵义会议时，毛主席向我介绍：这是刘少奇，很早加入党，中央委员。以前我不认识刘少奇，他来三军团工作，我表示欢迎。我和他谈过以下的话：现在部队的普遍情绪，是不怕打仗阵亡，就怕负伤；不怕急行军、夜行军，就怕害病掉队，这是没有根据地作战的反映。遵义会议决定在湘鄂川黔边建立根据地，大家都很高兴，但传达讨论不深入。我们曾想在打败吴奇伟军后，争取三、五天休息，讨论遵义会议决议，克服对敌作战的犹豫情绪。现在部队比较疲劳，特别打娄山关那一天，很疲劳。王家烈所部，是上午八、九时从遵义出发的，想先占娄山关（该关离桐梓和遵义各四十五里）。我们十一时许才接到军委告诉的上述情况和要我们相机袭占遵义的命令，即刻跑步前进。武装长途跑步，消耗体力很大，几天都没有恢复起来。我先头部队到娄山关分水线（制高点）时，王家烈部队只隔两三百米，如果它先占领，我处仰攻态势，就会增加伤亡和困难。那天因为我军居高临下，王家烈部战斗力也不强，我们伤亡不大，只有百人，就把敌人五个团打败了，但因正面突击，没有截断敌军退路，故缴获也不多。我还同他谈：湖南敌军战斗力也比以前弱。蒋桂战争时，湖南吴尚第八军一部投桂军，一部溃散。红军两次进攻长沙何键部，损失也不少。红军到达郴州、宜章间时，我曾向中央建议：第三军团向湘潭、宁乡挺进，威胁长沙；中央率主力迅速进占溆浦为中心的地区，发动群众准备战场；三军团尽可能在宁乡、湘潭、湘乡、益阳地区同敌周旋一个时期。博古他们未采纳，其实这个意见是可以考虑的。蒋介石部队也很疲劳，目前滇军和川军还是生力军。我军应摆脱堵、侧、追四面环敌的形势，选择有利的战机打一两个胜仗，转入主动，实现遵义会议决议，靠近二方面军，创造新根据地，就好办了。这是我和刘少奇谈话的内容。

过了两天，刘少奇加上自己的意见和别人的意见，写了一个电报给中央军委，拿给我和杨尚昆签字。我觉得与我的看法不同，没有签字，以刘、杨名义发了。

当时中央军委命令，从三军团抽调三、四百人，派得力干部率领，在川、滇、黔边创新根据地，我们照办了。抽选了四百余人，派师政治委员徐策同志率领，在军委指定地区进行游击战，创造新根据地。徐是一九三〇年鄂东南特委组织部长，派来三军团做政治工作的。此事，至一九六六年三月我到珙县视察煤矿工作，就便调查徐策同志所部下落，才知他们当年转战至五、六月间，只剩数十人，被敌包围，全部壮烈牺牲，没有一人投降。

刘少奇到三军团任政治部主任时，正是蒋介石在贵阳城指挥他数十万军队欲消灭我军之时。在毛主席的英明指导下，我军采取穿插战术，从贵阳城之西北绕至城东，然后又从南向西进，摆脱敌四面包围的形势，把所有敌军抛在我军后面。我军胜利地渡过金沙江，进入会理地区，这是一个很大的胜利。我对这一段穿插、渡江是敬佩和高兴的，并没有什么"右倾动摇"。

大概是五月中旬，中央在会理召开了一次会议，名曰"会理会议"。这时有前述刘少奇和杨尚昆给中央军委的电报，又有林彪写给中央军委的一封信，林信大意是，毛、朱、周随军主持大计，请彭德怀任前敌指挥，迅速北进与四方面军会合。在会议时我看了这封信，当时也未介意，以为这就是战场指挥呗，一、三军团在战斗中早就形成了这种关系：有时一军团指挥三军团，有时三军团指挥一军团，有时就自动配合。如第二次占领遵义的第二天，打吴奇伟军的反攻，一、三军团就完全是自动配合把敌打败的。这次，毛主席在会议上指出，林彪信是彭德怀同志鼓动起来的，还有刘、杨电报，这都是对失去中央苏区不满的右倾情绪的反映。当时听了也有些难过，但大敌当前，追敌又迫近金沙江了，心想人的误会总是有的，以为林彪的信，是出于好意，想把事情办好吧；我既没有同林彪谈过话，而同刘少奇谈话内容也是完全正当的，我就没有申明，等他们将来自己去申明。我采取了事久自然明的态度，但作了自我批评，说：因鲁班场和瓢水两战未打好，有些烦闷，想要如何才能打好仗，才能摆脱被动局面。烦闷就是右倾。我也批评了林彪的信：遵义会议才改变领导，这时又提出改变前敌指挥是不妥当的；特别提出我，则更不适当。林彪当时也没有说他的信与我无关。

此事到一九五九年庐山会议时，毛主席又重提此事，林彪同志庄严申明了：那封信与彭德怀同志无关，他写信彭不知道。

我记得刘少奇未参加会理会议。会议决定立即北进，与四方面军会合（靠拢），建立川、陕、甘边苏区。当时我想，电报与信和我完全无关，竟落到自己头上，今后可要注意些，可是事一临头，就忘记了。

在这二十四年中，主席大概讲过四次，我没有去向主席申明此事，也没有同其他任何同志谈过此事。从现在的经验教训来看，还是应当谈清楚的好，以免积累算总账；同时也可避免挑拨者利用（以后张国焘利用会理会议来进行挑拨，我说是小事情，是我的不对）。象会理会议，我没有主动向主席说清楚，是我不对。

会理会后，张国焘分裂和反张国焘分裂的斗争又来了，我站的位置不容我有任何犹豫。

和四方面军会合及对张国焘的斗争

在会理会议后，全军北进。红军英勇，我一军团主力很顺利地从安顺场渡过了大渡河，击败了刘文辉河防部队；另一部强夺了泸定桥，使全军得以迅速北进。三军团占天全、芦山经宝兴北进，翻越夹金山（雪山），在两河口与张国焘会合。

进到黑水寺时，军委命令我率一部沿黑水河右岸东进，至石雕楼迎接四方面军主力渡黑水河；三军团主力和军团部留芦花。我率十一团到达亦念，先后接引了王宏坤、余天云等军和徐向前同志。

张国焘派秘书黄超来亦念，住在我处。说此地给养艰难，特来慰劳。送来几斤牛肉干和几升大米，还送来二三百元银洋。我想这是干吗？黄住下就问会理会议情形。我说，仗没打好，有点右倾情绪，这也没有什么。他们为什么知道会理会议？是不是中央同他们谈的呢？如果是中央谈的，又问我干什么？他又说，张主席（张国焘）很知道你。我说，没见过面。他又说到当前的战略方针，什么"欲北伐必先南征"。我说，那是孔明巩固蜀国后方。他又说，西北马家骑兵如何厉害。把上面这些综合起来，知来意非善，黄是来当说客的。不同意中央北上的战略方针，挑拨一方面军内部关系，阴谋破坏党内团结。把全国形势看成黑漆一团，这是明显的。把王明路线造成的恶果，同客观形势新的发展混为一谈，否认遵义会议纠正王明路线的伟大胜利。送了一点点吃的这倒不稀奇，送二三百元银洋引起我很高警惕：完全是旧军阀卑鄙的手法。

我完成任务后，回到芦花军团部时，军委参谋部将各军团互通情报的密电本收缴了，连一、三军团和军委毛主席通报密电本也收缴了。从此以后，只能与前敌总指挥部通报了。与中央隔绝了，与一军团也隔绝了。

这次北进，三军团走在右翼纵队的最后面，最前面是一军团，中间是红四方面军之四军、三十军、九军和前敌总指挥部。当时使我感觉：张国焘有野心，中央似乎没有察觉。毛主席、张闻天随前敌总指挥部一处住，先一两天到达上下包坐（松潘西北百余里）。三军团后一两天才到达阿西、巴西，离前敌总指挥部约十五里至二十里。我到宿营地时，立即到前敌总部和毛主席处，其实我只是为了到毛主席处去，才去前总的。这时周恩来、王稼蔷均害病住在三军团部。在巴西住了四五天，我每天都去前总，秘密派第十一团隐蔽在毛主席住处不远，以备万一。在前敌参谋长叶剑英处，得知一军团到了俄界地区，找不到向导，问不到路。没有地图，茫茫草原，何处是俄界呢？这时杨尚昆已调其他工作，三军团政委是李富春。三军团准备了电台，另编了密本，也只能说是要与一军团联络，而未说是为了防止突然事变。派武亭同志（朝鲜同志）带着指北针寻找一军团走过的行踪，务把电台密本送给林、聂。正好送到林彪处，这天，事情就发作了。

某日午前到前总，还在谈北进。午饭后再去，陈昌浩完全改变了腔调，说阿坝比通、南、巴（川东北）还好。一个基本的游牧区，比农业区还好，这谁相信呢？全国政治形势需要红军北上抗日的事，一句也不谈了。我没吭声，只是听了就是。这无疑是张国焘来了电报，改变了行动方针。我即到毛主席处告知此事。并问毛主席，我们坚持北进，拥护中央，他们拥护张国焘南进方针，一军团已前走了两天，四方面军如解散三军团怎么办？为了避免红军打红军的不幸事，在这种被迫的情况下，可不可以扣押人质？主席想了一会，答曰：不可。当时我难过：如强制三军团南进，一军团不能单独北进了；中央不能去，一军团单独北进也起不了作用。一同南进，张国焘就可能仗着优势军力，采用阴谋手段，将中央搞掉。这在亦念时，黄超谈话就说出来了，他说，实际主事人是毛而不是张闻天（当时张闻天是总书记，他们并没有放在眼下）。这话当然不是一个年不满三十的黄超所能理解的，而是老奸巨猾的张国焘口里吐出来的。扣押人质的意见是不对的，可是，我没有向第三者讲过，只是在处境危急的时刻，向毛主席提出供考虑，以便求得一个脱身之计。

向毛主席报告后不到两小时，叶剑英秘密报告：张国焘来电南进，毛主席亲到徐、陈处商谈行动方针，陈谈，张总政委（张国焘）来电要南进。毛主席即说："既然要南进嘛，中央书记处要开一个会。周恩来、王稼蔷同志病在三军团部，我和张闻天、博古去三军团司令部就周、王开会吧。"陈昌浩同意了，他们未想到是脱身之计。我和叶剑英商量，如何偷出地图和二局，在明晨拂晓前到达三军团司令部北进，叶示意想办法。毛主席脱险来到三军团司令部，发了电给林、聂，说行动方针有变，叫一军团在原地等着。天明还未见叶到，我以为出了问题。正怀疑之际，叶率二局（局长曾希圣）连地图都拿来了。陈昌浩布置的监视，全被叶摆脱了，幸甚！

三军团北进，毛主席和我走在后尾之十团即杨勇团。在路上走时，我问毛主席，如果他们扣留我们怎办？毛主席说，那就只好一起跟他们南进吧！他们总会要觉悟的。四方面军之李特（留苏生，四方面军的参谋长），不许红军第一方面军干部回第一方面军，采取野蛮的镇压。可是李德在中央苏区犯了错误，这次表现很好，站在正确的方面，放回一方面军干部。毛主席同李特说了一些很感动人的话，也劝我不要同他闹了。陈昌浩送信给我，要我停止北进。毛主席说，打个收条给他，后会有期。听说，陈昌浩要派兵追击我们，徐向前说：岂有此理，哪有红军打红军的道理！这句话起了决定作用，陈未来追击。

第二天到了俄界，会合第一军团，真是比亲人还亲。我在这里真正体会到阶级友爱高于一切友情。

毛主席在同张国焘的斗争中，表现了高度的原则性和灵活性。在黑水寺开中央会议时（我没参加），张国焘要当总政委，洛甫提议把总书记交给张国焘，毛主席不同意。宁愿交出总政委，不能交总书记。张国焘当时不要总书记，他说，总书记你们当吧，现在是打仗呗。如果当时让掉总书记，他以总书记名义召集会议，成立以后的伪中央，就成为合法的了。这是原则问题。

一、四方面军分裂后，一、三军团到俄界会合，当晚中央召集了会议。有人主张开除张国焘党籍，毛主席不同意。说，这不是他个人问题，应看到四方面军广大指战员。你开除他的党籍，他还是统率几万军队，还蒙蔽着几万军队，以后就不好见面了。在张国焘成立伪中央时，又有人要开除他的党籍，毛主席也不同意。如果当时开除了张国焘的党籍，以后争取四方面军过草地，就会困难得多。就不会有以后二、四方面军在甘孜的会合，更不会有一、二、四方面军在陕北的大会合了。上述做法是在党内路线斗争中原则性和灵活性结合的典范。

红军长征出草地

从俄界向西北继续前进时，毛主席每日都是随一军团走在前面，我和叶剑英率中央直属队、三军团走在后面。白龙江两岸都是悬崖绝壁，特别是腊子口真是天险，原驻有邓宝珊①之一个团防守。第二天经过时，不知昨天我第一军团这些英雄怎样爬上这些悬崖峭壁，投掷手榴弹的。被炸死的敌人尸体，还血肉模糊在地，我军的伤亡不知怎样。

由俄界经过天险腊子口，到哈达铺约走了七八天。这一段路虽然不算是草地，但还是半牧的藏族地区，人烟稀少，给养困难，走在后面的部队更困难。哈达铺在岷县以南三四十里，是藏、汉族交界地区，但汉人居住地是落后的农业区。此时，五、九两军团大概约六七千人，随四方面军在阿坝地区；一、三军团到达哈达铺各约六千人；中央直属队约两千人，共一万四千人，体质很弱，行军时常见道旁有同志无故倒地就死了！

在哈达铺约休息了四五天，从报纸上看到陕北有刘志丹苏区根据地，很高兴。从哈达铺到保安县，还有千余里，要经过六盘山

---

① 当时驻守腊子口的为国民党的鲁大昌部。

脉。那时干部和战士真是骨瘦如柴，每天行军，还少不了百八十里。沿途还必须战胜敌军阻击，尤其是敌骑袭击。为了充实战斗单位，准备继续战斗，部队须要缩编；为了保存干部，发展新区，也必须缩编——取消三军团，编入一军团。我这提议得到军委毛主席同意。召集三军团团级以上干部会议，说明了缩编和取消三军团番号的理由。因时间仓促，没有很好讨论。

一九五九年庐山会议后，说成彭某某这也是阴谋了，真是令人哭笑皆非。为了照顾南昌起义、秋收起义的历史，必须保存一军团。我提议部队进行缩编，取消三军团，充实一军团。中央同意了这一建议，我坚决执行了缩编计划，这些难道不是事实吗？难道这些事实也是"只顾个人小局而不顾党的大局"吗？难道这也是"伪装"或"阴谋"所能解释得了的吗？

改编后，一方面军改为抗日先遣队，即陕甘支队（这是对外的名称），我为支队司令，毛主席兼政委。由哈达铺东进时，战胜了马步芳、马鸿逵、马鸿宾的骑兵，也战胜了邓宝珊部及毛炳文军，还有东北军某部。在六盘山高峰消灭了邓宝珊之一个团。经过二十余天的艰苦奋斗，才由哈达铺到达吴起镇，即陕北根据地的边境。刚停脚一天，敌骑五个团又追到。毛主席说，打退追敌，不要把敌人带进根据地。此役胜利了，结束了红军英勇伟大的二万五千里长征。在哈达铺整编时一万四千余人，到吴起镇只剩七千二百人。

有人说："在一九三五年党的遵义会议确立了毛泽东同志在全党全军的领导地位以后，彭德怀在大部分时期仍然反对毛泽东同志的领导，并且在党内、军队内进行分裂活动。"这些莫须有的罪名，究竟有什么事实作根据呢？是完全没有事实作根据的。相反，在红军到达陕北吴起镇时，击败追敌骑兵后，承毛泽东同志给以夸奖："山高路险沟深，骑兵任你纵横，谁敢横枪勒马，惟我彭大将军。"（标点是我加的）我把最后一句改为"惟我英勇红军"，将原诗退还毛主席了。从这诗中也可以看出，不仅没有什么隔阂，还表现了相互信赖。

粉碎对陕北的第三次"围剿"

红军第一方面军主力到达陕北吴起镇，正是蒋介石命令东北军张学良十余师向陕北苏区红军进行第三次"围剿"之时。敌第一线有董英斌军四个师集结庆阳，准备由庆阳、合水夹葫芦河东进；王以哲三个师集结洛川，准备北进；甘泉、延安各一个师驻守。第二线有西北军杨虎城部两个军，还有东北军数师，当时位置不明。

陕北红军刘志丹之二十六军近三千人，鄂豫皖区红军徐海东部之二十五军亦近三千人，这两部分合并为十五军团，驻在甘泉和鄜县间之道佐铺。我随毛主席由吴起镇先行，经保安（志丹县）下寺湾，越梢山直插道佐铺之十五军团司令部，会见了徐海东、程子华两同志，和他们商量粉碎敌第三次"围剿"的计划。部队在吴起镇休息三天，尾随我们来路前进。我和徐海东及其他团级干部先到直罗镇一带侦察了地形。我军平毁了土寨子，消灭了套同寨子内之民团。战场的必要准备完成后，我一军团约七千人到套同一带集结。一军团及十五军团预伏于直罗镇南北山内。董英斌军四个师分成四个梯队，经合水、黑水寺向直罗镇推进，每日约进三十里。敌一〇九师进到直罗镇我军两面伏击区，受我军夹击。约两个小时全师覆灭，师长牛元峰被击毙。一〇六师为第二梯队，被我消灭一个团，余退黑水寺土寨子内。第三次"围剿"即被打破，时为一九三五年十二月初旬。

初到陕北根据地，打这样一个胜仗是非常必要的。这是长征胜利后的第一个胜仗。甘泉敌一一〇师，被我杨得志和贺晋年两个小师（各二千人）围攻近月，敌军亦不增援。我一军团主力和十五军团进占宜川、秋林之线及其南北地区，在该地区解决给养和做群众工作。

直罗镇战斗结束后，约十二月下旬，毛主席到瓦窑堡开中央会议，在那次会议后做了有名的《论反对日本帝国主义的策略》报告（一九三五年十二月二十七日）。我留在甘泉地区指挥前方各部围攻甘泉。在一个多月中，做东北军和西北军抗日民族统一战线工作，争取了俘虏军官高福原（我们到达陕北以前，劳山战斗时，被十五军团俘虏的）。

高福原系北京的大学生，东北讲武堂毕业，和张学良关系好，有相当强烈的抗日要求。我们待之如宾，同他多次谈抗日救国的道理，谈蒋介石不抵抗主义，利用"剿共"削弱东北军，以至消灭东北军。请他参观我们红军，观看我军演出话剧、抗日歌曲。他认为我们抗日是真的，但他对共产党抗日有许多疑问，最主要的是：国际主义与爱国主义怎样结合？我根据毛主席在瓦窑堡会议讲话的精神，采取民主讨论方式，同他谈了两天一晚。他要求去被围在甘泉的一一〇师，我同意他去。数天后，他从甘泉城内回来了。他对我说，抗日救亡大事依靠共产党和红军。红军与人民的关系，表现了共产党是真正爱国爱民。某晚，他又来我处，谈到张学良、王以哲等都要求抗日，东北军要求打回东北去是普遍的，关键在张学良。如张能了解红军的真实情况，在抗日问题上是可以合作的。我说，你就回西安去，做这件工作。他高兴极了，问："你们真敢于放我回去吗？我若回去，一定不辜负红军对我的优待。"我说："你什么时候去都可以。"他说:"明早?"我说:"好吧！欢送你。"送给他二百元,派骑兵送他到王以哲军防线以外。

约过一星期,他乘运送给养的飞机到甘泉,在我司令部附近,掷下大批报纸刊物。从此,红军即同东北军搭起抗日民族统一战线的桥了。外面抗日形势发展很快,高以后表现很好,加入了共产党,在张学良送蒋介石回南京后被杀害。

张学良由反共转到联共抗日,这件事完全证明毛主席《论反对日本帝国主义的策略》的正确,反对了当时的关门主义者。东北军和西北军的抗日民族统一战线工作开展了,有利于红军东征。从这里可以看出两条路线的对比:我们在江西时,那样强大的红军和相当辽阔的苏区,但由于王明路线的贯彻,对十九路军采取了错误政策等,使我苏区和红军削弱了百分之九十,白区损失了几乎百分之百。我们到达吴起镇,只存七千二百人,加上十五军团也不过一万三千余人。在毛主席正确路线领导下,一到陕北立住脚跟,即粉碎第三次"围剿",开展了抗日民族统一战线,开展了向国民党的战略进攻。逼迫蒋介石国民党处于被动,引导我党我军、苏区白区工作转入主动。当时,我体会到正确的政治路线威力的强大,最能调动各方面的革命力量,增加了自己很大的勇气。

东渡黄河　进军山西

粉碎国民党对陕北的第三次"围剿"以后,部队的给养等物资问题仍然很困难。这些实际问题,也就经常使人考虑着红军的行动方向问题。

陕北是小红军的好根据地,大红军的落脚点,但经济落后,交通不便。东侧黄河,北靠沙漠,西面荒凉,人烟稀少,虽不易形成白军四面"围剿"的局面，而红军本身的发展也有困难。向南发展，就要同东北军和西北军打仗；且陈诚于洛阳及其以西控制三个军，放在机动位置，这是专门对付我军的；向南发展就会把蒋军嫡系引进西北，加强对西北的控制。这些，对于当时的发展和总的局势都不利。东渡黄河开展吕梁山根据地，再向晋中和晋东南发展比较理想。东征可以把抗日主张发展到华北去，可以解决给养问题，补充兵员问题，以及筹款和其他物资问题。但是，东征必须保证部队和陕北根据地的联系。

一九三六年，大约是一月中旬，接毛主席电报，决定东渡黄河，夺取吕梁山脉，开辟新根据地。我接到军委这个指示后，是拥护毛主席这一决定的，但是内心有两点顾虑：一是怕渡不过去。当时红军在大疲劳之后，体质还很弱；且人数也少，包括刘志丹、徐海东两部分才一万三千余人。如受挫而强渡不成，那就不好。二是东渡黄河后，在蒋军大增援下，要保证能够撤回陕北根据地。在这一点上，也是不能大意的。因此，我除复电同意外，还就自己的上述看法，提出东渡黄河是必要的，但须绝对保证同陕北根据地的联系。我这种想法，反映了当时红军体质弱的实际情况以及长征中没有根据地的痛苦教训。这引起了主席的不高兴，他说，你去绝对保证，我是不能绝对保证的。

我随毛主席到无定河以北之大相村后，即率电台去无定河口上下游各数十里，详细侦察渡河点。我用了七个晚上侦察了一军团和十五军团的两处渡河点，也侦察了敌情。不仅了解了敌人表面的工事构筑、兵力火力配备，而且真实掌握了敌人的纵深配备；以求既保证东渡取得胜利，又准备形势万一变化，能安全撤回陕北。我到预定渡河点时，才造好十五只船，每船乘三十人，来往一次需要一点二十分钟。全军一万四千人，还有行李、伙食担子、马匹等，这样少的船只，是无法保证东渡胜利，和万一情况变化下回师的安全的。即决心组织地方党、政、民全力以赴，根据掌握的每渡一次来回的时间，星夜赶造百只船。每船配备三至四个船工，对船工加强政治动员和组织训练。这才有了东渡的胜利保证，和必要时返回西渡的安全，不然绝对保证同陕北根据地的联系，就成了空话。一军团和十五军团渡点正面守敌各不到一个营，其纵深也只有留誉镇，石楼各一个营，都离河岸三十至四十里。待敌纵深部队到达河岸时，我之战斗部队即可全部渡完。

我在黄河边做了一个多月这样的准备工作。做了详细的侦察工作，把对岸每一个碉堡敌人的兵力、火力配备，预备队位置都弄清楚了；选择了适当的渡河点，大体保证了渡河的准确性。这样细致的组织、侦察工作，对那次东渡的保证是没有白费的。在我军火力弱，尤其无炮火掩护下，作为一个高级指挥员，在执行军委指示时，亲自详细侦察，进行各种渡河准备，是非常重要的。我回到大相村，向主席汇报了各项准备工作的情况，渡河地点、时间，得到了批准。强渡很顺利，两处渡点均已登岸，几乎没有什么伤亡。主席随十五军团到石楼，我随一军团到留誉镇。

东渡黄河后，我军胜利占领吕梁山之隰县、石楼、吉县，引退了敌军进占绥德、米脂的两个师。这对于陕北根据地可以减少威胁，有利于陕北根据地的发展。阎锡山花了数十万元修建的沿黄河的堡垒，一点也没有起到阻拦红军东渡的作用。

敌人迅速集结十二个团于兑九峪，准备向大麦郊推进。如乘敌前进时，首先消灭其先头两个团（一个旅）是可能的。当时没有这样打，而采取对兑九峪三面包围攻击。此役口张得太宽，战斗一天成了相持。毛主席又即改变了计划，乘晋军后方空虚，以十五军团向北挺进文水、交城，威胁太原，后又挺进到静乐县，宣传北进抗日；一军团进占孝义，向灵石、介休北扩张，威胁平遥、榆次、太谷、太原。这就调退了兑九峪晋军退守太原，阎锡山原进入陕北绥德、米脂的两个师，星夜东调回晋，使无定河两岸苏区联成一片；迫使陈诚三个军不敢从潼关北渡黄河入晋，而绕道郑州、石家庄乘火车集结榆次、太谷地区，然后逐步南压。待阎、陈主力集结向我进攻时，我军争取了一个多月时间休整，做群众工作。一军团在灵石、介休、临汾之线，发动群众打土豪，筹得现金数十万元，扩兵数千人（河南、山东人多），收缴民团武装、弹药不少。十五军团因行动时间多，扩兵筹款成绩少些，但他们回师时经岚县、柳林，在柳林以南歼敌军一个整团。当敌军进迫河岸，我军早已准备大量船只胜利地、安全地撤回陕北。

当阎、陈集中兵力向吕梁山进攻时，我们以红军抗日先锋军名义发表了宣言，通电国民党政府、全国海陆空军、各公法团体学校，并写专函给阎锡山，说明抗日主张，不愿同室操戈（从这时起对蒋介石、阎锡山等均称阎氏、蒋氏）；说明我们北进抗日，你们既不能原谅，奉中国红军革命军事委员会命令，将红军抗日先锋军暂时撤回陕北，请你们派代表前来共商救国大计等等。

东征意义甚大：消灭敌军约三个团，共缴获了几十万发子弹；动员群众参加红军竟达五千人，还有俘虏参加红军，共约七千人；筹了四十万元左右的现金；扩大了陕北苏区。这次行动宣传了中共中央一九三五年十二月会议的抗日主张，对平津、太原学生救亡运动起了积极支援的作用。全军指战员都看出了毛主席为首的党中央政治路线的正确。政治、军事由被动转入主动，向敌人开展了战略上的进攻。

在毛主席的正确领导下，粉碎了国民党军对陕北根据地的第三次"围剿"，进军山西，扩大宣传抗日主张，从此共产党夺取了抗日领导权，这是红军到达陕北后的第二个伟大胜利。这次，毛主席是以军委主席兼抗日先锋军政治委员亲自出征的，一切措施都是他决定的。灵活机动，所耗甚少，收获很大。我是抗日先锋军司令员，在他的领导下，做一点点微不足道的具体工作。

六 月 西 征

东征胜利结束后，红军回师陕北。一九三六年，约在五月下旬或六月上旬，中央机关驻瓦窑堡，在瓦窑堡以东地区开了全军干部会议，毛主席讲了话。讲到东征的伟大胜利，反对了一军团不愿调出新兵补充十五军团的本位主义。组织了西征军及其指挥部，任务是扩大抗日根据地，接援二、四方面军出草地。以我为司令员，没有指定政治委员，但以刘晓为政治部主任。从部队中抽调大批干部成立了红军学校，林彪为校长。

我率一军团、十五军团分左右两路西进。一军团为左路进攻曲子、环县、豫旺，在曲子一仗，消灭宁夏马鸿逵之叶旅。旅长夫妇被俘，给以优遇，放回后，影响很好，对在回族军队中开展抗日统一战线工作，起了某些作用。十五军团为右路进攻靖边、定边、安边、盐池，四城逐次解放，发动群众，建立了政权。前方指挥部随右路十五军团行动。

八月初，继续西进。右路十五军团进占惠安堡、同心城，向宁夏开展工作；一军团进至固原、海原及同心城之间。东北军何柱国率一个师和军直属队驻固原城，一个师驻海原，一个师驻同心城及固原线。我军插驻其间，使其互相隔离。我写信给何柱国军长，说明抗日救国大道理，要他让出海原、同心城，全部撤至固原城及其以南，不要扰乱我军接援二、四方面军北上抗日；在他的军队移动时，我军给予方便及决不进攻的保证。何开始不相信，以后相信了，我军派朱瑞和他进行谈判，彼此遵守协议，他实行了。

八月中旬，一军团进占平凉（不含）、兰州（不含）之间的隆德、会宁等数城；一部伸出渭源，接援二、四方面军，在通渭一带会合。我率前方司令部进驻海原西北之打拉池。

张国焘司令部到达会宁，我与他直接通电，说我拟去会宁和他会见，并告以东北军四个军的位置：王以哲军驻洛川；董英斌军驻庆阳；何柱国军驻固原；马××军①驻兰州城，这些都不会阻拦你们东进。但蒋介石令王均军进至平凉，有向隆德阻击模样；令胡宗南部开西北。你们应全部集结海原、打拉池地区，准备消灭王均部。张国焘当即回电，不要我去会宁，他即日和朱总司令等来打拉池面谈。徐、陈亦率部前来。

第二天，张国焘到打拉池，徐、陈第三天还未见到。拂晓，我到张国焘处质问：徐、陈为什么还未见到？张说："已令徐、陈率四方面军之主力及一方面军之五军团从兰州附近渡过黄河北岸，向武威（凉州）前进了。"他下达这个命令时，也正是他电告我时。我把毛主席在一九三五年十二月的《论反对日本帝国主义的策略》一文起的作用，当时东北军、西北军同我们的统战关系同他谈，他完全不听。王宏坤之陈锡联、谢富治师和张国焘司令部，大概是由

---

① 东北军四个军为王以哲军、董英斌军、何柱国军、于学忠军。驻兰州的是于学忠军。

于西北马家军和王均军的阻拦，未来得及过河。

张国焘到了打拉池后，敌王均两个师尾追四方面军被截断部分前进。我与张国焘面商，只要被截断部分在正面阻拦该敌前进，一军团即可从追敌侧后进攻，在打拉池布置伏击阵地。这样，消灭王均部是完全可能的，这样还可与四方面军北渡主力取得联络。张口头同意，却秘密令王宏坤部向同心城方向撤走，破坏了当时的作战部署。我又与张商，在海原和同心城之间布置伏击阵地，歼灭王均部。他口头又同意了，实际上他又令四军东撤了，使伏击计划又被破坏。

张国焘多次破坏作战部署，使我们不得不放弃豫旺以西大块土地。如果我军当时把王均军消灭，西安事变就可提早，我军就可能控制兰州和西兰公路以至甘肃全省。

这时已是九、十月之间。十月初旬，王均和毛炳文两军尾一军团后追击；胡宗南率五个整编旅向一军团侧击；在蒋介石的压迫下，何柱国、董英斌两军亦由南向北迫进，此时情况是很紧张的。我认为不打退敌人追击，陕北根据地没有粮食，当时保安全县只有一万多人口，如站不住脚，将被迫放弃陕北，东渡黄河，这种形势是很不利的。无论如何要挽救这种局势。遂决定迅速将一军团集结于山城堡之南，十五军团集结于山城堡之北，待胡宗南先头旅深入山城堡时，南北夹击。山城堡在洪德城以西十五里，此地有数户人家，有一股笔孔大的泉水，胡宗南部当日离开甜水堡（在山城堡以西六十里）后，即无处找到饮水，非到山城堡不可。该敌先头旅丁德隆部，黄昏才到山城堡，一军团从南和西面向丁德隆旅进攻，消灭其大半。此役虽小，却成为促成西安"双十二事变"的一个因素。

胡宗南并不死心，率四个旅为左路向盐池、定边前进；王均、毛炳文两军为中路，向吴起、志丹（保安）前进；东北军为右路向华池方向前进。我军转移至洪德城与盐池间，位置于沙漠边缘埋伏着，拟待胡敌通过沙漠疲乏和饥渴之际，给以打击。胡部是主力，也最积极，我如能再歼胡敌两个旅，即可将敌人这次进攻打退。

十二月十二日深夜，我和任弼时（此时，中央刚指定任为前敌政治委员）住在一个一米高、二米宽的土洞（牧羊者住的）内，聊避风沙，点灯看地图。外面狂风，飞沙迷雾。译电员送来电报，高叫："蒋介石被张学良捉起了！"以后，中央又来电征求对蒋处理意见。我和弼时经过反复交谈，一致同意中央放蒋方针。

十三日拂晓，胡宗南部乘夜撤走了，敌其他各路也均撤走了。张学良军集结西安，将洛川、庆阳诸城皆放弃。我一军团、十五军团、二方面军之一部，及四军、三十一军开驻庆阳、西峰镇一带，张学良送来部分棉衣和弹药。

如果没有张国焘这个反革命捣乱，使四方面军主力进到凉州这个死胡同里，后又被青海马步芳军全部歼灭，把四方面军主力两万多人送掉，则一、二、四方面军还可保存六七万人，红军是可能完全控制西北地区的。那么，我们对抗日战争的领导地位就要优越得多。东北军、西北军也就不致被蒋介石各个宰割，那样就会形成抗日联军控制大西北。

王明"左"倾机会主义路线、张国焘右倾机会主义路线，先后相继都失败了，惟毛主席的正确路线，在各方面都得到了胜利的发展。特别是一方面军到达陕北吴起镇后，军事上连续给敌以反击和反攻，政治上迅速地开展了战略进攻，以致东北军张学良扣押蒋介石，蒋被迫停止内战。时间只有十一个月，这是狂风暴雨的十一个月。

在反对张国焘的斗争中，我向毛主席学到许多东西。当时如不坚持北上抗日的政治和军事方针，同张国焘机会主义路线混淆起来，在伟大的抗日民族革命战争中，无产阶级就不可能取得领导地位，甚至连发言权也不会有；在草地如不坚持正确路线，采取坚决的分，就不能证明毛主席路线的正确，以后也就不会有一、二、四方面军在陕北的大会合；在张国焘分裂红军后，如开除张国焘党籍，也就可能造成党内长期分裂。毛主席坚持了原则（不让总书记），又表现了灵活性，避免了长期分裂。经过顽强斗争，最后，张国焘一个人开了小差，团结了四方面军大批干部。既弄清了是非，又团结了同志，这是毛主席从团结愿望出发的一贯方针的伟大胜利。经过一九三五年九月到一九三六年九月一年的实践：粉碎第三次"围剿"、十二月会议、东征胜利、停止内战等，在全党、全军、全国人民中，大大树立起以毛主席为首的党中央的威信。在活生生的事实中，使全党同志得到两条路线的比较，从而认识了自己的领袖。这也是经过多次反复才得到的认识。

十二　抗日战争

红军改编为八路军[56]

卢沟桥事变[57]后，中国工农红军改编为国民革命军第八路军，成立八路军总司令部。朱德为总司令，我为副总司令，任弼时为政治部主任，左权为副参谋长。党内组织军事委员会分会[58]，朱德为书记，任弼时兼秘书长，加上我三人组成常委会。各师师长、政委，还有左权等，可能都是军分会的执委（记不清了）。当时红军主力是三万二千人，以四千人编为陕北警备旅和一个小团，保卫陕甘宁边区；一方面军一万四千人编为一一五师，林彪为师长；二方面军六千人，改为一二〇师，贺龙为师长；四方面军八千人编为一二九师，刘伯承为师长。①

---

① 据一九三七年八月二十五日中央革命军事委员会命令：第一军团、十五军团及七十四师合编为陆军第一一五师；二方面军、二十七军、二十八军、独立第一、第二两师及赤水警卫营、前总直之一部等部，合编为陆军第一二〇师；四方面军、二十九军、三十军、陕甘宁独立第一、二、三、四团等部，改编为陆军第一二九师。

在云阳镇前方司令部召开了一次团以上的干部会议，讨论了党中央洛川会议[59]的精神——也就是毛主席讲话的精神。我在这次会上讲了话，说明了抗日民族统一战线的胜利。我们改编后，要注意反对军阀主义，反对官僚主义、脱离群众，提出了四条保证：保证共产党对八路军的绝对领导；保证工农成分的绝对优势；保证政治工作的优良传统；保证和坚持学习制度。任弼时同志和各师负责同志都讲了话。

九月，周恩来同志约我陪同他一起去太原见阎锡山[60]。沿途所听街谈巷议，无不希望红军早日参战。到太原时，人民盼望共产党和红军参战之心更切。阎为避日本飞机轰炸，住在太原以北之崞县某村。会谈后，周又约我去大同见傅作义[61]。当时日军正由张家口向大同前进，我们到大同时，日军已占天镇、阳高，傅军正在忙于撤退。第二天从大同回崞县，阎锡山又约见，商谈坚守山西国防工事（即雁门关、茹越口、平型关、娘子关等既设之永久工事）问题，也就是平型关、雁门关的防御问题（这是阎锡山要求的）。

我从总部出发时，就考虑八路军如何争取在抗日战争中头一仗打个胜仗，以提高共产党和八路军的威望。这对打击恐日病、鼓励抗日士气、开展群众运动都有好处。在崞县，当阎锡山谈到以王靖国和陈长捷两军分守平型关和茹越口，另以一个军守雁门关时，我说：你们坚守平型关正面；我一一五师出五台、灵丘、蔚县地区，隐蔽集结在敌前进道路两侧，待敌进攻平型关时，从敌侧后夹击进攻平型关之敌军；我一二〇师位于晋西北地区，待敌进攻雁门关时，我军也从侧翼进击。阎甚同意。

我一一五师之一个旅在平型关伏击日军坂垣师团之一个后尾联队（即团），歼灭其大部，争取了头一仗的胜利。这是七七事变以来，日军第一次遭受的打击。在平型关胜利的鼓舞下，卫立煌[62]率四至五个军，在忻口布防。

日军打破平型关、雁门关后，继续向太原前进，在忻口遇到国民党军相当坚决的抵抗。我一二九师之陈锡联和谢富治团，乘黑夜袭入阳明堡机场，烧毁日机二十余架，歼灭守敌约一个大队（营）。此役给忻口卫立煌部以很大鼓舞。

此两战胜利，在华北人民群众中起了抗日动员作用，八路军在群众中威望日高，参军者益多。

恩来同志又约我陪同去保定见程潜[63]，转回总部时道经忻口，忻口战斗还在坚持。他们只知死守，而不敢集中兵力出击敌之薄弱点，更不敢向敌之侧后突击。抱着一条死教条：在敌侧后不能脱离正面火力之掩护。我们经石家庄到太原时，恩来同志又令我去娘子关见黄绍竑[64]。这一段我似乎是以八路军代表名义到各处联络，做统战工作。

关于军分会指示

一九三七年十月八日，华北军分会发了一个指示，这个指示是在八路军一一五师击溃日军坂垣师团一个旅的胜利影响下产生的。在指示中，把山西太原说成是华北抗日战争的堡垒，而实际上，太原在十月以后不久就失守了。显然，军分会的指示是盲目的，没有充分估计到日本侵华各方面的准备（政治上、经济上，尤其是军事力量上），同时也过高估计了国民党军队的力量及其进步性。这样就容易放松以我为主，自力更生，发动群众组织游击战争和做长期艰苦斗争的精神准备工作。

当时军分会的同志，都没有把敌后游击战争提到战略上来认识，对于毛泽东同志在洛川会议上提出的"以游击战为主，不放松有利条件下的运动战"这个方针，认识也是模糊的。没有真正认识到这是长期坚持敌后抗日战争的正确方针。我当时对于"运动战"和"游击战"这两个概念主次是模糊的。如时而提"运动游击战"，又时而提"游击运动战"。

十月八日的指示，只是根据看到的一些表面现象和从主观愿望写的，所以它是一个脱离实际和经不起实践考验的指示，因而也是一个错误的指示。

在起草和发表这个指示时，我正随周恩来同志去保定、石家庄等地做统战工作，不在总部。我从卫立煌处回到八路军总部时，才看到这个指示，也不知道是谁执笔的。但我看后，并没有反对。虽然这个指示的全部精神不是我的，但其中有些看法，我是同意的。这个指示有轻敌速胜观点。我去保定前，与朱德、弼时、左权等数同志在一起闲谈过："日本皇军不可战胜"是神话。如果八路军经常有二十万，有蒋介石嫡系军的装备，再附加若干炮兵，国民党军依险防守，我军机动作战，灵活打击敌人，把群众发动起来参加抗日斗争，山西是难以打进来的。这是轻敌速胜的思想，对别人可能有影响。我是军分会常委之一，因此，我是有责任的。

关于第二次王明路线

一九三七年十一月日军占领太原后，八路军总部从五台山转移到晋南洪洞县马牧村。十二月某日，中央来电要我回延安开会。到延安两天，王明和康生飞到延安，当晚政治局即开会。在会上，王明讲了话，毛主席讲了话，项英讲了新四军改编经过，还有其他人也讲了话。我认真听了毛主席和王明的讲话，相同点是抗日，不同点是如何抗法。王明讲话是以国际口吻出现的，其基本精神是抗日高于一切，一切经过统一战线，一切服从统一战线。他在解释他的观点时说，要树立国共两党为基础的明确观点，共同担负起统一政权，统一军队的义务；国共两党是平等的，谁想领导谁都是不可能的；各党各派要共同负责，共同领导，共同奋斗，互相帮助，共同发展。他较偏重于国民党政府和军队抗日，不重视动员民众参战。在抗日民族统一战线问题上，他着重介绍西班牙、法国和满洲的经验，说：在抗日营垒中，只能划分为抗日派与非抗日派，不能分为左、中、右派；CC 和复兴社[65]不是法西斯，因为法西斯是侵略者，CC 和复兴社是抵抗侵略的。从王明这些论点来看，显然同毛泽东同志的正确论点有很大的原则上的分歧。对无产阶级在抗日民族战争中如何争取领导权的问题，他是忽视的。这就可以肯定他这条路线，是一条放弃共产党对抗日民族统一战线的领导、失去无产阶级立场的和投降主义的路线。什么西班牙、法国和满洲的经验，所有这些经验都是失败的教训。假如真的按照王明路线办事，那就保障不了共产党对八路军、新四军的绝对领导，一切事情都得听从国民党反动集团所谓合法政府的命令；就不可能有敌后抗日根据地和民主政权的存在；同时也区别不开谁是统一战线中的领导阶级，谁是无产阶级可靠的同盟军，谁是消极抗日的右派，谁是动摇于两者之间的中间派。这些原则问题，在王明路线中是混淆不清的。

在当时，我没有真正地认识到毛泽东同志路线的正确性，而是受了王明路线的影响，在这些原则问题上模糊不清。现在回忆我在一九三七年十二月中央政治局会议上的发言，只是说了一些华北抗战情况和坚持共产党对八路军的绝对领导的问题。在会上并没有支持毛泽东同志的正确路线，也没有拥护或反对王明的错误路线，是采取了一种模棱两可的态度。这种态度，在客观上等于支持了错误路线，因为在这样的原则分歧上只能采取拥护或反对的态度，而不能采取两可的态度。

会议时间很长，似快天明才散会的。会议上的精神是不一致的，感觉回去不好传达。王明所说的内容，没有解决具体问题。蒋介石根本没有承认统一战线，工农红军要改编为国民革命军，强迫戴国民党军队的帽子，与国民党军成一种隶属关系；企图改变八路军性质，同化于它的体系，根本没有承认合作。一切经过统一战线，就是经过蒋介石，他决不会容许八路军扩大，决不会容许我们有任何独立自主，也不会有平等待遇。回去传达就只好是，毛主席怎么讲，王明又怎么讲，让它在实践中去证明吧。

第二天，我拿着写就的传达要点问洛甫同志（他那时是总书记，也是那次会议的主席），我回到华北以后如何传达这次会议的精神？洛甫同志说，由书记处写一个统一的传达大纲。又过了两天，洛甫同志交给我一个传达大纲，即"中央政治局十二月会议的总结与精神"。我回到华北以后，即按照那个大纲传达的。对这个提纲研究了一下，感到仍然没有解决具体问题。我想八路军绝对不能被国民党同化掉，故把云阳镇红军改编时的精神加进去。在这个大纲中，我加了一段，即八路军是国民革命军中的一个组成部分，应在下面三条原则下保持其光荣传统：其一，保障和加强共产党的绝对领导；其二，保障工、农成分的绝对优势；其三，保障高度政治工作的传统，保持学习制度。当时我虽然对某些问题认识模糊，但保持共产党对八路军的绝对领导是明确的。此外，对大纲没有增减。传达大纲是中央的决定，不传达是不行的，但要使它如何切合实际，才能对于抗日民族战争有利。在传达和讨论这个提纲结束时，我还讲了几句话，大意是：根据一切服从抗日的原则，按照实际情况去办。如给养问题，扩大八路军问题，等等。

为了坚决保证共产党对八路军的绝对领导，在一九三八年春恢复了政治委员和政治部制度。规定了扩编八路军的四种不同名称。即：教导旅、新编旅、暂编旅、补充旅；分给四个战略区，即：五台山区、一一五师、一二〇师、一二九师。各从第一旅起，扩编多少算多少，报告延安中央军委和八路军总部备案就是，根本就不要请示，更不报告国民党政府。根据有钱出钱、有力出力的原则，给养自筹。建设了根据地，有了政权区，可征收救国公粮；没有建设根据地政权以前，即捐、借、指派、没收汉奸财物，不靠国民党发饷、发给养。

到一九四〇年和四一年，根据地先后发本币[66]，禁止伪币和法币[67]在根据地内流通，建设"三三制"[68]抗日民主政府。在战争指导上，是基本的游击战，和有利条件下的运动战。平型关的伏击战，及大破袭战、反磨擦战等，这些也是游击性的运动战，我们把它叫作运动游击战，或叫作游击运动战，没有打过什么正规战。上述这一切，军事、政治、经济以及抗日民族统一战线方针，都是根据毛主席的独立自主和自力更生的方针执行的。红军二万八千人改编为八路军，经过八年抗日战争发展到近百万大军，是在毫无援助之下成长起来的，如果没有毛主席这条马克思列宁主义路线是不可能设想的。"七大"期间，毛主席写《论联合政府》报告时，在枣园我对他说过，华北抗战基本上是执行了中央的正确路线。当时，毛主席说，是执行了正确路线，而不是什么基本上。我说，百团大战后期，在反扫荡战中，太行山区有两个旅打得比较苦些，伤亡也比较大些。毛主席说，锻炼了军队。

但是，在传达"中央政治局十二月会议的总结与精神"以后半年多的时间中，共产党对八路军的绝对领导作用有些降低，党的政治工作也有些削弱，从而发生了个别军官逃跑和国民党勾引八路军中的官兵叛变的现象。同时，国民党对八路军的发展加以限制，对共产党的发展也加以限制，国民党的反动面目更加暴露。从这些事实中，我逐渐体会到王明路线的危险性；也逐步认识到毛泽东同志提出来的独立自主原则和《抗日游击战争的战略问题》、《论持久战》等一系列论著的重大意义及其正确性。铁的事实证明，中国抗日民族统一战线，只能由无产阶级共产党领导，而不是什么共同领导。封建地主买办资产阶级的国民党，不可能领导抗日民族统一战线；不可能实现抗日民主"三三制"联合政府；不可能改造自己党、政、军的反动机构；也不可能实行减租减息和发展民族经济，因而它也就不可能坚决领导抗日战争，争取民族独立和解放。"一切经过统一战线"，就无异于束缚革命势力发展的手脚，实际上就是放弃无产阶级领导权，向封建买办阶级投降。

所以，直到一九三八年秋六届六中全会时，我才明确表示反对王明路线。

至于"一切经过统一战线"这一条，原来思想上就没有准备实行。在当时，我们想，在日军占领区，蒋介石是去不了的，也管不着我们，一切还是照毛主席的独立自主方针办。到一九三八年秋六中全会时，八路军已发展到二十五万人，成立了许多暂编、新编、教导旅。这些从未通过国民党，如要通过它，一个也不会准。

在六中全会后，执行毛主席的抗日民族统一战线政策，就自觉得多了。如执行"又斗争又联合"、在反磨擦斗争中的"有理、有利、有节"，就比较熟练得多了。对王明路线，我只是在具体实践时行不通，才被迫抵制的，认识是不深刻的。直到一九四三年冬到延安，准备出席"七大"，在学习两条路线和研究若干历史问题时，我才进一步认识两次王明路线错误的严重性。第一次的"左"，第二次的"右"，实质上都是破坏民主革命的，不过，第二次王明路线没有起到领导作用罢了！从这里也认识到自己见事迟，在党内两条路线斗争中，开始总是模糊的，一定要问题发展到明显的时候才能看得清楚。好象人的手指开始分支在手腕处，我要等到五个指头摆出来时才认识的。

反磨擦[69]战役

一九四〇年八路军在华北进行了两个大战役，一是"反磨擦战役"，一是二十四个团的"大破袭战"。这两个战役对坚持华北抗日战争都是必要的。现在来说明一下当时的情况和经过：

首先说"反磨擦战役"。

日本军停止对正面战场的战略进攻后，在一九三九年夏，国民党就发动了反共宣传，什么"共产党捣乱"、"八路军游而不击"、"不听指挥"等等。一九三九年六月国民党在平江杀死和活埋新四军通讯处的同志。山东的石友三、秦启荣[70]，河北的张荫梧、朱怀冰、侯如墉[71]等等，他们也打抗日旗子，但没有看见或听到他们向日本人打过一枪，却专门袭击八路军后方，杀害地方抗日干部。在山西，阎锡山发动秋林事变[72]，屠杀抗日干部和共产党员，进攻新军（决死队）。在河南、湖北，发生屠杀新四军干部的惨案更为严重。陕西绥德专员何绍南专门搞特务，破坏陕甘宁边区，在三原设检查所扣押八路军车辆和来往人员等。真是数不胜数。

一九三九年冬，蒋介石发动第一次反共高潮，企图控制太行山，派河北省主席鹿钟麟向八路军"收复失地"；委任张荫梧为河北省警备司令，专门袭击八路军后方，打击抗日游击队。早在六月份，他就发布了"曲线救国"论[73]，我十一月从延安回太行山，路过西安、洛阳时，反共空气已异常紧张。过三原时，我逮捕了检查所两个特务，因为他们要检查并扣押我乘的大卡车。我放出了八路军被扣车辆，质问他们，是谁的命令要检查和扣押十八集团军副总司令的卡车？是蒋委员长的命令，还是程潜主任的命令？我把逮捕的特务送给程潜，要求惩办。我对程潜说，上海"四一二"事变、长沙"马日事变"，把第一次大革命，变为反共反人民的十年内战，反得好吧！送掉一个东北，把日本人接到武汉来了。这些顽固分子，是秘密的汪精卫，比公开的汪精卫还坏。在程潜处，我指着何绍南的鼻子说："你就是这样的汪精卫，在陕北做尽了坏事，破坏八路军的抗日后方。"当着程潜面，我说，今天谁要反共，他先放第一枪，我们立即放第二枪，这就叫做礼尚往来，还要放第三枪。程潜说，放第三枪就不对了。我说，干净消灭他，他就不再来磨擦了。临别时，我对何绍南说："再去绥德当专员，老百姓抓了你公审！"何未再去绥德当专员了。绥德专区从此成为陕甘宁边区的地方了。

这次陪我去见程潜的，是西安八路军办事处主任林伯渠同志。回到办事处时，林老对我说，今天为什么这样大火？我说，这火是要烧的，不烧打不退反共高潮，也阻拦不了何绍南再去绥德。伍云甫在座，他说，也是要闹一下，他们实在太可恶了。这是一次政治侦察：究竟蒋介石敢不敢打内战。如果他要打内战，他就要踢开英美，投降日本，他这步棋是不好下的。这次侦察是有价值的。程潜是国民党元老派，带典型性的中间派。他说，放第三枪就不对了，这就等于中间派批准了反磨擦斗争，而且是武装斗争。但是不要过分。

从西安乘车到洛阳，见了卫立煌，拜访了一些民主人士，如李锡九等。在李处不意中遇到孙殿英（新五军长），我把上述反共磨擦情况，又说了一遍。李锡九是个老好人，他很着急。孙殿英是土匪出身的，极狡猾，他意味深长地说，你们八路军会有办法对付的。这意思是说，你打吧。我说，也要请你帮帮忙。他说，照你们的方针办事"人不犯我，我不犯人。"我懂得了他的意思：你们打他呗，我新五军是守中立的。以后我们打朱怀冰部，追歼其残部时，新五军在下操，他根本不介意。

在卫立煌处谈了好几次。他请了好几次饭，这也是怕内战的表现。卫是抗日战争时期的中间派，内战时期的坚决反共分子。对中央苏区第三次"围剿"，他是中路司令。在进攻鄂豫皖苏区时，国民党为表彰他的反共功绩，把金家寨改为立煌县。我向他说了国民党的反共情况，他不置可否，只劝我要相忍为国。我说，我忍，顽固分子不忍怎办？我说，有打内战的危险？他说，内战是打不成的啊！再打内战就完了。在西安事变后，卫立煌的态度是"反共好，反不了"。十八集团军是受他指挥的，但他从未指挥过。"再打内战就完了"，这是当时国民党中抗战派的心情。

我临走告别时，他说，垣曲渡河后到第十军吃饭，陈铁军长派人在等着。这也是怕打内战的表现。我上车时，有个三十来岁的年轻人对我说，他们准备分三路进攻八路军总部。此人送我上车后就走了，可能是卫部下对八路军的同情分子。我到陈铁军部吃饭时，想，陈铁叫我去干什么？陈是醴陵人，他妻是湘潭人，当教员的。陈妻对我说："现在空气不好，彭先生个人走路要小心些。"垣曲到阳城中间有一段隘路，悬岩绝壁约三十里，我带小电台、警卫班和译电人员十余人，避开隘路，爬山另找小路。当晚露宿发出了电报，调集七个旅，准备反磨擦战役。

我回总部时，部队已准备好了，从晋察冀边区调两个旅，由聂荣臻亲自率领到达武乡。一九四〇年一月底开始反击反共磨擦，只三天，全部歼灭朱怀冰军两个师、侯如墉旅、张荫梧一个纵队，共十余个团，巩固了太行山根据地，保证了太行山根据地和山东、苏北、皖北、河北平原的联系。这是一个伟大的胜利。

当时，有意放走鹿钟麟及其卫队千人。中条山有蒋嫡系五个军未动；晋城滇军曾万钟军、林县新五军均未动；阳城有孙楚军也未动。从此，太行山结束了武装磨擦，打退了第一次反共高潮。这是在抗日民族统一战线中贯彻毛主席的革命路线，以武装反磨擦的"有理、有利、有节"所取得的胜利。

这次，第一次取得了民族统一战线的经验。彼以武装进行磨擦，我也只有以武装反对磨擦，从斗争中求团结，才能取得胜利。如不打退第一次反共高潮，太行山的抗日民主根据地是建立不起来的，整个华北抗日根据地都会受影响。不给顽固反共分子以坚决打击，也就争取不了中间势力。所以第一次反磨擦战役是必需的，是正确的。只团结不斗争，是不能坚持统一战线的。团结是有条件的，即为了抗日，为了发展革命势力，而不是削弱革命势力。这是毛泽东思想和革命路线。一切为了抗日、一切服从于抗日，反磨擦战役正是这一矛盾的统一。在这次胜利之后，没有展开讨论，提高认识，肃清王明路线影响，这是一个严重缺点。

这次战役，我事先没有请示。这是第一次反磨擦战役，应该事先请示，得到中央批准后再进行。可是我当时的处境是严重的，随时都有遭受袭击的可能，来不及请示。事后报告了中央，得到了认可。

大破袭战役（亦名百团大战）

一九四〇年二月，在反对国民党第一次反共高潮取得胜利后，敌伪顽在华北地区制造谣言来迷惑群众，主要是挑拨八路军与地方民众的关系。如说："八路军游而不击"、"专打友军，不打日军"。有一部分人上了圈套，而对八路军产生了怀疑。国民党以"曲线救国论"指使他们的一些部队降日，组织伪军，秘密承认伪军合法化。

当时，日军停止正面进攻，将兵力重点转移到华北，对敌后根据地不断进行"扫荡"。日伪军依靠几条交通线，不断向我根据地扩张占领区，增多据点。同时，日军采用多面政策，除军事进攻，还有政治诱降、经济封锁、文化欺骗。日军推行所谓"治安强化"[74]政策后，伪军、伪组织扩大，敌占区扩大，我抗日根据地愈见缩小，部队给养供应困难。日军又封锁与隔绝我各抗日根据地之联系，特别对晋东南实行其"囚笼政策"[75]，使形势日趋严重。敌伪依靠据点到处抢掠，实行"三光"政策，人民受到了严重摧残。

广大人民群众迫切要求给敌伪以沉重打击。亦有少数地区的群众，在敌人的严厉威逼下，甚至有动摇投敌者。从一九四〇年三月前后至七月，华北抗日根据地大片地迅速变为游击区。大破袭战之前，只剩下两个县城，即太行山的平顺和晋西北的偏关。原来一面负担的群众变为两面负担（即对抗日政府负担，又对伪政权负担）。

国际上，由于东方慕尼黑危险的增加，对敌占区人民特别是知识分子也有影响。

可是敌伪深入我根据地后，普遍筑碉堡，兵力分散，反而形成敌后的敌后。主要是交通线空虚，守备薄弱，这对我是一个有利的战机。

这些，都是促使组织这次战役的原因。

再者，还由于对敌人的动向有错误的估计，也是发起这次战役的重要原因之一。当时认为，由于国际形势的变动，西南国际交通线[76]被截断，增加了国民党的动摇；敌人又散布"八月进攻西安"的空气，再截断我西北交通线，在这种紧张的空气里，国民党就更加动摇了，投降危险在随之严重。

在这种情况下，我们决定组织一次大破袭战役。八路军总部决定七月上旬开始准备，八月上旬乘青纱帐旺盛时进行大破袭战。原定兵力是二十二个团（晋察冀十个团，一二九师八个团，一二〇师四个团），重点破袭正太路；其次破袭平汉路、同蒲路北段和白晋路①；并拟于"八·一三"前后开始向敌各交通线进攻。任务分配是：太行山区是从娘子关起至太谷，从石家庄起至新乡；五台山区是从石家庄起至芦沟桥，娘子关至石家庄，以及南口东西段；晋绥区是从太原以北到雁门关北；太岳区是白晋路全段；冀南区和冀中区是从石家庄至德州全段。

总部决定后，七月二十二日发出电报给各区，也报军委。估计到破袭战开始时，日伪军会有相当部分，必从我根据地内向外撤退，故部署我各军区和军分区应预有准备，乘敌退出碉堡工事时，

---

① 白晋路是白圭至晋城的铁路，现已拆除。

尽量消灭敌人，平毁碉堡及封锁沟、墙。各区接到此部署后，积极行动，提早准备和进入预定地域。当时是青纱帐旺盛时期，虽敌伪碉堡密布，还是未被敌人发觉。为防止敌人发觉，保障各地同时突然袭击，以便给敌伪更大震动，大概比预定时间提早了十天，即在七月下旬开始[①]的。故未等到军委批准（这是不对的），就提早发起了战斗。

在战斗开始并且取得了一些胜利以后，各根据地有不少武装力量乘敌伪仓惶撤退时，自动参加了战斗，自发地奋起追歼敌伪，加上原布置的二十二个团，共有一百〇四个团。故在发表战报时，名为百团大战。这说明在共产党领导下的军队，是有高度自觉性和积极性的。日本军华北司令部对此役名之曰挖心战。以后每年此日，作为挖心战纪念日。

此役共消灭日伪军三万余人，自动瓦解溃散的伪军、伪组织比此数要大得多。正太路、平汉路一个多月才通车。收复大量县城，有些得而复失。在破袭时一度收复有四、五十县，最后得到巩固的县城还有二十六个以上。太行山区有榆社、武乡、黎城、涉县、陵川、襄垣等六县；太岳区有沁源、浮山、安泽等三县；五台区有阜平、灵邱、涞源、浑源四县；晋西北有临县、兴县、岢岚、岚县、五寨、平鲁、左云、右玉等八县；冀中收复河间等数县；冀南区收复南宫等数县；冀鲁豫平原区收复南乐、清丰、内黄等县。从这一点来说，给日伪震动是很大的。由于当时敌伪军把一些力量深入到我根据地内部，分散守备那些星罗棋布的碉堡去了，造成了各铁路沿线的守备减弱，所以战役开始后，进行得比较顺利。

---

① 百团大战在八月二十日开始。

这次破袭战，相当严重地破坏了敌人的交通运输，消灭了相当多的伪军和伪组织，摧毁了敌伪军在我根据地内为数不少的堡垒，收复了不少县城，缴获了大量物资，是抗日战争中缴获最多的一次。

这次战役大大提高了华北人民群众敌后抗日的胜利信心，对日寇当时的诱降政策以及东方慕尼黑[77]阴谋以很大打击，给蒋管区人民以很大兴奋。此役也给了投降派又一次打击，提高了共产党领导的抗日军队的声威，打击了国民党制造所谓八路军"游而不击"的谣言。蒋军有后方接济、国际援助。八路军深处敌后，毫无援助，为照顾大局，还能进行百团大战，把抗日救国的神圣事业引为己任。让全国人民去评断，去教育自己。在对日大规模破袭战中，我军也取得了一部分攻坚经验，便利了以后我们开展敌后的敌后武工队的活动。在华北伪军、伪组织中的瓦解工作也迅速开展。大片解放区的恢复，改变了两面负担的局面，减轻了人民痛苦。

此役胜利的消息传到延安，毛主席立即给我来电说，"百团大战真是令人兴奋，象这样的战斗是否还可组织一两次？"所以这次战役是取得了不少胜利的。

但是，我在这个问题上是有错误的。这个错误主要表现在我对日军向我进攻的方向估计得不对。本来敌人准备进攻中原及打通粤汉路和湘桂路，而我以为（据我们情报工作者的报告）是要进攻西安，怕敌人进占西安后，截断中央（延安）同西南地区的联系（实际上这种顾虑是不必要的）；更没有估计到日本法西斯打通粤汉路，是为了便利进行太平洋战争[78]。如果当时看破了敌人这样的战略企图，那就再熬上半年时间，或者等敌人进攻长沙、衡阳、桂林以后，兵力更加分散时，我军再举行这次大规模的破袭战役，其战果可能要大得多，其意义也要大得多。然而，是过早举行了那次战役。虽然在战役上取得了胜利，但是推迟了日军打通粤汉路和湘桂路的时间（约一个月时间），而减轻了当时日军对蒋介石的压力。在客观上是起了援助了蒋介石的作用。由于进行了这次破袭战役，迫使日军从华东、华中调回一个师团的兵力，加强了对我华北根据地之进攻。特别是太行山区，在敌人的"三光"政策下（这个杀光、烧光、抢光的三光政策，是在一九三九年夏就提出的），人民遭受了一些可以避免的损失。再者，破袭战役后期，我也有些蛮干地指挥。此役在太行山区破袭时间搞的太长了一些，连续搞了一个月，没有争取时间休整，敌伪军即行扫荡。在敌军扫荡时，日军一般的一个加强营附以伪军为一路。我总想寻机歼灭敌军一路，使敌下次扫荡不敢以营为一路，以使其扫荡的时间间隔扩大，有利于我军民机动。我这一想法是不符合当时实际情况的。因部队太疲劳，使战斗力减弱了，使一二九师伤亡多了一些。

上面这些后果的责任，是应当由我来负的。但是我认为，对于这次战役的估价，不能离开当时我们所处的环境和当时担负的任务。如果抛开这些，而重于从另一方面来说"就是为了维护蒋介石的统治"，"就是资产阶级思想的战略方针"，我认为这样来分析和推论一次战役行动，是有点过分，因为当时战役的胜利，实际上比损失要大得多。

"文化大革命"中，有些人恶意攻击百团大战。他们说，皖南事变[79]是因为百团大战暴露了力量，引起蒋介石的进攻。消灭新四军八、九千人，这个罪责应该彭德怀负。好家伙，这些人是站在哪个阶级说话？真令人怀疑，他们根本不懂得历史。百团大战是蒋介石发动第一次反共高潮之后打的，而不是在第一次反共高潮之前打的，那么第一次反共高潮之前，是谁造成对八路军、新四军那样多的惨案呢？甚至还有人说，日本投降后，蒋介石发动对人民解放区前所未有的进攻，也是由于百团大战暴露了力量，使蒋介石过早警惕。这些人是健忘呢，还是有意违反历史事实啊？一九二七年上海"四·一二"事变和长沙的"马日事变"，这又是谁在预先暴露了力量呢？谁在"四·一二"事变前打过百团大战呢？蒋介石打过十年内战，在十年内战爆发以前，又是谁打过百团大战呢？肯定回答，没有人打过百团大战。那么，蒋介石集团为什么要打十年内战呢？这是它这个集团代表地主买办资产阶级的本性决定的。他是一个反共、反人民的代表集团，在抗日战争期间，尚且发动三次反共高潮[80]；在抗日战争结束后，他有几百万军队，又有帝国主义援助，哪有不反共反人民的道理呢？哪有不进攻解放区的道理呢？

对百团大战的恶意攻击者，你们站到日本帝国主义和蒋介石集团的队伍里去了。请你们看上面毛主席给我的电报吧！你们的看法为什么和毛主席的看法那样不一致呢？你们不是站在讲演台上，用劲地叫喊打倒彭德怀吗？还喊打倒这，打倒那。你们想一下吧！你们自己呢？不是三五人坐在房间里闲谈，而是多少次在多少万人的群众大会上的演讲，放出来的毒嘛！

我认为百团大战在军事上是打得好的，特别是在打了反磨擦战役之后，必须打反日的百团大战，表示我们是为了抗日才反磨擦的。这才能争取广大的中间势力。在当时，只有抓住敌后的敌后空虚，给予突然猛袭，才能有力地调动敌人，给予打击，恢复大片抗日根据地。在敌后碉堡密布的情况下，组织这样统一有计划的破袭，是不容易的。百团大战的胜利，对于揭露日、蒋各项欺骗宣传是有利和有力的，对于积蓄力量是非常必要的。如果当时还不给敌伪以必须和可能的打击，根据地就会变为游击区；我们就不会有近百万正规军、二百万基干民兵，和广阔的解放区作为解放战争的战场，给进犯的蒋军以适时的打击。

抗日时期，人民战争有了发展，比红军时期进了一步。如大规模的地道战、地雷战、麻雀战等多种多样的战法，各种各样的武器都加以利用了。武装编组也是多种多样的。如普通民兵、基干民兵；村乡有小组、区有区干队、县有独立团、营或支队。在百团大战后，发展了武装工作队（武工队），它是党、政、军、民统一的组织形式，他们的一般政策水平比较高，善于分析具体情况；他们对每一个斗争对象非常灵活机动，处处为人民利益着想，把合法斗争与非法斗争结合得特别巧妙。这些都是在毛泽东人民战争思想指引下，逐步成长起来的，可惜的是还没有系统地整理起来。

十三　解放战争

撤离延安

"七大"开完，我留在延安中央革命军事委员会任参谋长工作。一九四六年蒋介石发动内战，向解放区进攻以后，至当年冬十一月，被我人民解放军歼灭三十五个旅，蒋军受到严重打击，他的机动兵力有些近于枯竭，想以开伪"国大"[81]和进攻延安两着，一方面从政治上来打击人民解放战争；另一方面以压倒优势兵力，歼灭陕甘宁边区我军，压迫我军和我党中央、解放军总部到黄河以东，然后沿无定河、黄河封锁之。这样，蒋介石可以抽出嫡系胡宗南部主力控制于中原或华北，加强机动兵力。这是蒋介石当时的阴谋企图。

一九四七年春，蒋军向解放区的全面进攻，被迫改为向山东、延安重点进攻。毛主席坚定而英明的方针是："必须用坚决战斗精神，保卫和发展陕甘宁边区和西北解放区，而此项目的是完全能够实现的"。很明显，中央的目的是要以较小的兵力吸引和歼灭敌军大量主力部队。为了鼓舞全国解放战争胜利，中央和解放军总部留在陕甘宁边区，继续指导全国解放战争；同时直接指挥西北人民解放战争，滞留胡宗南部于西北，粉碎蒋介石的阴谋。

胡宗南部进攻延安时，敌我兵力大概是十与一之比：敌军二十四万左右，我军二万五千余人。胡部是蒋嫡系，经过长期整训补充，部队比较充实，装备也是头等的，有一定的战斗力。一九四七年三月初，胡宗南以五个旅进攻我陇东区庆阳、合水地域。我方三五八旅、新四旅、警备一旅约一万二千人，西华池序战没有打好，伤亡一千二百人左右，从陇东撤到鄜（富）县集结，准备直接参加保卫延安。因西华池战斗打得不太好，意见很多。

这时，胡匪主力也正在向洛川、宜川集结，准备向延安进攻。

我赶到鄜县，向该部队同志讲了全国各解放区战争形势很好；保卫延安、保卫毛主席、党中央、保卫陕甘宁边区的意义重大。大家听到保卫毛主席，劲头很大。当时，部队正在开陇东战斗检讨会，我未参加完，即到防卫延安的主要阵地南泥湾检查教导旅设防情形。听了罗元发同志的介绍，就是子弹太少，平均每枪不到十发。同他们商量了部署，认真研究能防御几天，他们说五天。我说，尽可能阻击，给敌以杀伤，但不死守，争取防守一星期，使中央机关撤出延安有余裕时间。以后证明，也守了七天。如果有充分的弹药，当然还可能延长守备时间。以后，我仍回到鄜县。

三月十二日回到延安，向毛主席报告了上述情况。当时贺龙同志在晋绥，不在延安。我向毛主席说，在贺未来延安前，陕北几个旅并后勤人员也不过两万人，是否由我暂时指挥。毛主席说："很好！"同意了我的意见。以后中央又任命习仲勋同志为西北野战军政治委员，我为司令员，贺龙同志为西北军区①司令员兼管后方。这时我党在南京的办事处撤销，周恩来同志等已从南京撤回延安。党中央秘书长为任弼时同志，军委参谋长由周恩来同志兼。此后，我离开了军委，从西北局调了张文舟同志作参谋长。我要三局配备了两个手摇马达小电台，调了几个参谋、译电员，组织了一个小司令部，全部人员五六十人。此时，胡宗南已在向洛川、宜川集结兵力，并向北推进。西北局召集了群众大会，习仲勋同志②和我讲了话，动员保卫延安、保卫边区，对敌人坚壁清野、封锁消息；号召拥护人民解放军，打倒蒋介石，消灭胡宗南匪军。这次动员大会是开得很好的。

在敌人进攻南泥湾的第三四天时，告新四旅即刻派人到青化砭预伏地区详细侦察了地形。撤出延安的前一天，教导旅也作了同样的侦察。他们在南泥湾的防御战斗和保护主席安全通过拐峁中，都尽了很大的责任。

三月十七日，毛主席已由枣园搬来王家坪住。毛主席对我说，这次撤出延安时，要把房屋打扫得干干净净，家具一点也不要破坏。十八日黄昏，主席离开延安，我们悄悄地送到飞机场。敌进迫离城约七里处，也即是教导旅的最后掩护阵地。主席经飞机场、桥儿沟、拐峁向青化砭前进时，沿途都可听到延河南岸敌之枪声。在主席离开王家坪后，我即到西北局、联防司令部、杨家岭等地检查：房屋都按照主席吩咐打扫得还干净，家具也摆好了。约九时许，我回到了王家坪，同前方部队首长都通了电话，规定了撤退路

① 当时是陕甘宁晋绥联防军，后改西北军区。

② 在这次会上讲话的是朱德、周恩来，习仲勋是在另一次群众大会上讲的话。

线，告诉了意图和撤退时间，特别要三五八旅大摇大摆地向安塞以北撤退。我以小部兵力诱敌向安塞（延安西北）进攻，主力埋伏于延安东北之青化砭地区。

我军撤出延安是最有秩序的，这也证明毛泽东思想教育下的人民军队是何等镇静，何等可佩呵！我率小司令部从王家坪东面一条小路爬上山，向青化砭前进，当天午后到达。敌从南泥湾、甘泉进到延安大概用了七天。三月十九日胡宗南进占延安。

青化砭、羊马河、蟠龙战斗

我军到了预伏圈的第二天、第三天还不见敌军到，有些同志就有些着急，想：不会来了吧！我相信敌人终于会来的。一九四七年三月二十五日，胡宗南之整编二十七师的三十一旅，以一个团控制于拐峁，旅部率一个团进入我军预伏圈内，约战一小时余，即全歼该敌，缴获了近三十万发子弹，抓了两三千名俘虏，活捉了其旅长。这是胡宗南进攻延安的第一批礼物。虽然不多，但当时我军弹药奇缺，人员补充也甚困难，实在是太需要了。此役虽小，对我军帮助不少，补充了新四旅和教导旅在陇东和南泥湾战斗的消耗。

毛主席于四月十五日给了西北野战军作战方针，就是：采取蘑菇战术拖疲敌人，逐渐削弱它，各个消灭它。这是总的意图。我们如何执行主席的战略方针呢，这就必须了解敌人的方针，根据敌我双方方针，定出自己的切实可行的战斗计划。

我们取得青化砭序战胜利后，将主力隐蔽集结于青化砭西北，观察敌军进攻动向。胡宗南发现我在青化砭地区，即以主力三个旅从延安经拐峁从南向北进攻（而不由安塞向东），一路向延长、延川、清涧进攻扑了空，一路向瓦窑堡、永坪、蟠龙又扑了空。这时胡宗南已发现我主力在青化砭西北地区，他又不由清涧、瓦窑堡、蟠龙向西分路进攻，而将主力集结蟠龙、青化砭，由南向北进攻；在瓦窑堡、清涧各以一部兵力守据点。从他这些行动中，判明胡宗南的企图是要把我军赶到黄河以东，而没有歼灭我军的信心。以此定下了西北野战军的作战方针，其特点就是要求每战必胜，粮食、弹药、被服、人员的补充，主要取之于敌人。

当敌人开始行动时，我军已转移到瓦窑堡以西偏北地区集结。敌人扑空后，又回头控制一个旅（一三五旅）于瓦窑堡。这时我军又转移至青化砭西北，安塞以东地区。敌防我向西南发展，胡宗南把永坪、蟠龙、瓦窑堡各部向延安地区及其以北集结；又怕瓦窑堡之一三五旅孤立，故派两个旅由青化砭北进接出该敌。在判明敌之企图后，我以主力埋伏于瓦窑堡以南五里外，至羊马河大道两侧；以精干小部队坚决抗击北援敌于羊马河以南（羊马河离瓦窑堡十五里）。四月十四日，待南撤之一三五旅进入我夹击阵地时，不到两小时，全歼该敌，其代旅长被俘。

胡宗南发现我主力后，集结七个旅分三路由南向瓦窑堡齐头并进，企图压我退绥德、米脂线。我以小部队采取节节向后抗退，将主力乘夜转移，隐蔽集结于蟠龙、永坪、瓦窑堡、清涧之间。我每旅抽出一个连，摆在敌北进道上阻击，将北进敌诱至无定河、绥德、米脂线。我主力争取了四天时间休息。敌刚到米脂、绥德线，我即向蟠龙发起进攻（蟠龙是敌人的一个重要补给点，驻有较强的一个旅）。从五月二日开始，四号晚攻克。消灭一六七旅约六千人，俘旅长李昆岗等；缴获夏季军服四万套，面粉一万余袋，子弹百万余发（这是最宝贵的），医药品无数。解决了我军当时严重困难的粮食、衣服、医药问题。等第四天胡宗南部回到蟠龙，兵站基地已一无所有，变为一座空堡。

三战连捷，我军集结安塞地区整训近月，开了庆祝大会。

由防御转入进攻

毛主席在一九四七年四月十五日提出"蘑菇"战术的指示，要我军在瓦窑堡、清涧、青化砭地区周旋一月。从三月十九日敌占延安时起，到现在一月余的时间里，打了三仗，消灭五个团、三个旅直属队。主席指示要"磨"得他十分疲劳，现在还只磨得他七八分疲劳，一仗还不能顺利地消灭敌两个旅。把打和磨，磨和打灵活地结合起来，整垮胡宗南的信心是大大地增加了。

引诱胡军由南向北进：胡宗南准备六七个旅由延安向安塞及其以北大举进攻。我主力军两天前即已离开安塞地区，从下寺湾、甘泉之间出环县、曲子，越梢山。王震部进攻合水，遇马继援部，未能取得胜利。围攻环县、曲子县，消灭马鸿宾部两个多团。胡宗南害怕我军出西兰公路，星夜集结主力于西峰镇、庆阳，由南向北进攻，抽调延安主力南援。待胡宗南部向环县进攻时，我已休息半月了。即出盐池、定边、安边、靖边，恢复三边，马鸿逵部退宁夏。胡宗南部约八九个整编旅尾随追击。我军第一次围攻榆林打援，因敌靠紧未打好，即撤至榆林城东南七十里，米脂以北六十里。胡部又尾追之。我撤至沙家店以北，摆开阵势，八月二十日伏击整编三十六师。一役消灭三十六师两个旅，俘一二三旅旅长。至此，胡宗南号称二十万大军进占延安，半年中，被歼灭和拖垮近半数。敌二十九军军长刘戡率五个旅退守绥德，廖昂师守清涧、延长、延川。

为了威胁敌人后方，命王震率二纵队出南泥湾、宜川、洛川、韩城以南。这时，胡宗南令刘戡退守洛川；敌五兵团裴昌会总指挥率两个旅守延安；整编七十六师廖昂师守清涧原防未动。我主力从绥德上游渡过无定河，控制清涧、绥德公路。绥德敌南撤时，我军出延安、甘泉及其以南，将绥德之敌引回延安。我军主力适时从绥德下游偷偷渡过无定河，从清涧以东侧黄河南进，突然袭占延长、延川，将整编七十六师师长廖昂所率二十四旅两个团和师直属队围困于清涧。一九四七年十月十一日，该部被我歼灭，廖本人被俘。

陕北气候寒冷，部队经过半年多的紧张战斗，本应集结清涧、延川地区进行休整，不要再去打榆林了。当时为顾虑中央安全，第二次去进攻榆林，结果围攻近月未下。且十二月冬临，故停止进攻，这算是犯了一个小错误。否则可以多休整一月，新式整军成绩会更大些。

十二月中旬即准备新式整军。

一九四七年，西北战场同全国各解放区战场一样，是取得伟大胜利的一年。在毛主席亲自指挥下，由防御转入进攻了。

新 式 整 军

我在西北战场上取得了一条宝贵的经验是"新式整军"。一九四七年十二月中，撤围榆林，进行整训。一纵队三五八旅战士中有一名四川人，是俘虏来的。深夜，一个人在野地，写着他母亲的神位，哭诉他母亲是怎样惨死的，仇恨国民党和当地的恶霸地主，他参加了人民解放军，要如何为母亲报仇。一位连指导员悄悄在旁听着，他也有类似苦难，结果他们拥抱相诉相哭。我们抓住这件事，开了诉苦大会，把它当作运动来开展。我军新老战士、干部，多数都有一本不同程度的血泪史，过去各不联系，不能成为同仇敌忾的阶级感情。诉苦大会普遍开展后，大会小会又紧密结合，一个人的痛苦，就变为大家的痛苦，大家的痛苦也就是每个人的痛苦。很自然地提高了阶级觉悟，凝结为阶级仇恨。大家认识到，只有打倒国民党政府，消灭其军队，建立人民政府，分田地，组织合作社，才能解放自己，消灭剥削阶级。又进一步查阶级，查出了一些国民党特务隐藏在人民解放军中，在坦白从宽的政策感召下，说出了他们的罪恶阴谋，这就进一步提高了指战员的阶级觉悟和革命警惕。查工作、查斗志，都问一个"为什么？"有的工作好，有的勇敢。有的表现不好，不勇敢，多数是由于阶级觉悟不高，也有的是由于缺乏经验。认真加以分析，进行评比，然后转到练兵。"官教兵，兵教官，兵教兵"，真正作到了官兵互教。

对于干部的任命，采取民主推选，组织批准的办法。第一野战军中，在瓦子街战斗以前，感到干部很缺乏，特别是连、排、班长三级。经过诉苦运动，提高了战士阶级觉悟以后，提出民主推选，组织批准的办法，解决了干部缺乏问题。推选的条件是：阶级觉悟，长处短处，指挥能力。推选和被推选者，指挥员和战斗员一起，进行反反复复的评比。这是一次普遍的政治思想教育和业务教育，加强了上下级和官兵之间的团结。事实证明：被推选出来的干部，绝大多数是好的；上级机关原先内定的某些人，有些是不好的，而且还有坏人。经过这次运动之后，群众纪律好了，上下级之间、军民之间相互关系好了，这就是群众自己教育自己。这种诉苦会的形式是很好的，红军和抗日时期，都没有找到这种形式；要是早找到这种形式，对争取俘虏兵加入红军，扩大红军的成绩，要快、要大得多。毛主席把这种作法推广到全军，并誉为"新式整军运动"。

从瓦子街战役到攻克兰州

一九四八年一月中旬，一、三、四纵队约三万二千人，集结于甘谷驿、南泥湾、临真镇，二纵队一万二千人集结于韩城以东。西北野战军总计有四万四五千人，经过新式整军后，士气异常旺盛。

当时敌军布置是：两个旅困守延安孤城，三个旅守洛川，中部、宜川各有一个旅驻守，共七个旅。我军当时最大困难是没有粮食。前进无后方接济，后退更无办法，非打宜川无其他更合适的办法；而围攻宜川打援有八成把握，敌如不援即可打开宜川。我们决定突然包围宜川打援。胡宗南令中部、洛川四个旅全部来援，加上宜川一个旅共是五个旅，每旅平均不超过六千人，这样敌军共约三万人。

二月二十八日已布置就绪，二十八日晚大雪，打了一次电话问一纵的情况。他们说："雪下得越大越好"。三月一日，在瓦子街干干净净全部歼灭敌援军四个旅，无一漏网。三日晚攻克宜川，守敌一个旅全歼。此役消灭敌人五个旅共三万人，击毙敌军长刘戡、师长严明等人。一九四七年三月，我们一次只能消灭敌一个旅，过了一年，一次就能消灭五个旅，这个变化多么大呵！

此役后，如果有粮食时，可以回师围攻延安，而且围延打援，也是一个好办法。因为没有粮，故未拟议。

当时也想帮助中原区刘邓、陈谢两路大军。故决定经马栏峪出淳化，取邠州，扼断西兰公路。对延安、洛川之敌，留了两个旅交许光达指挥，乘延、洛之敌撤退时截击，但未起到作用，所以这次分兵是不对的。

占领邠州控制西兰公路后，胡宗南从河南方面调回四个旅，另有广西军一个师（似六十五师）；撤出延安两个旅，逃回西安。我军收复延安，这离我军撤离延安的时间为一年。

我一纵深入宝鸡，破坏胡宗南总兵站基地。这对缩短西北战争，增加胡宗南困难，起了某些作用。但对马步芳部积极援胡估计不足；对胡从豫抽援部队之快，也估计不足；加以分散了部分兵力，使我深入宝鸡后，回师时弄得很被动，也很疲劳。毛主席一九四七年四月指示，要把胡宗南军磨得十分疲劳，这是一个很深刻的指示。部队到了十分疲劳时，即消失了战斗力，非亲自经历是很难体会的。

为了就粮和休整，又回到白水地区，在蒲城县以北歼灭由韩城南退的一个师。我一野全部即分布在黄龙山区、韩城、中部、宜君、同官、耀县、富平、白水、蒲城广大地区做群众工作。一九四八年冬也就在这个地区过年的。

一九四九年二月十七日，我奉中央命令离开西北前线，去参加七届二中全会。二中全会未开完，毛主席即令我去帮助指挥进攻太原。得手后，大约四月中旬，中央将华北野战军十八、十九两兵团拨归第一野战军建制，我即将十八、十九兵团带去西北。去中央开会及打太原来往共用去三个月时间。

五月下旬返回西北前线。部队得到了一次较长时间的休整。十八、十九兵团到西安平原时，巩固了西安、咸阳两城。经过了一次扶郿战役，消灭胡宗南四个军，结束了胡宗南在西北十二年的统治，解放了宝鸡。十八兵团留守宝鸡，对付胡宗南退汉中残部。十九兵团随第一野战军西征，在兰州进行了一次恶战，全歼了马继援军。八月二十五日解放了兰州，九月五日解放了西宁。十九兵团单独消灭马鸿逵三个旅，马鸿宾五个团。一九四九年九月，西北人民解放战争基本结束。

十月初（大约五、六号）我到酒泉，同新疆派来的陶峙岳谈判关于和平解放新疆的问题。

一九四七年三月份，当我军撤离延安时，全国解放区均处于战略防御；到一九四八年三月初，这一年中，全国各解放区均先后转入进攻，这个变化是多么大呵！由放弃延安到瓦子街战役胜利是一年另十八天，由瓦子街胜利到攻克兰州，是一年半的时间。在这一年半内，解放全国领土五分之二（包括新疆），打了二十次旅以上的战斗，至于团以下的小战斗，就没有去计算它了。只有人民的武装斗争，才能解放人民自己。

西北解放战争时间共是两年半，中国人民解放战争不到四年。全国以一与四的对比，战胜了优势的敌人，解放了全世界四分之一的人口，把世界革命运动推进到了一个崭新的阶段。这是伟大的毛泽东思想的胜利。

两次错误和一条宝贵经验

我在西北战场有过两次错误，和取得一条宝贵经验。

第一次错误，是在一九四七年十月下旬，打下清涧，活捉了蒋部师长廖昂后。陕北气候寒冷，部队经过半年多的紧张战斗，应该就在清涧、延长线进行整训，不要再去打榆林了。结果围攻榆林近月未下，妨害部队休整训练。如不再打榆林，新式整军可以多搞一个半月，成绩会更大些。我在作战指挥上有一个优点，就是不满足于已得胜利；但求之过急，就变成了缺点，而且屡戒屡犯，不易改正。第二次打榆林，只是想到中央在米脂、绥德一带不安全，打下榆林就放心了，未考虑其他方面。

第二次错误是在瓦子街战役大胜后。进占陇东、邠州，截断了西兰公路之后，应当集结兵力，进行休整，争取教育瓦子街战斗中的大批俘虏。但当时想乘胜进攻宝鸡，破坏胡宗南后方，缩短西北战争时间。这就是思想上的急躁病，产生了轻敌思想。结果胡宗南采取了异常迅速的手段，从延安、主要是从河南调集最大的兵力，和青海马继援部一起向我夹击。我撤出宝鸡后，搞得很疲劳；因为过度疲劳，使本来可以歼灭之敌而未能歼灭。这样的教训在我的战斗生活中，过去就有几次，但都没有这次深刻。过急求成，在思想上是主观主义，在行动上是冒险主义，而且往往发生于连续大胜之后。这就是骄傲，但当时还会得到一定的群众支持。

一条宝贵经验是新式整军，已在前面叙述了，不再重复。

十四　抗美援朝

出 兵 援 朝

一九五〇年十月一日国庆节后，四日午，北京突然派来飞机，令我立即上飞机去北京开会，一分钟也不准停留。当日午后四点左右到达北京中南海，中央正在开会，讨论出兵援助朝鲜问题。听别的同志告诉我，当毛主席让大家着重摆摆出兵的不利情况以后主席讲了这样一段话："你们说的都有理由，但是别人处于国家危急时刻，我们站在旁边看，不论怎样说，心里也难过。"我刚到，未发言，内心想是应该出兵，救援朝鲜。散会后，中央管理科的同志把我送到北京饭店。当晚怎么也睡不着，我以为是沙发床，此福受不了，搬在地毯上，也睡不着。想着美国占领朝鲜与我隔江相望，威胁我东北；又控制我台湾，威胁我上海、华东。它要发动侵华战争，随时都可以找到借口。老虎是要吃人的，什么时候吃，决定于它的肠胃，向它让步是不行的。它既要来侵略，我就要反侵略。不同美帝国主义见过高低，我们要建设社会主义是困难的。如果美国决心同我作战，它利速决，我利长期；它利正规战，我利于对付日本那一套。我有全国政权，有苏联援助，比抗日战争时期要有利得多。为本国建设前途来想，也应当出兵。常说，以苏联为首的社会主义阵营，要比资本主义阵营强大得多，我们不出兵救援朝鲜，那又怎样显示得出强大呢？为了鼓励殖民地、半殖民地人民反对帝国主义、反对侵略的民族民主革命，也要出兵；为了扩大社会主义阵营威力也要出兵。"你们说的都有理由，但是别人危急，我们站在旁边看，怎样说，心里也难过。"我把主席的四句话，反复念了几十遍，体会到这是一个国际主义和爱国主义相结合的指示。"你们说的都有理由"，但如果不把它同朝鲜处于危急时刻联系起来考虑，那就是民族主义而不是国际主义者。我想到这里，认为出兵援朝是正确的，是必要的，是英明的决策，而且是迫不及待的。我想通了，拥护主席这一英明决策。

第二天下午，中央又在颐年堂开会，在其他同志发言后，我讲了几句："出兵援朝是必要的，打烂了，等于解放战争晚胜利几年。如美军摆在鸭绿江岸和台湾，它要发动侵略战争，随时都可以找到借口。"主席决定我去朝鲜，我也没有推诿。散会后在南海畔，有人向我说："看来还不服老哟！"

第一次战役

一九五〇年十月十八日黄昏时，我随志愿军第一批先头部队跨过鸭绿江。十九日晨到拉古哨电站，二十日晨到达北镇西北之小山沟。当时，敌乘汽车、坦克追击，先头一部已抵鸭绿江。二十一日晨我四十军之某师通过北镇不远，即与李承晚伪军遭遇。第一次战役是一个不期遭遇战，我立即改变原先行军部署，利用我军特有的灵活机动，在北镇云山地区消灭了李承晚伪军一部，打退美伪军的追击，立稳了足跟。二十五日即胜利结束了第一次战役。美、英军和伪军利用机械化迅即退清川江与德川地区集结，构筑野战工事，我们未跟踪猛追，因为仅消灭伪军六七个营和美军一小部，还没有消灭敌之主力，敌机械化部队运动迅速，构筑工事亦快，主要是坦克部队，已交织成防御体系。以志愿军现在技术装备去向敌军进行阵地战，是不利的，甚至可能打一个败仗。

第二次战役

我们当时采取了故意示弱，纵敌、骄敌和诱敌深入的战术。我以小部兵力与敌保持接触，而我主力控制在北镇东西地区，利用有利地形，在离敌进攻出发地三十公里左右，隐蔽构筑反击阵地。十一月中旬×日，麦克阿瑟[82]坐飞机侦察，其总部又对所属广播："要加紧准备，打到鸭绿江，回去过圣诞节。"我军判断敌即将进攻，一切准备就绪。十一月二十日前后，敌向我猛烈进攻，我按上述部署作战。以小部队节节抗击，引敌进攻。待敌进至云山、龟城线我预定战场反击阵地前沿，时近黄昏，乘其立足未稳之际，又是一天疲劳之时，以小部插入敌军后方，我兵力、火力预先适当配备，以排山倒海之势冲入敌阵，用手榴弹、刺刀与敌短兵混战，使敌优势火力不能发挥，我军奋勇冲杀，打得敌军人翻马倒，车辆横七竖八，阻塞于途。此种打法，敌军未见过，也是出敌不意，是我争取第二次战役胜利的正确战术方针，舍此没有第二种好办法。

此役胜利很大，报销了敌军汽车六千辆以上，坦克、炮车千数百辆。但这些装备，被敌大量凝固汽油弹所烧毁，故缴获只是小部。敌军狼奔豕突，放弃平壤，退回三八线。此役确定了抗美战争的胜利基础，恢复了朝鲜民主主义人民共和国的全部领土。

第三次战役

在第二次战役胜利后，即乘胜追击，至十二月中旬，我已隐蔽接近三八线。经过严密侦察，作好各种攻击准备，乘一九五一年元旦前夕（一九五〇年十二月三十一日晚），一举突破三八线，夺取汉城，飞渡汉江，收复仁川港，将敌逐至三七线。

敌改变计划，从日本和国内抽调之新生兵力，共约四个师，集结洛东江预设防线，从欧洲抽调老兵补充；从东线咸镜方面撤退之兵力，亦集结于洛东江；机械化部队每天只退三十公里，恰是我军一夜行程。敌军一切一切在诱我攻坚，待我军疲惫消耗，从正面反击，从侧翼登陆截击，断我军归路。

志愿军入朝后，连续经过三次大战役，又值严冬，历时三个月，既无空军，又缺高射炮掩护，敌人利用飞机轰炸，长射程大炮昼夜轰击，我在白天根本不能通行，也未曾休息一天，疲劳之甚可想见。运输线延长，供应非常困难。战斗的和非战斗的减员，已接近部队的半数，急需休整补充，准备再战。这时，我已有三个军进入汉江以南，接近三七线；主力位于汉江以北三八线及以南地区休整待机，构筑工事，以防敌反攻，并准备长期作战。

第四次战役

我军进至三七线（水原一线），即行停止攻击。敌见诱我深入洛东江预设坚固阵地不成，于一月下旬举行反攻，我集结五个军举行迎击。此役消灭敌军约两个师，大部分是李伪军，小部分是法、比、卢森堡混合部队，约两千人左右；美军只一个多营。但把敌反攻打退了。一九五一年二、三月间利用短暂的几天时间（来回七天）回到北京，向主席报告了朝鲜战况和请示战略方针，说明朝鲜战争不能速胜，须在二月十五号以前将汉江南岸背水之五十军，撤回北岸。这次主席给了抗美援朝战争一个明确的指示，即"能速胜则速胜，不能速胜则缓胜"。这就有了一个机动而又明确的方针。

第五次战役

敌积极诱我军深入洛东江失败后，于二月中旬大举向北进攻。我采取节节抗击，艰苦战斗，经过约四十天，敌推进到三八线。我在西线举行反攻，把敌打回汉城附近。这是五次战役的第一阶段。但敌不再放弃汉城了，在东线进至三八线，敌亦不撤退，向汉城摆成梯阶队形。志愿军和朝鲜人民军一部共同组织力量将东线之敌打退。有一个军进得过远（接近三七线），接济不上，粮食异常困难，撤回时很疲劳；还有六十军之一个师，在转移时，部署不周，遭敌机和机械化兵团包围袭击，损失三千人。这是第五次战役的第二阶段，所遭受的损失，也是全部抗美援朝战争中的第一次损失。

第五次战役规模是很大的，敌我双方兵力都在百万。没有消灭美军一个团的建制，只消灭一个营的建制有六七处；消灭伪军一个师，其余消灭的都是不成建制的。一般包围美军一个团，全部歼灭要两天时间，原因是我军技术装备太落后，他的空军和地面机械化部队拼命救援。全歼美军一个整团，一人也未跑掉，只在第二次战役中有过一次，其余都是消灭营的建制多。一般夜晚包围不能歼灭时，第二日白天他就有办法救援出去。在这时毛主席来了一个电报，指示对美军作战的口不能张得太大，必须采取敲牛皮糖的办法，一点一点去敲。这个办法很好，但须要有一过渡办法，使阵地稳固起来。站不稳脚就无法去敲别人。由第四次到第五次战役结束，经两月多的激烈战斗，敌军也就相当疲劳了；我军阵地已开始形成，并逐渐巩固起来，地面防御战转变为地下固守防御战。在作战形式上，我方进一步构筑坑道纵深工事，沿着"三八"线逐步完成。坑道工事的加强，敌攻不破我阵地，（上甘岭阵地的出现即是一例）使敌军一次又一次的进攻，均被挫败。我集中兵力可以有选择、有准备地攻破敌阵地，学会了既利用坑道工事为掩护进行防御战，又利用坑道工事进行阵地进攻战。构筑稳固的阵地战，在一九五一年夏秋出现了，对敌军进行主席指示的"敲牛皮糖"战术开始了。即集中最大限度的火力、兵力，做好隐蔽进攻阵地，每次歼灭敌一部，大多是敌一个营。打了不少这样的歼灭仗，每月大概打四、五次，集中起来就不少了，而且真正学会了阵地攻坚战。最后一次阵地突破战，是停战前一夜（一九五三年七月下旬某夜），我方以四个军一夜突破敌人二十五公里宽和深的坑道工事体系，消灭伪军四个师大部，美军一个重炮团。我们打出了这样一套阵地积极防御的新战术，即劣势装备的我军，进攻敌阵地时，能攻得破；防御时，能守得住；能攻能守，掌握战场主动。这是革命军队优良的政治素质和军事素质相结合的表现，为持久的阵地战创造了极为有利的条件。

此战胜利，迫使敌方联军总司令克拉克上将请求马上在停战协定书上签字，克拉克和他的僚属说："美国上将在一个没有打胜的停战书上签字，这在美国历史上是第一次。"我在签字时心中想：先例既开，来日方长，这对人民说来，也是高兴的。但当时我方战场组织，刚告就绪，未充分利用它给敌人以更大打击，似有一些可惜。

抗美援朝战争经验是丰富的。在完全没有空军掩护下的后方勤务工作，其经验也是宝贵的。在反细菌战中，也取得了不少经验。

在朝鲜战场上，中国人民志愿军与朝鲜人民军并肩作战，兄弟般地相互支持。在三年的共同斗争当中，我军与朝鲜人民及朝鲜人民军之间用鲜血凝结起来的战斗友谊是更加巩固了，国际主义的感情是更加深厚了。

十五　庐山会议前后

关于庐山会议前后的情况

庐山会议前中央召开的两次郑州会议[83]、武昌会议、上海会议[84]，我参加的情况：

两次郑州会议我只参加了一次。这次郑州会议，由于收到通知较晚，只参加了会议的最后一天。那次会议是某天黄昏后在火车上召开的，会上是毛主席讲话，其大意是反对"共产风"。因为到会者取得了一致的认识，所以会议时间不长即散。我同意主席的意见，并未提出其他意见。

武昌会议时，我参加了西北小组。在小组讨论公布一九五八年的粮棉数字时，有的同志说，粮食有一万亿斤以上；有的同志说，粮食有九千亿斤，棉花有六七千万担；也有的同志说，粮食要多少有多少，现在是工业大大落后于农业。我说粮食没有那么多。当时有的同志对我提出了客气的批评，他说："老总呀！你这也怀疑，那也怀疑，怎么办呢？"我说："公布的数字少些，将来追加数字，比较主动；公布数字多了，将来被动。"后来主席说公布七千五百亿斤，我当时同意了，但心中对此数还是有怀疑的。

会议闭幕后，我先到了湘潭县的乌石、韶山两公社，后又到了平江县。这几处给我的印象是实际收获的粮食数字没有公布的数字那样多。其根据：由于劳动力不足，没有收获好；有些地区又多吃了一些粮食。在平江展览馆参观时，发现将两个年度的生产数字颠倒公布了，即将一九五七年高产数字公布为一九五八年的生产数字，而将一九五八年的较低数字公布为一九五七年的生产数字。这样的造假数字，真是令人可怕的。

回到株洲市，恰与薄一波同志相遇，当谈到粮食数字时，我说："实产粮食数字可能没有估计的那样多，今年征购一千二百亿斤粮食是很勉强的。如果征购了过头粮，不仅将来返运困难，而且会影响农民的生产情绪。估计征购九百亿斤为宜。"薄一波同志说："你给中央打个电报。"我说："请你写吧。"后来还是用我的名字写了一个电报，说明不能征购一千二百亿斤，只能征购九百亿斤。这个电报妥当与否，应由我个人负责。但是可以看出，我的怀疑观点，是没有隐瞒下来的。

上海会议时（一九五九年四月），正值西藏发生叛乱，当时我把主要精力放在进军西藏的一些事务性工作上了，因此，对其他问题没有提意见。

我在一九五九年五月访问了东欧各国，六月中旬回到北京。第二天到国防部办公楼，听了黄克诚关于国内情况的说明。山东菏泽地区的粮荒情况，比我出国时要稍微缓和些。四月开上海会议时，甘肃还说是余粮省，现在已成为严重的缺粮省，运输力缺乏，运粮进去也不容易。我问："军队中还可抽出一点运输力吗？"黄说："凡能抽出的已全部抽去了，海军舰只抽了一部分到重庆帮助运粮，空军也抽出了一部分，如再抽调要影响备战。现在油的储备也有问题。"黄说："西藏平乱，虽已胜利，但运输车辆还不能减少。"他在谈话时，有些为难的表情。我说："还是想办法抽出一点运输力来帮助地方。"我说："东欧各兄弟国家人民，对中国很热情，各国领导对西藏叛乱是很关心的。"我又说，七月一日中央在庐山召集工作会议，我现在很疲劳，想休息一下。庐山会议请你参加，因你是书记处书记，地方和军队情况都比较熟悉。他说，庐山会议还是你自己去的好。他愿留在军委管家。我就只好自己去，未便过于勉强。

六月二十九日在武汉乘轮船到庐山，七月一日休息一天，二日开会。毛主席概述了形势，大体是：成绩伟大，问题不少，前途光明。中央办公厅所发材料不少。我编入西北小组，几乎每次会都去出席，约十次。参加国务院两次会是讨论计划工作；参加了中央常委会一两次，其他任何地方都未去。

周小舟来我处谈过两次。第一次谈了湖南工业情况，他说，过去湖南没有重工业基础，现有钢铁厂、电机制造厂、机械厂等；轻工业有很大发展；水利建设成绩也很大，平均四十天不下雨，还可保收。约谈了数十分钟，吃午饭去了。过了两天，周小舟第二次来谈，他说去年粮食造了假！我说："为什么呢？"他说："是压出来的。一次说粮食数字不落实，第二次又说不落实，连造了几次数字，下面干部就摸了一个底——要虚报不要实报。"我说："只能是有多少报多少，决不能虚报也不能少报。"他又说："现在吃大锅饭（公共食堂），就要大锅大灶，烧柴火也不节省，劳力也不节省；小锅小灶，妇女、弱劳力都可以煮饭，现在非强劳动力不可。搞了公共食堂，家庭用水也不方便，群众对公共食堂有意见。"我说："这些问题,你应当如实地向主席反映。"周说:"昨天向主席谈了一些。"他希望我有机会同主席谈谈,向主席反映一些具体情况。我说:"军队方面也常反映一些社会情况,我都送给主席看。"他说:"主席能看到吗?"我说:"能看到。"

张闻天住在我隔墙院子,一出门就见到,谈的次数多些。多在散步时,随便谈谈。时间久了,已记不清楚,大概谈及几件主要的事情:小土炉炼铁是得不偿失。我说,炼土铁是有得有失(后来我给主席信,别人抄错变为有失有得)。张说:"你的估价还比较高。"张说:"要很好学习历史,毛主席从中国历史中学了很多东西。"我说:"在党内真正懂得中国历史的还只有毛主席一人。"我表示会议后要认真学习政治经济学,认为斯大林解决了社会主义经济法则问题,但没有正确解决人民内部矛盾,在这个问题上,是犯有错误的。毛主席解决了这个大问题,把两类不同性质的矛盾分析得很清楚。这进一步巩固了无产阶级专政,创造性地发展了马列主义。

以上是在庐山会议期间、七月十日前后和周小舟、张闻天谈的大致内容。此时,黄克诚还未去庐山。

一九五九年七月庐山会议初期,我参加了西北小组。七月二日开幕以后,从七月三日到十日的八天中,我在小组会上共有七次发言(或者插话)。这些都在会议时期中央办公厅的简报上陆续印发给到会同志。七月二十三日上午,主席对我七月十四日信批判以后,西北小组又将我在小组会上的发言(或插话)几经校对,集中印发给到会同志。

从这些事实中可以看出,在我给主席写信以前,并不是一言不发,而是在言词中表露了对某些"左"的现象不满,这才是事实。

从七月一日起,除参加会议外,就是坐在室内看中央部门有关财经的文件、群众来信、会议简报。到七月十二日晚，在我的思想上已形成目前国家计划工作严重比例失调，毛主席的两条腿走路的方针没有贯彻到各方面实际工作中去的看法。这也就是我七月十四日那封信的主要内容。本决定十三日晨向主席反映。去时，警卫员说，主席刚睡。我就去西北小组参加会议去了。十三日晚饭后，就开始写那封信（实际上，七月十二日晚腹稿已成），七月十四日晨将写成的信，送给主席亲收。十六日中央办公厅印发出来了，我于十八日参加小组会时，我说明这封信只是写给主席个人参考的，请求中央办公厅收回我这封信。可是二十日前后，张闻天、周小舟还有其他人发了言，都说基本上同意我那封信，黄克诚十八号晚或十九号晚才到庐山的。他在小组会上的发言，我未看到。毛主席于七月二十三日上午批判了我那封信是反党性质的纲领，说在写这封信之前，就有人发言支持，形成有唱有和，这不是反党集团又是什么呢？自主席批判了我那封信以后，会议的空气就变了，我的情绪也是紧张的。

为了表白我当时写信的动机和愿望，故在这里再次把我对当时国内形势及对当时一些具体问题的观点说明一下（成绩就不详细谈了）。

我对当时国内形势的看法：我认为当时是处于大好形势之下。一九五八年，全国人民在党的领导下，在总路线的光辉照耀下，掀起了轰轰烈烈的大跃进运动，人民公社在各地陆续组成。大跃进运动的广泛掀起，和人民公社这一组织形式，都是符合人民利益的，是与我国人民为迅速摆脱"一穷二白"的愿望相适应的。这些总的大好形势，给了我们在执行总路线、巩固人民公社和持续大跃进方面，都创造了有利的条件。但是，是不是在当时就没有什么问题呢？不是。而相对的在某些地区，或某些具体政策上，是存在着严重的缺点或错误的。在庐山会议时，我所写的信，是起源于这些问题。

首先，我当时对计划工作是有意见的。认为一九五八年基本建设项目过多过急，不少工厂返工和窝工，分散了资金，致使必成项目推迟，而形成了原材料紧张。一九五九年并没有加以控制，而盲目地继续扩大基本建设。在发展钢铁工业上，也有一定的片面性：注重了加工工业及材料工业的建设和发展，而相对的忽视了原料工业。原料工业是材料工业和加工工业的基础，如果基础不巩固，就会影响加工工业的发展。对于这个问题，我在七月十四日给主席的信上，举出了一系列的例子，如：没有认真研究炼钢、轧钢及碎石设备和煤炭、矿石、炼焦设备；对于坑木来源、运输能力和劳动力增加、购买力扩大以及市场商品安排，等等，也注意的不够。总之，是没有必要的平衡计划。我当时认为，在计划工作方面的不够实事求是，是产生一系列问题的起因。我当时也顾虑，对一九五八年和一九五九年上半年的一些基本建设项目，不下最大决心暂时停止，会要延长比例失调（主要是农业远远地落后于工业），某些被动局面就难以摆脱，将会直接妨碍四年赶英或超英的跃进速度。在给主席的信中，我也提到"国家计委虽有安排，但因各种原因，难予决断。"我当时认为有四个难予决断的原因：一是地方要求多快；二是政府各部门要求多快；三是中央也希望多快；四是我国社会主义建设速度，还没有得出客观规律。斯大林同志对于苏联社会主义建设速度，摸索了约二十年才得出结论，即社会主义建设速度每年平均增长百分之十三至十四。苏联五年计划，国民经济翻一番，每年即递增百分之十四点八七。我国情况，比苏联当时的情况有所不同。首先我们人力比他们多；其二是国际环境比较好；但是我们的工业基础是比较差的。根据具体条件的比较，我国的建设速度可能会快些。但是究竟快多少呢？如果四年翻一番，每年要递增百分之十八点九三；如果三年翻一番，每年要递增百分之二十六。我当时想，我们四年翻一番，争取三年半完成，因无经验，没有提出来。我总觉得，计划工作没有一个年度标准是不好作的，容易产生冒进或保守现象，只好检讨再检讨。我在给主席的信中，批评计划工作就占了信的一半，只有"国家计委虽有安排，但因各种原因，难予决断"这句话，是原谅计委的。

我认为，在农业方面也要有一个标准为宜。从解放以来，在现有条件下，平均每年能够增长百分之七就算不错了。至于将来农业机械、水利、肥料条件改善和加强后，那时肯定会快得多。从解放后，我国农业每三年中就有丰年一年，平年一年，歉年一年。一九五二年是丰年，一九五三年是平年，一九五四年是歉年；又一九五五年是丰年，一九五六年是平年，一九五七年是歉年。过去是以丰补歉。一九五八年是一个特大丰年，但由于好多地区收获得不好和保管得不好，也有些地区发生多吃和其他浪费现象，不但国家库存没有增加，反而减少了。如果过去的自然气候是带有规律性的，那么一九五九年就是平年，一九六〇年是歉年。一九五八年秋有九千万人炼铁，一九五九年继续七千万人大搞水利建设，这对长远利益来讲，当然是有好处的，但对当年的农业生产来讲，是有些不适应的。再加上各方面一齐有几个"大办"，这就势必造成农业缺乏劳动力，而直接影响农业增产，又进而影响到一些工业、轻工业的原料来源和副食品的供应。

在当时对小土群炼铁问题的议论，有三种意见：一是有损无益；二是得不偿失；三是有得有失。我是第三种看法，反对前两种看法。

当时，在贸易政策方面，我对"内销服从外贸"，也是有不同看法的。出口过多，就会引起国内市场紧张，将影响货币回笼和财政收入，也就会影响大跃进。

那时我把这些概括起来为"现时我们在建设工作中所面临的突出矛盾，是由于比例失调而引起各方面的紧张。就其性质来看，这种情况的发展，已经影响到工、农之间，城市各阶层之间，以及农民各阶层之间的关系，因此也是具有政治性的。是关系我们今后动员广大群众继续实现跃进的关键所在。"

在那个时期，有许多地区的领导同志，滋长了思想方法上的主观主义，有时他们把社会主义建设时期的长远的战略性的任务，错误地作为当时的行动口号。在某项工作任务中，缺乏认真研究具体条件，凭自己的主观愿望作决定。有时中央下达了任务，他们层层加码。甚至流传了一些纯主观主义口号，如："人有多大的胆，地就有多大的产"；"左比右好，左是方法问题，右是立场问题"。当然，这些错误说法，他们是不会直接讲给主席等领导同志听的。我认为，这种作法和说法，实际上是在破坏总路线、大跃进和人民公社。在农村劳动力的组织方面，有许多地区过分强调大兵团作战，不按照强弱劳动力相互搭配，反而实行强弱分别组织。这样组织劳动力，是不适合我国现阶段农村生产技术水平的。

在当时，某些地区严重地刮起了几股黑风——共产风、浮夸风、强迫命令风。有相当数量的基层干部（其他各级干部也有不少），把才组织起来的人民公社，误当作共产主义已经来临，把大批生产资料和生活资料盲目地集中起来，实行所谓"共产主义"；

新居民点还没有建立起来，就盲目地拆房子和砍伐树木、竹林。有不少农户怕"共产"，就低价变卖家产。有些干部为了表白自己的工作成绩，就无限制地上报"卫星"数字。本来产量不高，而报上去的数字很高。如果这些数字堆集在一起，那真是令人可怕！这种现象的产生，不能说与某些领导部门要求的任务过重无关。许多基层干部，为了放更高的卫星或完成上一级交给他的层层加码下来的生产指标，便采取了强迫命令的手段。有的地区打人竟成了风气，完不成任务打，出工迟到也打，说话不好听也有挨打的。在劳动生产中，有些地区不照顾妇女生理特点的现象也很严重，致使不少妇女发生子宫下垂和停经的疾病。这些风气，在一九五八年十二月我至乌石、平江等地时，给我的印象尤为深刻。因为有不少农民到我处申诉、告状。由于这些黑风在某些地区刮起，直接影响了我党基层组织在那些地区群众中的威信，使中央领导同志在那些地区的威信也受到了不同程度的损失，更严重的是影响了农民的生产积极性。我把这些问题概括为浮夸风、"小资产阶级狂热性"、强迫命令等。这些问题，在庐山会议初期，到会同志并没有倾心置腹地谈出来。鉴于以上这些情况，就促使了我给主席写信的念头。

七月二十三日对我是一个严重的考验

一九五九年七月十四日我写给主席的那封信，主要是将我在西北小组会上不便讲的一些问题，提要式地写给主席。这些问题是涉及执行总路线、大跃进和人民公社的一些具体政策问题，以及某些干部的工作方法问题。在这些问题上，我当时认为主要是产生了一些"左"的现象，而右的保守思想也有，但那只是个别的或者是极少数的。我当时对那些"左"的现象是非常忧虑的。我认为当时那些问题如果得不到纠正，计划工作迎头赶不上去，势必要影响国民经济的发展速度。我想，这些问题如果由我在会议上提出来，会引起某些人的思想混乱，如果是由主席再从新提一提两条腿走路的方针，这些问题就可以轻而易举地得到纠正。正如在一九五八年秋，人民公社刚成立不久，曾有一些人对于人民公社的所有制问题和按劳分配原则问题在认识上有些模糊，但是经过主席的开导，那个问题很快得到了纠正。既纠正了偏差，又没有伤害同志们的积极性，我对此非常满意。所以我七月十四日给主席写信的目的，就是为了尽早地纠正当时存在的那些问题，也正是为了维护总路线、大跃进和巩固人民公社，并没有什么"阴谋篡党"、"反对毛泽东同志"的目的。那封信，只概括地提出了几个比较突出的问题，并没有论述那些问题产生的原因，同时我也论述不出许多的原因，我想，横直是写给主席自己作参考的信，他会斟酌的。

可是，事与愿违。在七月十七日上午就收到了中央办公厅对那封信的印发本，并在起头加了一个大字标题——"彭德怀同志的意见书"。七月十八日，在小组会上我就要求收回这封信，申明这封信是仓促写成的，而没有完全写明意思。七月二十三日上午，主席在大会上讲话，从高度原则上批判了那封信，说它是一个右倾机会主义的纲领；是有计划的、有组织的、有目的的。并且指出我犯了军阀主义、大国主义和几次路线上的错误。听了主席的讲话，当时很难用言语形容出我沉重的心情。回到住所以后，反复思索主席的讲话，再衡量自己的主观愿望与动机，怎么也是想不通。当时抵触情绪很大。

当日黄昏，我带着沉重的心情在马路上散步时，迎面碰见了一个同志，他叫了声："老彭，今天上午主席的讲话，考虑好了没有？"我说："是非曲直由人断，事久自然明吧。"他很严肃地说："老彭，不能采取满不在乎的态度，主席午前讲话，从政治上、组织上、路线上，已经提到了高度原则，你应当考虑对党对人民如何有利的问题，写成书面发言。"我说："现在很疲劳，一时写不出来，也写不清楚。"他说："你讲意思，叫秘书记录并加以整理，然后你自己再去斟酌，这样比较严密，也比较深刻些。"我说："没带秘书，只带来一个管军事电报的大尉参谋，他写不了这类文章。"我知道他说的话是好意，是从人民利益出发的，即别而归。

回到住所后，参谋同志送来军委转西藏军区电报，是要求增派运输车辆。即拿着电报想同黄克诚同志商量一下。推开黄的门时，听到黄克诚同志说："你们不要激动，事情会弄清楚的，主席是不会错的。"我进到黄的室内时，见到在座的有周小舟、周惠、李锐三人。周小舟同志即对我说："老总呀！我们离右派只有五十步了。"我说，五十步也不要着急，把一些模糊观点弄清楚也是好的。仅停片刻，没有谈及别的，我即回自己办公室去处理电报。当晚，怎么也睡不着，直至天晓还在想：我的信是给主席作参考的，为什么成了意见书呢？为什么能成为右倾机会主义的纲领呢？为什么说是有计划、有组织、有目的呢？那位同志的话虽对，但怎样才是对党对人民有利呢？是保留自己的看法呢，还是作检讨呢？总之，有一系列的问号在我脑子里盘旋着。甚至产生了一种埋怨情绪，想：我虽然认识主席时间比较晚，可是也有三十余年了，我这信有如此严重的错误，为什么不可以找我谈一谈呢？同时也考虑到，我党中央坚持反对帝国主义和现代修正主义，并积极支援国际上的民主、民族解放运动。如果以毛泽东同志为首的中国共产党中央的威信受到了损失，那就会给国际无产阶级运动带来更大损失。

想到这里，我动摇了原先保留看法的念头。

第二天，即二十四日上午，有两个同志来到我处。问我考虑好了没有？我说，我写给主席的信，是根据国内某些具体情况和庐山会议的情况写的，并没有什么准备和怀有什么阴谋目的。他们又问我写信事先同其他同志交换过意见没有？我说："除周小舟同志有两次到我处谈了些湖南省的具体工作情况，我给他说我准备写封信（没谈内容）给主席以外，没有同其他同志提起过。张闻天同志有几次来我处谈了些带全国性的经济建设工作，并没谈写信的问题。"他们又说："不能单从信的方面来看，而要从如何对全局有利着想。"他们并以热情和激动的心情谈到，"要抛开信的本身，从全局利益来作检讨。"谈了两个多小时，热泪盈眶而别，感人至深。我非常感激他们对我的帮助，决心从严检讨自己。

但是，在会议发展的过程中，我采取了要什么就给什么的态度，只要不损害党和人民的利益就行，而对自己的错误作了一些不合事实的夸大检讨。唯有所谓"军事俱乐部"〔85〕的问题，我坚持了实事求是的原则。对于这个问题，在庐山会议期间，就有追逼现象，特别以后在北京召开的军委扩大会议时期（八月下旬至九月上旬），这种现象尤为严重。不供出所谓"军事俱乐部"的组织、纲领、目的、名单，就给加上不老实、不坦白、狡猾等罪名。有一次，我在军委扩大会议上作检讨时，有一小批同志大呼口号："你快交代呀！""不要再欺骗我们了！"逼得我当时气极了，我说："开除我的党籍，拿我去枪毙了罢！你们哪一个是'军事俱乐部'的成员，就自己来报名罢！"有几个同志说我太顽固，太不严肃。其实，在庐山会议结束后，我就想把我在军队三十年来的影响肃清、搞臭。这样做，对保障人民解放军在党的领导下的进一步的巩固，是有好处的。我就是持着这个态度，赶回北京来作检讨的。但是我不能乱供什么"军事俱乐部"的组织、纲领、目的、名单等，那样做，会产生严重的后果。我只能毁灭自己，决不能损害党所领导的人民军队。

附录一

彭德怀同志于一九五九年七月十四日给毛主席的信

主席：

这次庐山会议是重要的。我在西北小组有几次插言，在小组会还没有讲完的一些意见，特写给你作参考。但我这个简单人类似张飞，确有其粗，而无其细。因此，是否有参考价值请斟酌。不妥之处，烦请指示。

甲、一九五八年大跃进的成绩是肯定无疑的。

根据国家计委几个核实后的指标来看，一九五八年较一九五七年工农业总产值增长了百分之四十八点四，其中工业增长了百分之六十六点一，农副业增长了百分之二十五（粮棉增产百分之三十是肯定的），国家财政收入增长了百分之四十三点五。这样的增长速度，是世界各国从未有过的。突破了社会主义建设速度的成规，特别是象我国经济基础薄弱，技术设备落后，通过大跃进，基本上证实了多快好省的总路线是正确的。不仅是我国伟大的成就，在社会主义阵营也将长期的起积极作用。

一九五八年的基本建设，现在看来有些项目是过急过多了一些，分散了一部分资金，推迟了一部分必成项目，这是一个缺点。基本原因是缺乏经验，对这点体会不深，认识过迟。因此，一九五九年就不仅没有把步伐放慢一点，加以适当控制，而且继续大跃进，这就使不平衡现象没有得到及时调整，增加了新的暂时困难。但这些建设，终究是国家建设所需要的，在今后一两年内或者稍许长一点时间，就会逐步收到效益的。现在还有一些缺门和薄弱环节，致使生产不能成套，有些物资缺乏十分必要的储备，使发生了失调现象和出现新的不平衡就难以及时调整，这就是当前困难的所在。因此，在安排明年度（一九六〇年）计划时，更应当放在实事求是和稳妥可靠的基础上，加以认真考虑。对一九五八年和一九五九年上半年有些基本建设项目实在无法完成的，也必须下最大决心暂时停止，在这方面必须有所舍，才能有所取，否则严重失调现象将要延长，某些方面的被动局面难以摆脱，将妨碍今后四年赶英和超英的跃进速度。国家计委虽有安排，但因各种原因难予决断。

一九五八年农村公社化，是具有伟大意义的，这不仅使我国农民将彻底摆脱穷困，而且是加速建成社会主义走向共产主义的正确途径。虽然在所有制问题上，曾有一段混乱，具体工作中出现了一些缺点错误，这当然是严重的现象。但是经过武昌、郑州、上海等一系列会议，基本已经得到纠正，混乱情况基本上已经过去，已经逐步的走上按劳分配的正常轨道。

在一九五八年大跃进中，解决了失业问题，在我们这样人口众多的、经济落后的国度里，能够迅速得到解决，不是小事，而是大事。

在全民炼钢铁中，多办了一些小土高炉，浪费了一些资源（物力、财力）和人力，当然是一笔较大损失。但是得到对全国地质作了一次规模巨大的初步普查，培养了不少技术人员，广大干部在这一运动中得到了锻炼和提高。虽然付出了一笔学费（贴补二十余亿）。即在这一方面也是有失有得的。

仅从上述几点来看，成绩确是伟大的。但也有不少深刻的经验教训，认真地加以分析，是必要的有益的。

乙、如何总结工作中的经验教训：

这次会议，到会同志都正在探讨去年以来工作中的经验教训，并且提出了不少有益的意见。通过这次讨论，将会使我们党的工作得到极大好处，变某些方面的被动为主动，进一步体会社会主义经济法则，使经常存在着的不平衡现象，得到及时调整，正确的认识"积极平衡"的意义。

据我看，一九五八年大跃进中所出现的一些缺点错误，有一些是难以避免的。如同我们党三十多年来领导历次革命运动一样，在伟大成绩中总是有缺点的，这是一个问题的两个方面。现时我们在建设工作中所面临的突出矛盾，是由于比例失调而引起各方面的紧张。就其性质看，这种情况的发展已影响到工农之间、城市各阶层之间和农民各阶层之间的关系，因此也是具有政治性的。是关系到我们今后动员广大群众继续实现跃进的关键所在。

过去一个时期工作中所出现的一些缺点错误，原因是多方面的。其客观因素是我们对社会主义建设工作不熟悉，没有完整的经验。对社会主义有计划按比例发展的规律体会不深，对两条腿走路的方针，没有贯彻到各方面的实际工作中去。我们在处理经济建设中的问题时，总还没有像处理炮击金门、平定西藏叛乱等政治问题那样得心应手。另方面，客观形势是我国一穷（还有一部分人吃不饱饭，去年棉布平均每人还只十八尺，可缝一套单衣和两条裤衩）

二白的落后状态，人民迫切要求改变现状。其次是国际形势的有利趋势。这些也是促使我们大跃进的重要因素。利用这一有利时机，适应广大人民要求，加速我们的建设工作，尽快改变我们一穷二白的落后面貌，创造更为有利的国际局面，是完全必要和正确的。

过去一个时期，在我们的思想方法和工作作风方面，也暴露出不少值得注意的问题。这主要是：

1. 浮夸风气较普遍地滋长起来。去年北戴河会议时，对粮食产量估计过大，造成了一种假象。大家都感到粮食问题已经得到解决，因此就可以腾出手来大搞工业了。在对发展钢铁的认识上，有严重的片面性，没有认真地研究炼钢、轧钢和碎石设备，煤炭、矿石、炼焦设备，坑木来源，运输能力，劳动力增加，购买力扩大，市场商品如何安排等等。总之，是没有必要的平衡计划。这些也同样是犯了不够实事求是的毛病。这恐怕是产生一系列问题的起因。浮夸风气，吹遍各地区各部门，一些不可置信的奇迹也见之于报刊，确使党的威信蒙受重大损失。当时从各方面的报告材料看，共产主义大有很快到来之势，使不少同志的脑子发起热来。在粮棉高产、钢铁加翻的浪潮中，铺张浪费就随着发展起来，秋收粗糙，不计成本，把穷日子当富日子过。严重的是相当长的一段时间，不容易得到真实情况，直到武昌会议和今年一月省市委书记会议时，仍然没有全部弄清形势真相。产生这种浮夸风气，是有其社会原因的，值得很好的研究。这也与我们有些工作只有任务指标，而缺乏具体措施是有关系的。虽然主席在去年就已经提示全党要把冲天干劲和科学分析结合起来，和两条腿走路的方针，看来是没有为多数领导同志所领会，我也是不例外的。

2. 小资产阶级的狂热性，使我们容易犯左的错误。在一九五八年的大跃进中，我和其他不少同志一样，为大跃进的成绩和群众运动的热情所迷惑，一些左的倾向有了相当程度的发展，总想一步跨进共产主义，抢先思想一度占了上风；把党长期以来所形成的群众路线和实事求是作风置诸脑后了。在思想方法上，往往把战略性的布局和具体措施，长远性的方针和当前步骤、全体与局部、大集体与小集体等关系混淆起来。如主席提出的"少种、高产、多收"、"十五年赶上英国"等号召，都是属于战略性、长远性的方针，我们则缺乏研究，不注意研究当前具体情况，把工作安排在积极而又是稳妥可靠的基础上。有些指标逐级提高，层层加码，把本来需要几年或者十几年才能达到的要求，变成一年或者几个月就要做到的指标。因此就脱离了实际，得不到群众的支持。诸如过早否定等价交换法则，过早提出吃饭不要钱，某些地区认为粮食丰产了，一度取消统销政策，提倡放开肚皮吃，以及某些技术不经鉴定就冒然推广，有些经济法则和科学规律轻易被否定等，都是一种左的倾向。在这些同志看来，只要提出政治挂帅，就可以代替一切，忘记了政治挂帅是提高劳动自觉、保证产品数量质量的提高，发挥群众的积极性和创造性，从而加速我们的经济建设。政治挂帅不可能代替经济法则，更不能代替经济工作中的具体措施。政治挂帅与经济工作中的确切有效措施，两者必须并重，不可偏重偏废。纠正这些左的现象，一般要比反掉右倾保守思想还要困难些，这是我们党的历史经验所证明了的。去年下半年，似乎出现了一种空气，注意了反右倾保守思想，而忽略了主观主义左的方面。经过去年冬郑州会议以后一系列措施，一些左的现象基本上纠正过来了，这是一个伟大的胜利。这个胜利既教育了全党同志，又没有损伤同志们的积极性。

现在对国内形势已基本上弄清楚了，特别是经过最近几次会议，党内大多数同志的认识已基本一致。目前的任务，就是全党团结一致，继续努力工作。我觉得，系统地总结一下我们去年下半年以来工作中的成绩和教训，进一步教育全党同志，甚有益处。其目的是要达到明辨是非，提高思想，一般的不去追究个人责任。反之，是不利于团结，不利于事业的。属于对社会主义建设的规律等问题的不熟悉方面，经过去年下半年以来的实践和探讨，有些问题是可以弄清楚的。有些问题再经过一段时间的学习摸索，也是可以学会的。属于思想方法和工作作风方面的问题，已经有了这次深刻教训，使我们较易觉醒和体会了。但要彻底克服，还是要经过一番艰苦努力的。正如主席在这次会议中所指示的："成绩伟大，问题很多，经验丰富，前途光明"。主动在我，全党团结起来艰苦奋斗，继续跃进的条件是存在的。今年明年和今后四年计划必将胜利完成，十五年赶上英国的奋斗目标，在今后四年内可以基本实现，某些重要产品也肯定可以超过英国。这就是我们伟大的成绩和光明的前途。

　　顺致
敬礼！

　　　　　　　　　　　　　　　　　　　彭德怀
　　　　　　　　　　　　　　　　一九五九年七月十四日

附录二

毛主席与彭德怀同志的谈话（摘录）

（一九六五年九月二十三日）
彭德怀追记

主席：早在等着，还没有睡。昨天下午接到你的信，也高兴得睡不着，你这个人有个犟脾气，几年也不写信，要写就写八万字。今天还有少奇、小平、彭真同志，等一会就来参加，周总理因去接西哈努克，故不能来。我们一起谈谈吧！

现在要建设战略后方，准备战争。按比例西南投资最多，战略后方也特别重要，你去西南区是适当的。将来还可带一点兵去打仗，以便恢复名誉。

（在庐山会议时，主席问到对我的决议案如何，当时我向主席作了三条保证。）

主席问：那三条？（我说：在任何情况下不会做反革命；在任何情况下，不会自杀；今后工作是不好做了，劳动生产，自食其力。）

主席说："后面两条我还记得，也许真理在你那边。战略后方最重要的是西南区，它有各种资源，地理也适宜，大有作为。彭德怀同志去也许会搞出一点名堂来。建立党的统一领导，成立建设总指挥部，李井泉为主，彭为副，还有程子华。"

彭去西南，这是党的政策，如有人不同意时，要他同我来谈。我过去反对彭德怀同志是积极的，现在要支持他也是诚心诚意的。对老彭的看法应当是一分为二，我自己也是这样。在立三路线时，三军团的干部反对过赣江，彭说要过赣江，一言为定，即过了赣江。在粉碎蒋介石的一、二、三次"围剿"时，我们合作得很好。反革命的富田事变，写出了三封挑拨离间的假信，送给朱德、彭德怀和黄公略三人。彭立即派专人将此信送来，三军团前委会还开了会，发表了宣言，反对了富田事变。这件事处理得好。反对张国焘的分裂斗争也是坚定的。解放战争，在西北战场成绩也是肯定的，那么一点军队，打败国民党胡宗南等那样强大的军队，这件事使我经常想起来，在我的选集上，还保存你的名字。为什么一个人犯了错误，一定要否定一切呢？

主席继续说：你还是去西南吧！让少奇、小平同志召集西南区有关同志开一次会，把问题讲清楚，如果有人不同意，要他来找我谈。

注　释

〔1〕太平军，是洪秀全等为了组织太平天国起义于一八五〇年七月建立的农民革命武装。一八六四年太平天国革命失败后，太平军余部继续奋战了两年多。——（第2页）

〔2〕旧社会灾荒之年，官府、地主、商人常囤积粮食，抬高市价。饥民被迫起来斗争，强迫他们平价粜粮，叫闹粜。——（第3页）

〔3〕团防局，是当时湖南等省都、团（相当于区和乡）的武装，是地主阶级镇压和统治农民的工具。——（第3页）

〔4〕督军，是北洋军阀统治时期管辖一省的军事首脑。督军总揽全省的军事政治大权，实行地方封建军事割据，是一省范围内的独裁者。——（第6页）

〔5〕北洋军阀，是袁世凯建立的封建军阀集团。一八九五年袁世凯编练"新建陆军"，归北洋大臣节制。一九〇一年袁任北洋大臣，所建军队称北洋军。辛亥革命后，袁窃据总统地位，培植党羽，形成了控制中央和地方政权的军事集团。一九一六年袁死后，分化为直、皖、奉三系。一九二六年皖系军阀段祺瑞下台。一九二七年直系军阀被国民革命军消灭。一九二八年奉系军阀政府垮台。历时十七年的北洋军阀从此覆

灭。——（第6页）

〔6〕湘军，清末曾国藩为镇压太平天国革命在湖南建立的封建地主武装。此后到北伐战争，湖南的地方武装一直被称为湘军。——（第6页）

〔7〕谭延闿，当时是湖南省省长兼督军。——（第7页）

〔8〕保定军官学校，即陆军军官学校。清末创办于保定，设有步、骑、工、炮、辎重等兵科。——（第7页）

〔9〕傅良佐，原任北洋政府陆军次长。一九一七年段祺瑞积极推行"武力统一"政策，八月派傅任湖南督军。——（第7页）

〔10〕陆荣廷，旧桂系军阀首领。一九一七年任两广巡阅使，同年十月，派兵援湘。一九二四年九月下台。——（第7页）

〔11〕张敬尧，北洋皖系军阀。当时任第七师师长、湖南督军。

　　　　吴佩孚，北洋直系军阀。当时任第三师师长。

　　　　冯玉祥，当时任第十六混成旅旅长。——（第8页）

〔12〕在旧军队中，长官往往以各种名义和借口克扣士兵的饷钱，甚至长期不发饷。士兵起来同克扣饷钱的长官作斗争叫"闹饷"。——（第12页）

〔13〕赵恒惕，军阀。当时任湖南督军、省长，曾提出过"联省自治"主张。一九二六年下台。——（第12页）

〔14〕联省自治，是北洋军阀统治时期部分军阀为保持地方割据而提出的实行地方分权制度的主张，即以省为自治单位，联合各省组成"联省自治政府"。这一主张在北洋政府推行"武力统一"政策的二十年代前后，曾风行一时。——（第13页）

〔15〕士官系、保定系、行伍系，指湘军中不同出身的军官派系。士官系，是指由日本士官学校出身的军官；保定系，是指由保定军官学校出身的军官；行伍系，是指由士兵出身的军官。——（第13页）

〔16〕唐生智，当时任湘军第四师师长。北伐时，任第八军军长、第四集团总司令。——（第13页）

〔17〕旷，旧军队编制中的空额。按编制发放的薪饷及其他费用中属于空额的款项叫旷款。经上级同意截留旷款作为正用就叫截旷。——（第14页）

〔18〕沈鸿英，旧桂系军阀。二十年代初流窜于湘、赣、粤、桂四省。——（第16页）

〔19〕许崇智，一九一七年夏随孙中山南下护法，任大元帅府参军长。年底援闽粤军成立，许为第二支队司令。——（第22页）

〔20〕陈炯明，当时是孙中山任命的广东省省长兼粤军总司令。后来叛变革命。一九二五年，广东的革命军队两次东征，将陈部击溃。——（第22页）

〔21〕商团，是旧中国某些商会在城市中组织的武装。商团按军队编制，以团为最大建制。它常与当地军警勾结，镇压职工和各种革命运动，维护商会利益。——（第23页）

〔22〕湖南陆军军官讲武堂，是湖南军阀赵恒惕于一九一七年在原来陆军小学的基础上兴办的军官学校。一九二六年，该校随着赵的下台而停办。——（第29页）

〔23〕贺耀祖，当时任湘军第一师师长。——（第33页）

〔24〕广东北伐军，指第一次国内革命战争期间从广东出发讨伐北洋军阀的国民革命军。——（第35页）

〔25〕叶开鑫，当时任湘军第三师师长。——（第36页）

〔26〕一九二五年七月，国民政府在广州成立，将其所属军队改编为国民革命军。在国共合作的条件下，大批共产党员和共产主义青年团员在军队中发挥了骨干作用和先锋作用，国民革命军取得了北伐战争的

胜利。一九二七年蒋介石、汪精卫叛变革命后，国民党军队仍用这个名称。——（第 37 页）

〔27〕这里是指第一次国内革命战争时期在某些地区实行的一种土地政策，即不论何种租佃形式，均按原租额减去百分之二十五。——（第 38 页）

〔28〕胡汉民，国民党右派首领之一。曾反对孙中山与中国共产党合作的政策。

孙科，当时是国民党中央执行委员会委员。

宋子文，当时是国民党中央执行委员会委员。

戴季陶，当时是国民党中央执行委员会委员。——（第 38 页）

〔29〕黄埔，指设在广州黄埔的国民党陆军军官学校，通称黄埔军官学校。它是一九二四年孙中山在中国共产党和苏联的帮助下创办的。该校曾多次举办过高级班，如高级政治训练班、高级军官班。黄公略参加的是高级军官班。——（第 40 页）

〔30〕厘金，又称厘捐，是旧中国的一种商业税。因税率名义上为货物价值的百分之一，故称厘金。厘金局是征收厘金的一种机构。——（第 41 页）

〔31〕一九二七年五月二十一日，蒋介石、汪精卫等唆使湖南的国民党反革命军官许克祥、何键等在长沙围攻湖南省工会、省农民协会等革命群众组织，捕杀共产党人及工农群众。当时的文电习惯以通行的诗韵韵目代替日期，以诗韵上声第二十一韵的韵目"马"字代替二十一日，所以这次事变称为"马日事变"。——（第 41 页）

〔32〕"四·一二"事变，即一九二七年四月十二日，蒋介石反动派在上海血腥屠杀共产党人和革命群众的反革命政变。——（第 41 页）

〔33〕指一九二七年五月背叛革命的武汉国民政府独立十四师。这次

叛变是该师师长夏斗寅发动的。——（第41页）

〔34〕杨森，四川军阀。一九二七年"四·一二"反革命政变后，杨被蒋介石任命为国民革命军第二十军军长。——（第41页）

〔35〕石穿，是彭德怀的号。——（第43页）

〔36〕清乡委员会，是一九二七年蒋介石叛变革命后，国民党反动派为镇压共产党领导的革命农民运动而设立的机构。它专门搜捕、"清剿"共产党员和革命群众。——（第48页）

〔37〕清乡团、民团，都是第一次国内革命战争失败后，湖南地主豪绅组织的反革命武装。——（第52页）

〔38〕一九二八年六月初，控制北京军政府的奉系军阀首领张作霖退居关外，被日军谋杀。张学良继任奉系军阀首领。六月中旬，蒋介石南京政府宣布东北问题将采取"和平解决之方略"。随后，蒋介石、张学良之间，互派代表，多次磋商。十二月二十九日，张学良通电宣布"遵守三民主义，服从国民政府，改旗易帜"。从此将北京军政府的五色旗换成蒋介石南京政府的旗帜。蒋介石南京政府特任张学良为东北边防司令长官。奉系军阀原有的政治、军事、经济等各项制度仍旧保留未变。——（第63页）

〔39〕一九二三年四月五日，湖南工团联合会等发起组织"湖南外交后援会"，展开对日经济绝交运动。六月一日，外交后援会调查员在长沙湘江码头检查日货，遭到日本水兵的殴打，群众激于义愤，聚集码头达千余人。当时，停泊湘江的日舰派水兵赶来行凶，开枪打死二人，伤数十人，造成"六一惨案"。惨案发生后，长沙市民数万人集会示威，抬尸游行，并罢工罢课表示抗议。六月中旬，群众的抗议行动遭到军阀赵恒惕的镇压。——（第64页）

〔40〕广暴，指一九二七年十二月，张太雷、叶挺等领导的广州起

义。——（第64页）

〔41〕十大纲领，即一九二八年中国共产党第六次全国代表大会提出的十条政纲：一、推翻帝国主义的统治；二、没收外国资本的企业和银行；三、统一中国，承认民族自决权；四、推翻军阀国民党的政府；五、建立工农兵代表会议（苏维埃）政府；六、实行八小时工作制，增加工资、失业救济和社会保险等；七、没收地主阶级的一切土地，耕地归农；八、改善兵士生活，给兵士以土地和工作；九、取消一切苛捐杂税；十、联合世界无产阶级和苏联。——（第114页）

〔42〕白朗（1873—1914），河南宝丰人，民国初年农民起义军首领。一九一一年十月在宝丰组织农民武装，反抗帝国主义和封建地主的压迫和剥削。一九一二年提出"打富济贫"的口号，在河南积极参加反对袁世凯统治的斗争。一九一三年底，他领导的起义军转战安徽、湖北、陕西、甘肃，一度称为"公民讨贼军"。一九一四年夏回师河南，八月在宝丰、临汝间的突围战斗中牺牲。——（第107页）

〔43〕三个苏区，指湘鄂赣苏区、湘赣苏区和鄂南苏区。——（第116页）

〔44〕蒋冯阎大战，指一九三〇年爆发的蒋介石同冯玉祥、阎锡山联军之间的大规模军阀战争。这次战争从五月正式开始，至十月基本结束，历时半年，主要战区遍及河南、山东、安徽等省的陇海、津浦、平汉各铁路沿线的广大地区，双方共死伤三十万人以上。——（第123页）

〔45〕一九三〇年六月，中国共产党内以李立三为首的左倾领导者为推行组织全国中心城市武装起义和集中全国红军进攻中心城市的冒险计划，将党、青年团、工会的各级领导机关合并为准备起义的各级行动委员会。在九月召开的党的六届三中全会停止了李立三左倾错误以后，行动委员会仍存在了一段时间。——（第127页）

〔46〕改组派，是二十年代末期到三十年代初期的国民党派系之一。一九二七年"七·一五"反革命政变后，武汉汪精卫的国民党和南京蒋介石的国民党合流。汪精卫、陈公博、顾孟余等不满蒋介石独揽权力，一九二八年底在上海成立"中国国民党改组同志会"，形成了国民党中的"改组派"。——（第 137 页）

〔47〕一九三二年一月二十八日夜，日本海军陆战队向上海进攻。当时驻在上海的十九路军在全国人民抗日高潮的影响和推动下，和上海人民一起进行了一个多月的英勇抗战，给日本帝国主义以沉重的打击。这次抗战由于蒋介石和汪精卫的出卖而失败。这次事件通称"一·二八"事变。——（第 148 页）

〔48〕国际，指共产国际，即第三国际，成立于一九一九年三月，是各国共产党的联合组织。一九二二年中国共产党参加共产国际，成为它的一个支部。一九四三年六月共产国际执委会主席团通过决议，宣布解散。——（第 152 页）

〔49〕蒋光鼐，当时任国民党第十九路军总指挥。

　　蔡廷锴，当时任国民党第十九路军副总指挥。——（第 154 页）

〔50〕一九二七年汪精卫等在武汉发动"七·一五"反革命政变后，邓演达等国民党左派分子在上海组织中国国民党临时行动委员会，也称第三党。他们反对蒋介石控制的国民党，同时也不赞成中国共产党。一九三五年，该党改名为中华民族解放行动委员会，响应中国共产党关于各党派合作抗日，共赴国难的号召，积极参加抗日活动。一九四一年参加发起中国民主政团同盟。一九四七年改称农工民主党。一九四九年参加中国人民政治协商会议第一届全体会议。中华人民共和国成立后，农工民主党拥护中国共产党的领导，是参加社会主义革命和社会主义建设的民主党派之一。——（第 155 页）

〔51〕一九三二年"一·二八"事变后，十九路军被蒋介石调到福建同红军作战。十九路军领导人蔡廷锴、陈铭枢、蒋光鼐等逐渐认识到，跟随蒋介石同红军作战是没有出路的。一九三三年十月，他们同红军签订了抗日反蒋的协定。十一月，他们又联合国民党内李济深等一部分反蒋势力，公开宣布同蒋介石分裂，在福建省成立"中华共和国人民革命政府"（通称福建人民政府）。一九三四年一月，在蒋介石的军事压力下失败。——（第156页）

〔52〕李德（1900—1974），又名华夫，德国人，原名奥托·布劳恩。一九三二年，受共产国际派遣来中国。一九三三年九月到中央苏区，担任中华苏维埃政府革命军事委员会顾问。第五次反"围剿"期间，他同当时的"左"倾错误领导者，在军事指挥上实行了一系列错误的战略战术，使红军受到重大损失。一九三九年，李离开中国。——（第157页）

〔53〕"短促突击"，是李德在第五次反"围剿"期间提出的战术原则。所谓"短促突击"，就是在敌人修筑堡垒、步步为营地向前推进的情况下，我军也修筑堡垒防御阵地，当敌人走出堡垒前进时，我军在短距离内对敌人进行突击。这一战术原则是为当时"左"倾错误领导者实行的单纯防御战略服务的。——（第161页）

〔54〕吴奇伟，当时任国民党第六路军副总指挥。——（第166页）

〔55〕王家烈，贵州军阀。当时任国民党贵州省主席、第二路军第四纵队司令官。——（第166页）

〔56〕为了推动全民族的抗战和最后战胜日本帝国主义，依据我党与国民党政治谈判的结果，一九三七年八月二十五日红军主力改名为国民革命军第八路军。朱德任总指挥，彭德怀任副总指挥；叶剑英任参谋长，左权任副参谋长；任弼时任政治部主任，邓小平任政治部副主任。第八路军下辖一一五师、一二〇师、一二九师。红军改名以后仍然是中国共产

党领导的人民军队。——（第 187 页）

〔57〕芦沟桥距北京城十余公里，是北京西南的门户。一九三七年七月七日，日本侵略军在这里向中国驻军进攻。在全国人民抗日热潮的推动和中国共产党的抗日主张的影响下，中国驻军奋起抵抗。中国人民全面抗战从此开始。——（第 187 页）

〔58〕军事委员会分会，即中共中央军事委员会华北分会。朱德为书记，彭德怀为副书记，委员有任弼时、张浩、林彪、聂荣臻、贺龙、刘伯承、关向应。它是根据一九三七年八月二十九日中央决定成立的党在华北敌后最高军事领导机构。——（第 187 页）

〔59〕洛川会议，即一九三七年八月党中央在陕西洛川召开的政治局扩大会议。——（第 188 页）

〔60〕阎锡山，长期统治山西省的军阀。一九三七年八月起任第二战区司令长官。——（第 188 页）

〔61〕傅作义，当时任第七集团军总司令。——（第 188 页）

〔62〕卫立煌，当时任第二战区前敌总司令、第十四集团军总司令。——（第 189 页）

〔63〕程潜，当时任国民党军事委员会参谋总长。——（第 189 页）

〔64〕黄绍竑，抗战初期任第二战区副司令长官。——（第 189 页）

〔65〕CC 和复兴社，是国民党内的两个法西斯组织，是蒋介石用以维护大地主大资产阶级寡头统治的反革命工具。CC 团的头子陈果夫、陈立夫，复兴社的主要骨干贺衷寒、康泽、戴笠等，都是罪大恶极的反革命分子。——（第 191 页）

〔66〕本币，这里指各解放区银行在本地区发行的货币。如当时在晋冀鲁豫边区发行的冀南币、中原解放区发行的中州币、冀热察边区发行的长城币等。——（第 193 页）

〔67〕伪币，指日伪银行发行的货币，如华北日伪政权的联合准备银行、南京日伪政权的储备银行的货币，均为伪币。法币，指一九三五年十一月国民党政府规定由官僚资本控制的中央、中国、交通（后加农民）银行发行的纸币。——（第193页）

〔68〕抗日民主根据地的政权根据中国共产党的抗日民族统一战线政策，在组成人员的分配上，规定共产党员占三分之一，非党的左派进步分子占三分之一，中间派占三分之一。简称"三三制"。——（第193页）

〔69〕"磨擦"是当时流行的一个名词，指国民党反动派破坏抗日民族统一战线、反对共产党和进步势力的各种反动行为。——（第195页）

〔70〕石友三，当时是国民党第三十九集团军总司令。

秦启荣，当时是国民党山东游击第三纵队司令。——（第195页）

〔71〕张荫梧，当时是国民党河北省民军总指挥。

朱怀冰，当时是国民党九十九军军长。

侯如墉，当时是国民党军事委员会别动总队华北游击挺进第四纵队司令。——（第195页）

〔72〕一九三九年三月至六月，阎锡山在陕西省宜川县秋林镇召开晋绥军、政、民高级干部会议，策划消灭新军（青年抗敌决死队）和牺盟会，准备反共投敌。由于我党在会内外进行了一系列的斗争，这一阴谋当时未能得逞。但阎锡山的反动计划未变，同年十二月，阎在蒋介石的指使下，进攻新军、屠杀牺盟会干部，积极反共。结果，被我粉碎。——（第195页）

〔73〕抗日战争时期，国民党指使它的一部分军队和官员投降日寇，变成伪军、伪官，和日军一起进攻解放区，诡称"曲线救国"。这是蒋介石国民党为掩盖其降日反共罪行而制造的谬论。——（第196页）

〔74〕一九四一年三月起，华北日军和汉奸推行所谓"治安强化运动"，

对解放区进行扫荡，在游击区实行"大检举"，在敌占区实行"保甲制度"，调查户口，扩组伪军，以镇压抗日力量。——（第199页）

〔75〕囚笼政策，是日本帝国主义妄图消灭我军和摧毁敌后抗日根据地的一种残酷手段。它是以铁路为柱，公路为链，碉堡为锁，辅以封锁沟、墙，对我根据地军民实行的网状压缩包围。——（第199页）

〔76〕西南国际交通线，即滇缅公路，一九三八年全线通车。从云南昆明经楚雄、下关、保山、潞西到畹町，与缅甸公路相通。在抗战时期，是我国与国外保持联系的重要交通线路。一九四〇年七月十七日，英国屈服于日本帝国主义的压力，宣布封锁滇缅路交通。——（第200页）

〔77〕一九三八年九月，英、法、德、意四国政府首脑在德国的慕尼黑举行会议，签订了慕尼黑协定，英、法将捷克斯洛伐克出卖给德国，作为德国向苏联进攻的交换条件。在一九三八年、一九三九年间，英、美帝国主义曾几次酝酿出卖中国来换取同日本帝国主义的妥协。这种阴谋同上述慕尼黑阴谋类似，所以人们把它叫做"东方慕尼黑"。——（第202页）

〔78〕一九四一年十二月七日晨，日本未经宣战，以强大的海空军突然袭击美国在太平洋地区的主要海空军基地珍珠港，使美国太平洋舰队遭到惨重损失。十二月八日，美国、英国对日本，德国对美国正式宣战，太平洋战争从此开始。——（第202页）

〔79〕一九四一年一月，皖南的新四军取得国民党当局的同意，由皖南北移，在安徽泾县茂林镇遭到国民党军队的突然围攻，经过七昼夜血战，军长叶挺被俘，九千多名指战员，除少数突围外，大部英勇牺牲，造成震惊中外的皖南事变。——（第203页）

〔80〕一九三八年十月武汉失守后，蒋介石国民党开始了它的政策上的变化，将其重点逐渐转移到消极抗战积极反共。从一九三九年冬季起

至一九四三年秋季，蒋介石国民党发动了三次大规模的反共高潮。第一次发生在一九三九年冬至一九四〇年春。这期间，国民党军队侵占了陕甘宁边区五县，阎锡山发动了十二月事变，进攻青年抗敌决死队；石友三、朱怀冰等部进攻太行区域的八路军。第二次发生在一九四一年一月。这期间，国民党军八万余人伏击从皖南北移的新四军部队，制造了震惊中外的皖南事变。第三次发生在一九四三年春季到秋季。这期间，蒋介石抛出了反共反人民的《中国之命运》一书，乘共产国际解散之机，指使特务假冒民众团体，叫嚣"解散共产党"、"取消陕甘宁边区"，调集大量河防部队准备闪击陕甘宁边区。我党我军有力地打退了这三次反共高潮，克服了当时的危机。——（第204页）

〔81〕伪"国大"，指一九四六年十一月十五日至十二月二十五日，国民党政府违背政协决议与全国民意在南京单独召开的"国民大会"。这一分裂的、独裁的"国民大会"，遭到了中国共产党、各民主党派和全国人民的坚决反对和抵制。——（第206页）

〔82〕麦克阿瑟，美国将军。第二次世界大战期间指挥盟军西南太平洋地区战争，战后以"盟军最高司令官"名义执行美国单独占领日本的任务。一九五〇年七月担任"联合国军总司令"，指挥侵朝战争。曾叫嚷进攻中国，后因战争失败被免职。——（第220页）

〔83〕两次郑州会议，一次是一九五八年十一月二日至十日毛泽东主席在郑州召集的有部分中央领导人和部分地方领导人参加的会议。这次会议讨论了人民公社问题以及《郑州会议关于人民公社若干问题的决议》等。另一次是一九五九年二月二十七日至三月五日在郑州召开的中共中央政治局扩大会议。这次会议的主题是人民公社问题。根据毛泽东的提议，确定了整顿和建设人民公社的方针。会议还起草了《关于人民公社管理体制的若干规定》（草案）。——（第225页）

〔84〕武昌会议，即一九五八年十一月二十一日至二十七日毛泽东主席在武昌召集的有部分中央领导人、中央国家机关有关部委的负责人和各省、市、自治区党委第一书记参加的会议。会议讨论了《关于人民公社若干问题决议》（草案）及工农业生产问题，通过了《中央同意教育部党组关于教育问题的几个建议》等文件。本书同页提道："武昌会议时，我参加了西北小组"，这里的"武昌会议"，指的是一九五八年十一月二十八日至十二月十日在武昌举行的党的八届六中全会。这次会议通过了《关于人民公社若干问题的决议》、《关于一九五九年国民经济计划的决议》等文件。

上海会议，即一九五九年三月二十五日至四月四日在上海举行的中共中央政治局扩大会议。会议讨论了人民公社、国民经济计划、工农业生产以及八届七中全会的议程等问题，形成了关于整顿和巩固人民公社等一系列文件。——（第225页）

〔85〕一九五九年七月，彭德怀在党的政治局扩大会议（庐山会议）期间，给毛主席写了一封信，针对当时国民经济"大跃进"和人民公社化中左的错误，陈述了自己的意见。这封信受到了错误的批判。接着党中央在庐山召开了八届八中全会，彭德怀等人被错误地定为"右倾机会主义反党集团"。由于彭德怀当时担任国防部长职务，在批判时，所谓"右倾机会主义反党集团"又被错误地称为"军事俱乐部"。——（第236页）

责任编辑：柴晨清

图书在版编目（CIP）数据

彭德怀自述 / 彭德怀 著 . — 北京：人民出版社，2019.10（2025.10 重印）
ISBN 978－7－01－021143－5

I.①彭…　II.①彭…　III.①彭德怀（1898—1974）- 自传　IV.① K825.2

中国版本图书馆 CIP 数据核字（2019）第 175040 号

彭德怀自述

PENGDEHUAI ZISHU

彭德怀　著

人民出版社 出版发行

（100706　北京市东城区隆福寺街 99 号）

北京中科印刷有限公司印刷　新华书店经销

2019 年 10 月第 2 版　2025 年 10 月北京第 9 次印刷
开本：710 毫米 × 1000 毫米 1/16　印张：16.75　插页：4
字数：193 千字

ISBN 978－7－01－021143－5　定价：69.00 元

邮购地址 100706　北京市东城区隆福寺街 99 号
人民东方图书销售中心　电话（010）65250042　65289539